No B.S.
Price Strategy

ダン・S・ケネディの

世界一ずる賢い価格戦略

ダン・S・ケネディ
Dan S. Kennedy

ジェイソン・マーズ
Jason Marrs

DIRECT
PUBLISHING

NO B.S.PRICE STRATEGY
Copyright©2011
by Entrepreneur Media,Inc.

Published in Japanese language by Direct Publishing,Inc.
under license from Entrepreneur Media,Inc.dba Entrepreneur Press
through Japan UNI Agency,Inc.,Tokyo
ALL RIGHTS RESERVED

Preface

価格、利益、力、富の関係
──この本を読めば
億万長者も夢ではないワケ──

ダン・ケネディ

Price,Profit,Power,andProperoty
by Dan Kennedy

■ ライバルの値下げに戦々恐々

　価格とは厄介なものだ。じっと息をひそめ、あと一歩で「交渉成立」というときに割って入って「残念でした！」と叫ぶ。小売業に携わる人たちにとっての脅威は、大手ショッピングチェーンだ。なかには、近くにそんな店が進出してくるという噂を聞いただけで店を畳んでしまう人もいる。

　小売業者が一番恐れているもの。それは「価格」だ。ＢｔｏＢに精通している人にとっての脅威とは、容赦なく値下げを要求してくる購買代理御者と向き合うことだ。経営者たちは、日々、ライバルより１円でも安く商品やサービスを提供するため、値下げに励む。

このとき、なぜか真っ先に考えるのは「儲けが減ってしまったらどうしよう」ではなく、「この店の商品は高いと思われて、お客を逃がしてしまったらどうしよう」「それが原因で、倒産なんてことになったらどうしよう」という恐怖心だ（破格の値決めに踏み切ったことのある人なら、誰しもこの葛藤を経験したことがあるだろう）。**価格とは、言ってみればビジネス界のテロリストのような奴なのだ。**

1930〜1940年代、アメリカの作家ウォルター・ギブソンは、マクスウェル・グラントというペンネームで、悪と戦う謎のヒーロー『シャドー』の物語を執筆し、当時のパルプ誌がこれを掲載した。数百シリーズにおよぶこの作品は、当時ラジオ番組でも放映され、ここ最近では、あまり話題にはならなかったものの、アレック・ボールドウィン主演の映画としてもリメイクされた。いわば、アメリカにおいて20世紀を代表するヒーロー作品のひとつだ。

ヒーローのシャドーは、悪人たちをいつも不気味な笑い声ひとつで縮み上がらせ、退治してしまう。

「暗闇からシャドーがいきなりマントをひるがえし、銃を連射しながら現れたらどうしよう」

悪人たちの頭は、いつもこの恐怖でいっぱいのため、影のすべてに怯え、その恐怖心が最終的に自らを狂気に陥れていってしまう。

■ ライバルを怖れる気持ちが
　大切な経営判断を鈍らせる

ちょうどこのシャドーのように、価格は、モノを売る立場の人々を心底恐れさせている。それゆえ、経営者たちは市場から圧力がかかっていないにもかかわらず、そして恐怖心に基づいた判断を吟味することなく、値下げに踏み切ってしまう。

営業は、いざ価格の話となるとしどろもどろになり、冷や汗をかいてしま

う。自分でも、提案している価格が高すぎると思っている。『シャドー』の中で、悪人たちがすべての影に脅かされているのと同様、**売り手は、目の前の現実ではなく、価格に対する自らの恐怖心に脅かされている**のだ。

恐怖心はすさまじい力を持っている。もう1人のコミックヒーロー『バットマン』は、悪党の1人、スケアクローによって窮地に追い込まれる。スケアクローの唯一の武器は魔法のガスで、その人が最も恐れているものの幻覚を引き起こす作用を持っている。ガスを浴びると、たちまち誰もが、自分が最も恐ろしいと感じている悪夢にとりつかれる。町中にガスがばらまかれようものなら、町全体が催眠状態となり、実体のない怪物がそこら中にあふれ返り、住民たちを襲い出す。人々はとにかく逃げようと必死になり、その結果、殺し合いが繰り広げられる。

スケアクローは、コミックの中でも大変興味深いキャラクターだ。なぜなら、スケアクロー自体はまったく力を持っていないからだ。彼の唯一の力の正体は、彼が人々の心の中に生み出す恐怖心だ。悪党どもを懲らしめる正義の味方として生きることを選んだバットマンに仕返ししてやろうという思いが、この恐怖のガスを生み出した。

価格競争は勝ち目のない不毛な争い

ビジネスにおいても、恐怖心に基づく判断はよい結果をもたらさない。恐怖心から取る行動は揺らぎやすく、最終的には行き詰まってしまう。

私は、年収1億ドルの経営者が、相当な額の収益と経営手腕とを、脅し同様の手口で、競合他社に乗っ取られるのを目の当たりにしてきた。

「取引を行わないなどと言おうものなら、さらなる値引きと大々的な宣伝効果でもって、会社を潰してやる」

こう、ライバルは脅しをかけるのだ。ところが、交渉が成立したとたん、このテロリストのようなライバルは本性をあらわし、市場から邪魔者を一掃

すべく、仲間を潰しにかかる。正々堂々と勝負する気など、最初からないのだ。

　私を含む多くの人が、痛い目にあった経営者に対し、このテロリストと張り合ったりせず、少なくとも恐怖心に押し潰されたりする前に、自ら手を引くよう警告した。自己資本がたんまりある、冷酷ないじめっ子のようなこのライバル会社は、市場に参入し、優位に立ってやろうと企んでいたが、この会社が市場から追い返されるのは、誰の目にも明らかだった。

　何もライバルに惑わされて「絶対競争に勝ってやる」と意気込む必要はこれっぽっちもなかったのだ。このライバル会社は、勢いと資金はあったが、考えが甘かった。

　過去を振り返ってもこのような性格の会社が成功したためしなどなかった。それでも、この経営者は打ち負かされてしまった。ライバル自体にではなく、ライバルを恐れる、自らの恐怖心にだ。

　「恐怖心を抱いてはいけない」と言っているわけではない。米国ＩＴＴ社を大企業に成長させた同社元ＣＥＯハロルド・ジェニーンは、ＩＴＴ社立て直しの際、「恐怖心を抱く者だけが生き残れる」と述べている。どんな経営者であっても、現実の不安やリスク、脅しやトラブルから目を背け、毎日晴れ晴れとした気分で過ごしたり、愉快な気分で飲んだりすることはできない。**とりわけ価格となれば、顧客を喜ばせようという気持ちや単なる思いつきだけで、顧客の支払い能力や意欲、市場状況を抜きにして考えることはできない。**自分が実は頼りない氷の上に立っていることを自覚し、危険な場所をかぎ分けることは、会社を経営する者であれば必ず身につけていなければいけない能力なのだ。

　どんな成功を手にしていようとも、そこで満足せず、その成功からさらなる成功を日々生み出そうとすること。これは、私の信条のひとつだ。

　湧き上がる恐怖心を押さえられないこともあるだろう。幸運の女神は、いつだって自信に満ちた者に微笑む。根拠のある自信を持った、本当の自信家に……。

共著者であるジェイソン・マーズと私は、本書があなたの自信を引き出すことを願っている。自信を持ち、もっと創造的に、独創的に、効率的になれれば、どんなよいことが待っているのか。この点を、価格を一番の味方につけて考え、経営に役立てていただければ幸いだ。

価格、利益、力、富は 正しい選択がもたらすもの

成功への第一歩は、価格戦略から始まる。
　本書を読み進めれば、値決めと値段の打ち出し方が、いかにビジネスのさまざまな要素を左右するか分かってもらえるだろう。その要素には、ポジショニングや、どんな顧客をターゲットにするか、どんな姿勢のスタッフを雇うか、ご自身の信念はどんなものなのかということも含まれるが、何よりも重要な要素は、収益だ。
　収益からは、その事業に力があるのかないのか、事業がうまくいっているのかいないのかをはっきり見て取ることができる。**収益は、必要に応じて部屋の温度を自由に調節する、いわば空調のような役割を果たしている。**収益からは、新規顧客を獲得したり、新たなブランド価値を創造したりするうえで、経営者が自信を持って前向きに取り組んでいるのか、それとも弱気で仕方がなく取り組んでいるのかが見て取れる。顧客にどれほど認められ、どれほど多くの満足感を与えられているか——これは、事業を円滑に進めるために必要な内部留保にもつながってくる——いかにうまく従業員たちのモチベーションを高め、それに見合った給料を支払うことで、すばらしい経営につなげていけるか——これらはすべて、収益を見れば明白なのだ。

　さらに、収益を見れば、経営が一時的に危機的状況に陥った際、持ちこたえられるかどうかが一発で分かる。たとえば半年ほど事業が低迷しても、収益が十分であれば、半年間の橋渡し役をしてくれる。収益には大きな力があり、その力は、価格戦略の結果もたらされるものなのだ。つまり、**収益とは**

「富」と「貧困」のどちらかを呼び寄せるものであり、自信と不安のどちらかの上に成り立つものであり、満足と不安のどちらかを生み出すものなのだ。

　経営者にとっての成功とは、資本金が底をつくことなく、日々事業を運営し、その結果得られる報酬によってもたらされるものだ。その目的は、生活のニーズに応えることであり、負債を抱えることなく資産の積み立てや出資を行うことであり、また将来必要が生じたときに、まとまったお金をあてることができることである。
　収益が、この一連の活動を可能にしている。事業に力があってこそ収益はもたらされる。そして、**ビジネスにおけるすべての要素の一番のもとになっているのは、価格なのだ**。成功するかどうかは、値決めを行った時点ですでに決まっているのだ。

　私は、世間的にはマーケティング専門家だが、それ以上の影響を、多くの起業家たちに、「価格戦略」という観点において与えてきたと思っている。どんなレクチャーより、アドバイスより、働きかけより、この**「価格戦略」が一番重要**だ。それがよく分かってもらえる体験を、ここで挙げておこう。
　私のプライベート・クライアントが所属するマスターマインドの会合に出席したときのことだ。会合には、さまざまな業種の20人の起業家が集まっており、2日間、悩みについてじっくり議論が行われ、私はその進行役を務めた。
　その際、2社が、新たなサービスを既存事業に追加するつもりであると発表した。そのサービスは、年間数回限り、対象は1回につき最大50顧客というもので、対象顧客は既存の数千顧客のうち、低価格の商品とサービスを購入している者からピックアップされていた。社員たちは手持ちの資料やフォーカスグループ（訳注：市場調査のために抽出された消費者グループ。あるテーマで討議してもらい、その結果を商品開発などに反映させる）、競合他社に関するごく簡単な調査に基づき、サービスの希望小売価格を2000ドルに設定していた。大半が、この発表に対しすぐさま異議を唱えた。

ほぼ満場一致で、２社が提示した価格がそのサービスに見合う顧客にとってはあまりに安価で（ここが重要なポイントだ）数え切れない「待ち」の状態の顧客を生み出すことにつながり、需給のバランスが壊れてしまうと主張したのだが、社員たちは、2000ドルが妥当だと言って聞かなかった。私たちはどうにかしてその値決めが間違っていることを分かってもらおうとしたが実を結ばず、打ち合わせは険悪なムードで幕を閉じた。

　３カ月後、２回目の打ち合わせが行われ、取引先２社はプレスリリースを前提としたより具体的なサービス内容を提示し、価格は当初のとおり2000ドルで社内決定したと述べた。白熱した議論の末、私はひとり席を離れ、オフィスに戻って小切手帳を携えると、再び打ち合わせに戻った。そして小切手に10万ドル（2000ドル×50サービス）と書きつけると、テーブル越しに差し出し、こう述べた。
「もう議論は十分だ。もし、どうしても2000ドルでそのサービスを売りたい、とおっしゃるなら、私が50顧客分のサービスすべてを買い取ります。お話しくださったとおりの内容で、サービスを提供ください。そのうえで、私の自由に、このサービスをあなた方の顧客に提供させてください。私なら、１万ドルで提供し、あなたよりも40万ドル分多く儲けます。１年に換算すると３倍、120万ドルです。どうぞ小切手を受け取って、この話はこれで手を打ちましょう」

　返事はノーだった。話を持ちかけた２社は、この打ち合わせのあと、疑いつつも彼らにしては思い切って、価格を4500ドルに設定し直したうえでサービスを市場に投入した。4500ドルと言えば、当初の2000ドルの2.25倍の値段だ。結果、50顧客分のサービスは瞬く間に完売した。
　あれから数年経った今日、このサービスは6500ドルで提供されており、豪華オプションがついた8500ドルコースも用意されている。彼らはさらに私の助言を受け入れてくれ、サービスを50から100に増やす方法として、年間３回サービスを実施するという手を思いついた。５年をかけて推し進めてきた

この2社の価格戦略は、当初目標から700万ドル上回る利益を生んでいる。

この話には、友人のフォスター・ヒバードのこんな格言がピタリとあてはまる。

「海に出るとき、スプーンとバケツを持って行っても、いざ海に出るとなんの役にも立たない」

これこそが、価格の持つ力なのだ。

100%確実に成功する億万長者の価格戦略

本書を読めば、なぜこのように、知識も豊富な優良企業が間違いないと踏んだ売値と、実際市場で受け入れられた買値の間にこんなにも大きな差が生じたのかが分かってもらえるだろう。ビジネスに関する誤解に気づき、劇的に収益を伸ばすコツをつかんでもらえるだろう。その意味で、本書は億万長者になれる可能性を秘めた、もしくはそれ以上の可能性を秘めた本だと言えるかもしれない。

本書で得た知識をすぐにでも実行に移してもらえれば、その効果をこの数年のうちに実感してもらえるはずだ。なにも大げさに言っているのではない。先ほどの一例からもお分かりのように、**本書に書かれていることは実体験に基づく事実**であり、私は先ほどの例を、さまざまな企業、産業、職業向けに、私のレクチャーの締めくくりとして、何百回と、時にはしつこいまでに繰り返してきた。

共著者であるジェイソン・マーズも、価格戦略に関して私と似たようなサクセスストーリーを持っている。その体験は、多くの面において先ほどの私の例よりさらに目を見張るものだ。

ジェイソンは、セラピストの妻が行う多種多様な専門的セラピー療法の、業務面でのマーケティングディレクターを務めている。専門は教育関係で、セラピーの対象者は子どもたちだ。その規模は大きく、人気を集めている

が、政府機関の強力なバックアップのもと無料セラピーを行うサービス機関や、公立学校の規則や教師、カウンセラーとの関係、わずかな診察料から徴収される手数料などにおいて、競争を強いられている。

　そこで、ジェイソンは誰もがうらやむほどの利益を生む驚くべきビジネスを、価格戦略を駆使して立ち上げた。ジェイソンの価格戦略は大胆不敵なもので、政府が仕向けた困難や、低価格競争などの数え切れない困難を跳ね除ける力を持っている。厳しい逆境の中での彼の成功は、すぐに周囲の目に留まった。セラピー業界のみならず、医療業界以外にも多くの人が「ジェイソンの成功の裏にはどんな秘密があるのだろう」と注目するようになり、助言を求めにやって来るまでになった。

　現在、ジェイソンは最も影響力のあるアドバイザーのひとりとして、個人経営や中小企業、起業家や専門家を対象に、価格戦略を用いた指導を行っている。ジャングルの中でサバイバルを行わなければならないとき、あなたならどんなガイドを連れて行くだろうか。生きては帰れないと言われるジャングルで、倒れることなく、見事生き延びて帰還するために、どんな人とならパートナーを組みたいだろう。ジェイソンの場合、このジャングルとは無料、つまり無料をめぐるサバイバル戦のことだった。

あなたを価格の恐怖心や身構える気持ちから解き放つ。自信と価格戦略に対する正しい知識、創造性を身につけ、力を手にしてもらう。そしてご自身のビジネスを飛躍させ、明るい未来を築くお手伝いをする。

　これが、ジェイソンと私が本書で目指すただひとつの目標だ。そのためには、どうか固定観念に縛られず、柔軟に違いを受け入れる心を持ってもらいたい。どうか新しいことを知りたいという知識欲を持って、これまでの価格に対するご自身のアプローチは正しかったかどうか、立ち止まって考えてもらいたい。本書で紹介する事実に基づく戦略の数々に対し、先入観を持たずに耳を傾け、これまで知らなかった世界や経験に足を踏み入れてもらいたい。そうすれば、本書を手に取った今日が、きっと新たな旅立ちの日になることだろう。

備考

1．本書は、ジェイソン・マーズと、私ダン・ケネディの共著によるものです。

2．本書の理解をさらに深めたいとお考えの方は、311ページで紹介しているウェブサイトを検索ください。

3．本書での発言の一切は、出版社ではなく、私と共著者であるジェイソン・マーズに帰属します。一部、表現をわざと誇張することで、読者の理解を促したり、モチベーションを上げたり、楽しんで読み進めてもらえるよう工夫をしています。つまり、本書はユーモアをご理解できる方向けの本です。著者のひとりの意見として、「毎日誰かをから

かわないと気が済まない」というものがありますので、ご自身で「表現に敏感だ」「ユーモアのセンスがない」と自覚されている方にとっては、本書はあまりおすすめできません。

4. 本書で取り上げる内容に関しては、正確かつ信頼のおけるものであることが前提です。事実関係については最大限の注意を払っていますが、その一切を保証できるものではありません。本書は、情報提供と娯楽のみを目的としたものであり、法律や会計をはじめ専門的なサービスは引き受けかねます。必要な場合には、その分野に精通した専門家まで直接ご連絡ください。

5. 売買に関する法律や規制は、複雑かつ難解です。連邦取引委員会をはじめ、州ごと、自治体ごとに特別なルールが設けられている可能性があります。ジェイソンも私も、幸か不幸か、法律関係の弁護士でも専門家でもありませんし、本書も法律関係の知識を埋めることを目的としたものではありません。そのため、法律上のいかなる問題・出版社・出典、著者が本書をきっかけに起こした行動に関しても、著者は一切責任を負いません。

6. 本書の中で、Glazer-Kennedy Insider's Circle（以下：グレイザー・ケネディ・インサイダーサークル）という団体を紹介しています。当団体は会員制の国際団体で、起業家や経営者、営業のプロや自営業の方など、幅広い会員から組織されています。マーケティングやビジネスの手法を最大のテーマとし、どうすれば最大の利益を生み出せるかに焦点をあてています。会員向けのサービスとしては、月刊のニュースレターの発刊、テレビセミナー、テレビ会議での専門家による悩み相談（私も参加しています）、オンライン講座、年2回の集会と会議などです。また、冒頭でお話ししたとおり、全米規模のマスターマインドセミナーも開催しており、並行して同団体支部のある米国内の

100都市以上のエリアで、地方規模のセミナーも開催しています。

Contents

Preface
価格、利益、力、富の関係
―― この本を読めば億万長者も夢ではないワケ

ダン・ケネディ

ライバルの値下げに戦々恐々 ……… 1
ライバルを怖れる気持ちが大切な経営判断を鈍らせる ……… 2
価格競争は勝ち目のない不毛な争い ……… 3
価格、利益、力、富は正しい選択がもたらすもの ……… 5
100％確実に成功する億万長者の価格戦略 ……… 8

Part1
世界一ずる賢い価格戦略〈理論編〉

Chapter1
価格戦略の落とし穴に落っこちるな

ダン・ケネディ

あなたは武器を持たない戦場の兵士 ……… 28
価格戦略は経営者の利益を生み出すツール ……… 30
事業を行ううえで最大の落とし穴とは何か ……… 32

最大の失敗をする人、最大の成功を手にする人 ……… 33

Chapter2
その値下げ、ほんとに必要？
ジェイソン・マーズ

値引きとは価値を下げること ……… 35
値下げをすると、一緒に質の良くない客がついてくる ……… 36
価格を下げる代わりにたくさん買ってもらう方法 ……… 38
「無料」との勝負に勝ち目はあるか、やっぱりないのか？ ……… 41
売り手が思うほど買い手は無料に価値を感じていない ……… 42
無料にした商品の価値は二度と元に戻らない ……… 43
経営者に必要なのは価格に真剣に向き合うこと ……… 46
無料への3つの向き合い方　戦う、降伏する、逃げる ……… 47
「無料」を味方にしてしまう画期的な方法 ……… 48
顧客との信頼関係を築く新しいマーケティングの方法 ……… 50
絶対にやってはいけない無料にするときの2つのタブー ……… 51

Chapter3
その値下げ、見返りはある？
ダン・ケネディ

値下げや割引より特典をつける ……… 53
相手からの見返りに応じてときには割引してもよい ……… 54

値引きしていいとき　値引きしてはいけないとき ……… 55
「お金」という商品を値引きして販売する ……… 56
驚くべき事実が判明したスプリットテストの結果 ……… 58

Chapter4
「無料」というガン細胞
ダン・ケネディ

違法ダウンロードは当たり前 ……… 60
コツコツ貯めたお金で欲しいモノを買う時代 ……… 61
買い求めたのは自分が払えるモノだけ ……… 62
カードでモノを買う時代から無料でモノをもらう時代へ ……… 64
値下げプレッシャーへの免疫力をつける方法 ……… 66

Chapter5
さあ、無料との戦いに乗り出そう
ジェイソン・マーズ

無料ビジネスに対抗する！ ……… 69
試行錯誤の繰り返しで無料ビジネスを退治する ……… 70
質のよいサービスを提供すれば値上げしても顧客はついてくる ……… 71
「無料」にも払うべき代償、コストは存在する ……… 73
見込み客の中から本当の顧客を見つける ……… 75
世の中にはやっぱりタダより高いものはない！ ……… 77

Chapter6
「無料」で戦うときの３つのステップ
ダーリン・スピンドラー

無料でも稼ぐ仕組みづくり ……… 80
無料を宣伝するために「第３の手」を使う ……… 81
無料で稼ぎ出すための３つのステップ ……… 83
３万人の新規顧客を獲得した常識外れの方法 ……… 85

Chapter7
「ありふれた考え」を捨て去ろう
ジェイソン・マーズ

なぜありふれたモノを売るのか ……… 89
どこにでもある酸素が442ドルでも売れる理由 ……… 92
１ドルの下着と同じ素材の高級下着がなぜ売れるのか ……… 93
高級品のセールス戦略と正しい価値のつけ方 ……… 95
コモディティ商品でも付加価値をつける方法 ……… 97
価格競争に敗れる者、生き残る者の境界線 ……… 99
なぜトイザらすが敗れ、イケアが急成長したのか ……… 101
コモディティ化に対抗する零細企業はみな潰される ……… 104
ウォルマートにない商揃えで生き残った鉄道模型専門店 ……… 106
スターバックスにはなくて高級紅茶店にはあるもの ……… 107
「行き過ぎた個人主義」からの脱却を求める消費者 ……… 109
価値に不釣り合いな値下げは消費者への詐欺行為 ……… 112

Chapter8
「差別化」の持つ力
バリー・ライカ

現金払いのみでも文句を言わせない ……… **114**
ニーズを満たすサービスに人は喜んで大金を払う ……… **115**
顧客の心をつかむ方法1　ハワイの釣り人に学ぶ ……… **116**
顧客の心をつかむ方法2　差別化の3つのステップ ……… **118**

Chapter9
BtoBにおける価格戦争——最後に笑うのは誰？
ダン・ケネディ

BtoBビジネス最大の誤解 ……… **121**
販路を絞ることも立派な差別化戦略 ……… **122**
高額商品やサービスは顧客のプライドを刺激する ……… **124**
ライバルより倍の価格で勝負する逆転の発想 ……… **125**
安い商品・サービスを手に取る3つの理由 ……… **127**
億万長者だけが知っている価格競争に勝つセオリー ……… **130**

Chapter 10
価格と製品の鎖を断ち切る
ダン・ケネディ

ブランドは価格の一部 ……… **133**
スターバックスとそれ以外のコーヒーショップの違いは？ ……… **134**
価格と製品の関係図はあなたの頭の中だけのもの ……… **135**
製品と価格の鎖を断ち切る3つの方法 ……… **137**
消費者の期待が高ければ価格を上げても大丈夫 ……… **141**
見た目と話し方を変えるだけで消費者は高級感を感じ取る ……… **143**

Chapter 11
「買わずして買っている」の持つ力
ダン・ケネディ

ロールスロイスを衝動買い ……… **147**
高級物件が売れる地区、売れない地区のわずかな差 ……… **148**
気持ちに訴えれば、消費者はお金に糸目をつけない ……… **150**

Chapter 12
価格弾力性のヒミツに迫る
ディーン・キリンベック

贔屓客だけを相手にする ……… 153
あなたにとって「最高の顧客」とは誰か ……… 155
見込み客から成約するダイレクトメールの送り方 ……… 157

Chapter 13
効果的な5つの価格提示メソッド
ダン・ケネディ

見た目が収入を決める？ ……… 160
顧客に提示する価格をコントロールする ……… 161
これが、効果的な価格を提示する5つのメソッド ……… 163
消費者はあなたの商品・サービスが存在する事実を知らない ……… 167
セールスの方法はテレビショッピングを見習え！ ……… 168

Chapter14
狙うはニッチとサブカルチャー
ダン・ケネディ

誰もが持っている属性 ……… **174**
知られざる鉱脈ニッチとサブカルチャー ……… **176**
価格の制約を逃れると見えない価値が生まれてくる……… **179**
売り手の誠意ある行動が顧客に最大の価値をもたらす ……… **180**
価格を自由に設定する「流通路線戦略」……… **181**
サブカルチャー向けに特化したある家具メーカーの戦略 ……… **183**

Chapter15
「連想の原理」が成功を生む
ダン・ケネディ

価格における連想の原理 ……… **186**
同じ品質の肉をほかより高い値段で売るステーキ屋 ……… **187**
地域ナンバーワンになる「価格戦略」の中身 ……… **189**
セレブをうまく利用してビジネスを拡大させる ……… **192**

Chapter16
不況という落とし穴から抜け出すために
ダン・ケネディ

- ビジネスは価格をめぐる戦場 ……… **195**
- 不況下の生き残りは価格のココで差をつける！ ……… **196**
- 利益が出なければ価格競争に対抗できない ……… **197**
- 出版ビジネスで確実に利益を出すユニークな方法 ……… **199**
- 純利益を稼ぎ続ける仕組みをこうしてつくる ……… **201**
- 10％の値上げで利益を倍にする賢い方法 ……… **203**
- 売上数の増加がもたらす怖い罠 ……… **204**
- 少ない売上数が今と同じか今以上の利益を生む ……… **206**
- 売り手も買い手も両方喜ぶ「値引き戦略」……… **207**
- 数字嫌いのための正しい価格設定法 ……… **208**

Part2
世界一ずる賢い価格戦略〈実践編〉

Chapter17
さあ、実際に値決めをしてみよう
ジェイソン・マーズ

適正価格をつけられる人はいない！ ……… **214**
価格設定の落とし穴 その1：思いつき ……… **215**
価格設定の落とし穴 その2：業界の常識 ……… **216**
価格設定の落とし穴 その3：顧客の言い値に振り回される ……… **218**
価格設定の落とし穴 その4：コストプラス方式 ……… **219**
顧客にとって売り手のコストと利益は関心外 ……… **221**
価格設定の落とし穴その5：目標価格設定 ……… **222**
価格設定の目的は利益を確定させること ……… **223**
高価格商品を提供するスキミング戦略にする ……… **224**
買い控えに対処するシーケンシャル・スキミング戦略 ……… **227**
浸透価格戦略は巨大なスケールメリットを追求する ……… **228**
9や7のつく価格は消費者にアピールする？ ……… **231**

Chapter18
前払い制のすすめ
ダン・ケネディ

金持ちが必ずしている習慣 ……… **234**
金持ちは前払いで報酬を懐に入れていく ……… **235**
会員制ビジネスで顧客に特別な付加価値を提供する ……… **237**
保険証を持っているのに治療してもらえない患者たち ……… **238**

高額ＶＩＰカード発行で優良顧客を買い込む ……… 240

Chpter19
悪徳まがいの儲け術──こんなのあり？
ダン・ケネディ

セルフビジネスで儲ける！ ……… 242
オプションの追加サービスで顧客から金を巻き上げろ！ ……… 243
悪徳商法と健全な商売のグレーゾーンはどこ？ ……… 245
通販の「送料・手数料込み」は誰の利益になっているのか ……… 247
請求書には不当利益がちゃんと計上されている ……… 249

Chapter20
値下げ中毒社員に気をつけろ！
ジェイソン・マーズ

社員は従順は大ウソ ……… 256
頼んでもいないのに勝手に値引きしてくれるカラクリ ……… 257
値下げすれば客は喜ぶと誤解している人たち ……… 259
勝手に値引きする社員が利益を食い潰している！ ……… 260
あなたの会社から値下げ中毒を根絶する方法 ……… 262
利益と価格戦略を守る一番手っ取り早い方法 ……… 264
値下げ根絶のために残された最後の選択肢 ……… 266
会社の利益を守るのは経営者の一人だけ ……… 267

Chapter21
誰の意見を採用する？——価格戦略の4人の審判
ダン・ケネディ

価格戦略に影響力があるのは誰？ ……… 269
価格戦略の相関関係　敵は敵、味方も敵 ……… 270

Chapter22
不況下での価格戦略
ダン・ケネディ

不況だから値下げは大間違い ……… 274
消費者の節約志向に気づいた人、気づけない人 ……… 275
回数を減らしても一回の外食費は逆に増えている ……… 277
不況時にはそれなりの商売のやり方がある！ ……… 278
ニューエコノミーの時代の足音が聞こえてきた！ ……… 280
高額商品を買ってもらう仕組みをどうつくる？ ……… 281
稼ぐ気のない従業員が売り上げを逃がしている ……… 283
全ビジネスマンに共通する「5つの意識」の欠如 ……… 285

Part3
世界一ずる賢い価格戦略〈サンプル編〉

Chapter23
効果的な広告サンプル
―― マーズ夫婦に学ぶ、価格戦略の上手なアピール方法とは？

差別化を生む広告のパターン ……… **288**

あとがき　ジェイソン・マーズ ……… **307**
　　　　　ダン・ケネディ ……… **308**

著者紹介 ……… **309**

Part 1

世界一ずる賢い価格戦略
理論編

Chapter 1

価格戦略の落とし穴に落っこちるな

ダン・ケネディ

Price and Free Failuers
by Dan Kennedy

▍あなたは武器を持たない戦場の兵士

　価格戦略で失敗してしまう背景には、さまざまな理由がある。その一部を見てみよう。

1. 「本にはこう書かれていたから」「業界の常識としてはこうだから」など、なんらかの「基準」にとらわれている。
2. 競合他社の価格を怖がりすぎている。
3. 価格しか見ない顧客を取り込もうとしている。
4. 「この値段でないと買ってもらえない」と初めから決めつけている。

5．どんぐりの背比べのような価格競争から抜け出せていない。
6．他社との差別化が図れていない。
7．顧客に「高くても買いたい」と思わせるような付加価値が提供できていない。
8．経営数学を知らない、または正しく理解できていない。
9．自分にもビジネスにも自信がない。「もっとできるはず」という気持ちが持てていない。

　価格戦略の落とし穴は、このほかにもたくさんある。本書を読み進めれば、分かってもらえるだろう。
　最も残念なことのひとつとして、これらの落とし穴には、価格戦略を考えるうえで具体的な戦略ではなく、個人の考えに基づいて行動してしまっているという共通点が挙げられる。たとえるなら、戦争の際「どんな事態になろうとも、私は誰ひとり殺しません」と言い張る兵士だ。個人の主義を頑なに守ろうとする者に一体どんな戦略が通用するだろう？　そんな兵士と同じ塹壕で戦うことになったら大変だ！
　ビジネスの場面でも、高値で最大の利益を生むことを考える際に、「どんな事態になろうとも、私は私の主義を守ります」と言い張っていては先に進めない。これを読んでいるあなたが、このような人物ではないことを祈りたい。

「この本ではガッポリ儲けつつ、いかに安く商品を売るかを教えてくれるんだな」
　そう期待している方には、本書はお役には立てない。できることなら、考えを改めてもらえればうれしい。そのような方法は戦略ではなく、短期的な対策にすぎないのだ。
　本書で取り上げるのは、もっと大きなテーマだ。本書の最大の目標は、何はさておき、価格に対するあなたの先入観、誤解を打ち砕き、そして何より、「これが限界だ」と思い込んでいる値決めに対する考えに立ち向かうこ

とにある。これを踏まえて、これまでのご自身の価格戦略を見直し、参考書の受け売りではなく、マーケティングの視点から価格に対し迫ってもらえればと思っている。

経営者の大半が、自覚があるかどうかは別にして、価格戦略の落とし穴にはまってしまう。「知らぬが仏」で知らないほうが本人にとっては幸せなのかもしれないが、それではコストもバカにならないし、儲けは垂れ流される一方だ。

価格戦略は経営者の利益を生み出すツール

　ここで私が言う「価格戦略の落とし穴」とはつまり、利益を生むための有効なツールとして値段を活用できていないことを意味する。もっと言えば、「本来生み出せるはずの最大限の利益を取り逃がしてしまっている」ことだ。

　落とし穴にはさまざまな種類がある。ビジネスに取り組む姿勢や経験、恐怖心、間違ったマーケティング戦略や売り方……。先に進む前にこれだけは覚えておいてもらいたいのだが、目の前の値段は、あなたがつけた、あなたが責任を持つべき値段だ。ほとんどの人が「仕方がない」とあきらめる価格競争、たとえば前書きで紹介したジェイソンの例のような場合でもだ。

　ジェイソンと妻は、その価格競争において、個人経営の身でありながら高価格でサービスを打ち出し、政府の強力なバックアップを受けた無料サービス機関との戦いに挑んだ。このように、いつだって幸運の女神は——自分で責任を引き受けるという覚悟さえあれば——自由な発想と自己コントロールができる者に微笑むのだ。

　ここでひとつ、少し面白みには欠けるが、古いジョークをご紹介しておこう。2人の建設作業員がお昼にしようと、持っていた弁当箱を開けた。すると、ひとりが「ちくしょう！」と叫んだ。
「またチーズサンドイッチだ。勘弁してくれよ。俺の昼飯がチーズ

サンドイッチじゃなかった試しなんてないんだ」
「奥さんに、もう飽きたからやめてくれって言ってみれば？」
　もうひとりがなぐさめると、その男は悲しそうにボソッとこうつぶやいた。
「まあ、弁当詰めてるのはこの俺なんだけどね」
　あなたが自営業や経営者、なんらかの専門家であれば、自分で自分に給料を支払っていることになる。もし、その給料に満足できないというのであれば、その不満を言うべき相手は、もうお分かりだろう。給料の額は、支払われるかなり前の時点で、すでに決まっている。
　価格戦略を打ち出した時点で、もう決まっているのだ。そしてその価格戦略は、あなたのお金や富、成功に対する信念が形になったものだ。
　いかがだろう？　これまで話したことを踏まえて、柔軟な心の準備はしていただけただろうか？「自分に自分で、もっとたくさんの給料を支払ってやれるようになるぞ」と、固く決心できただろうか？

　反対に、「いや、ここがおかしいぞ」「この話はいただけない」とおっしゃる方がいたら、ちょっと待ってもらいたい。ご自身のこのままの価格に対する考え方や信念で、果たしてこの先やっていけるだろうか？　このままの価格戦略で、果たしてこの先通用するだろうか？「このまま」を貫いて、果たしてこの先利益が劇的にもたらされることなどあるだろうか？
　この先読み進める中でも「ちょっと待てよ」と口をはさんだり「そんな考え受け入れられない」と言いたくなったりすることがあるだろう。その気持ちは、よく分かる。それでも、変わらなければ先に進むことはできない。強い決意と柔軟な心で、そんな衝動を跳ね除けてもらえれば幸いだ。それさえできれば、大丈夫だ。

事業を行ううえで
最大の落とし穴とは何か

　事業がことごとく失敗してしっぽを巻いて逃げ出す——この最大にしてそこら中で見られる落とし穴を除けば——最大の落とし穴とは、経営的には問題ないものの、すでにしっぽを巻いている状態のことを指す。つまり、手を伸ばせばごっそり儲かる可能性があるのに、ほんのわずかな儲けに満足してしまっている状態のことだ。

　もちろん、自営業の方の中には、お金のためではなく、「好きなことを仕事にしたいから」「上司を持ちたくないから」という理由でその道を選ばれている方が多くいるだろう。そんな方々にとってみれば、生活に不自由しないだけの収入が得られればそれで十分で、儲けを増やすことは問題ではない。きちんと日々の請求を処理できてさえいれば「今日の仕事はここまで」と言って、早々と閉店の札を掲げることができる。

　そんな例にあてはまらない人の多くは、たいがい、ただ単に生活に不自由しないだけの収入に甘んじて、「それ以上」を求めようとはしていない。生活できればそれで満足で、もっと豊かになりたいとは思っていない。その背景には「これくらい稼げれば上出来だろう」という思い込みがあり、その結果、商品、そして自らをも安売りしてしまうことになる。

　自覚しているかどうかは関係なく、これにあてはまる人は、厳しいことを言うようだが、敗者だ。当初抱いていた野望を小さくして、とりあえず目標を達成したことにする人。これも敗者だ。目標達成につながる利益やチャンスに手を伸ばせば届くのに、ありがたみが分からないからか、もしくは恐怖心からか、はたまた環境のせいだと思い込んでいるからか、とにかくそれに手を伸ばそうとしない人。そんな人も、申し訳ないが敗者だ。

　私は、自分の仕事にいつだって献身的に、情熱的に取り組んできた。その意味で、起業家として、そしてセールスマンとして、私の右に出る者はいな

いと思っている。私が経営するコンサルタント会社なしには、どんな企業だっておちおち休みなどとっていられないだろうし、国レベルでの問題も生じてくるだろう。

　私が1週間仕事から離れようものなら、すべてのものが音を立てて崩れることは目に見えている。なぜなら、世間がリスクを伴わない取引を行っている中で、私はリスクを冒しているからだ。なぜなら、世間が呑気にひと休みしている間にも、私は努力を怠っていないからだ。

　私は、時間で言えば人の倍、やる気で言えば人の10倍で、仕事にあたっている。圧倒的多数の人は、9時から5時まで働くだけでもう十分だと言うだろう。私の肩には、とてつもなく重い責任がのしかかっている。傷だらけになろうとも、血が出ようとも、ノックダウンさせられようとも、私は必ずリングに戻って来る。

　大半の人は、試合を眺めている観客にすぎない。不釣り合いなほどの税金と犠牲を払いながら、私は私に託された人々を背負って立っている。私は日々新しい商品、サービス、技術そして価値を生み出し、形にし、あなたのもとに届けている。あなたはその消費者だ。だからこそ私には、それに相当するだけの莫大な富を得る権利があると思っている。そしてその富を活用して、事業を可能な限り発展させていく必要があるのだ。

　金庫の中の1円だって、ムダにすることはできない。つまり、私が言いたいのは、私たちには権利と責任の両方が、搾り取った利益がもたらした富に対してあるということだ。

最大の失敗をする人、最大の成功を手にする人

　私はなにも「貪欲になれ」と言っているのではない。辞書には、貪欲とは「利己的な欲望」とある。「自己の利益」と「利己的な利益」との間に大きな違いがあることを忘れてはならない。もし、「その違いがよくわからない」

「どっちも同じじゃないか」と言われる方がいらっしゃれば、すぐにでも、『肩をすくめるアトラス』（アイン・ランド著、脇坂あゆみ訳、ビジネス社）『Thou Shall Prosper（あなたはきっと成功する）』『億万長者のお金を生み出す26の行動原則』（ダイレクト出版）を読んでもらいたい。あなたには、学んでよかったと思ってもらえる知識を得てもらいたいと思っている。そしてその知識は、価値の公正な取引を理解してはじめて身につくものであり、世間ではあまり知られていないが、本書を通じて、売り手側のプレミア価値には、買い手側にとっても価値があることを証明したいと思っている。

　もし、あなたが大きな落とし穴にはまったままの敗者なら、商品やサービスの本来持つ価値を引き出せていないことになるし、そのままでは、いつまでたっても栄冠は手にできない。栄冠とは、利己を律する忍耐があってこそもたらされるもので、忍耐なしの栄冠など、存在しない。

　ここで一度筆を置いて、あなたには、今ご紹介した斬新でパワフルな哲学について、じっくり考えてもらえればと思う。**本書は哲学書ではなく、実践本だ**。しかし実践するためのアプローチは、資本主義や自己の利益、心から信用する哲学を持って富を語らなければ、非常に薄っぺらいものになってしまう。繰り返すが、その意味でも、先ほどご紹介した書籍を読んでもらえれば幸いだ。

　さて、最大の失敗を犯す人とは対照的に、最大の成功を勝ち得る人もいる。どんなときも、**人生を自らの選択どおりに切り開き、仕事に使われるのではなく、仕事を使うことのできる人**。そしてその結果、**本来得るべき利益を手にすることのできる人**。こんな人こそ、本当の意味での勝者なのだ。

Chapter 2

その値下げ、
ほんとに必要？

ジェイソン・マーズ

Discounting Without Damage
by Jason Marrs

▌値引きとは価値を下げること

　私は、一風変わった子ども時代を過ごしてきた。普通の子どもと違うのはもちろん、私と同じようにビジネスが身近にある環境で育った子どもたちとも違う。家庭自体が、一風変わっていたのだ。

　母はお金には何不自由しない暮らしをしていたし、考えてみれば祖母も、大恐慌の真っ只中に、カリフォルニアにある大学に通っていた。まだ大学に進学すること自体がめずらしく、しかも女性ともなれば、それこそごく少数派だった時代に、ニューメキシコという片田舎から出て来た身なのである。これを踏まえても、経済的に非常に恵まれた家庭環境に育ったことを分かっ

てもらえるだろう。

　わが家の人間は、セールにまったくと言っていいほど関心を持たなかった。

「安いからと言って、手放しに喜んでいてはいけない。十中八九、その商品はいつだってその値段で買えるようにできているんだから」

　幼いころから、事あるごとにそう言い聞かされてきた。これは非常に役に立つ教えで、「どうもそうらしい」と私自身気づくようになった。店で目にする値段とは、私たちがそのものに対して本来支払うべき価値にすぎない。つまり、その値段を下げてしまうのは、その商品の価値を引き下げるのと同じことなのだ。

　これは値下げのデメリットだ。**値引きをすることで商品は本来の価値を失い、価格はアッという間に下がっていく。その一方で、値引きはわれ先にと商品を奪い合うお客をもたらしてくれる。**

値下げをすると、一緒に質の良くない客がついてくる

　値引きに対しての私の感情は、一言では語り尽くせない。今述べたように、値引きは価値の破壊をもたらすものだ。

　その一方で、私は値引きを歓迎してもいる。それは、**値引きがものを売るという場面において、時として非常にありがたい手段となる**からだ。あなたも、私と同じような子ども時代を過ごしていなくとも、値引きに対して私と同じような感情をお持ちだろう。

　経営者の大半は、値引きをあまりにも簡単に、深く考えもせず、当たり前のこととして行っている。お客をもたらしてくれるといううれしい側面だけを見て、価格破壊というマイナス面に関しては、ろくに考えもしていないのだ。

　覚えておいてもらいたいのは、**値下げとは、適切な価格で商品を売るため**

のひとつの方法であるということだ。値下げを行うということは、商品の価値に焦点をあて、その価値を正しく価格に反映し直すということだ。それ以外の何ものでもない。

逆に値上げを行い、その値段を維持しようとする場合も、商品の価値をしっかり見極められていることが前提となる。値下げを行うことは、時としてこの商品の価値を見極める能力を蝕んでしまう。どんな値下げにも、商品の本来の価値を落とすリスクがつきものなのだ。同じ客が2度立ち止まって、商品の値段とその価値をじっくり考えることなど、まずないと思わなければならない。

さらに、研究からは、**対象が何であるにせよ、値下げが販売効果を下げる**という結果が出ている。つまり、値下げを行わなかったほうが、値下げを行ったときよりも最終的によい結果が得られるのだ。

「そんなはずはない」とおっしゃるだろうが、これは、一般用医薬品や医療用医薬品、化粧品、そのほかの商品を用いた値段に関する二重盲検試験できちんと証明されている。あるリゾート物件会社が行った調査では、元値または元値に近い値段で物件を購入した顧客は質がよく、逆に大幅な値引き価格で物件を購入した顧客は質が悪いという結果が得られている。この分析結果はつまり、**値引きをすることで、企業側が望まない顧客が集まってくる**と言い換えられるかもしれない。

私にとって、それは驚くべきことではない。なぜなら私自身、携わるヘルスケアビジネスにおいて、値段にこだわったり値下げを要求したりするクライアントは、意図的に寄せつけないようにしているからだ。

同時に、患者が値段の高い薬を選ぶのは、「この薬なら、ほかのものより効き目があるはず」と期待を寄せているからであり、リゾート物件の購入者が値段の高い物件を購入するのは、「この物件ならすてきな時間を過ごせるはず」と期待を寄せているからだ。つまり、高い期待から高い評価が生まれているのだ。

価格を下げる代わりに
たくさん買ってもらう方法

　皮肉なことに、値引きをすることで逆に常連客の満足度を落としてしまう場合もある。
「なぜ安くなったのだろう？」
　値下げされた商品を見て、常連客はまずこう思う。
「私は値引きなしで買ったのに……」
　常連客はこの考えに行きつく。買い手が考えるのは「どうして私は同じものを安く手に入れることができなかったのか」ということだ。商品を買ったのがつい最近のことであればなおさら、顧客は「だまされた」という感情を抱いてしまう。これは避けようのないことで、だからこそ、**売り手は値下げに関して、いつでも買い手の納得のいく理由を用意しておかなければならないし、値下げに踏み切る際には、揺るぎない判断基準が必要だ。**
「いいや、私は安値でこれから先も勝負するのだ」などと考えていない限り、やみくもに値下げを行ったり、コロコロとその判断基準を変えたりはしないほうがいい。値下げに踏み切るには、確固たる判断基準に基づいた、確固たる理由が必要なのだ。

　とはいえ、値下げが吉と出る場合もある。数量値引きなどがそのよい例で、この類の値引きは、売り手の気持ちを買い手にくみ取ってもらえる。「たくさん買えば安くなる」という思考に、消費者は慣れ親しんでいる。そのためほとんどの場合、買い手が疑いを抱いたり不快な気持ちになったりすることなく、商品を安く売ることができる。
　同じことは、早期特典やまとめ買いにもあてはまる。**早めに支払いをしてもらえれば、売掛金の回収に困ることはないし、たくさん購入してもらえれば、取引の規模を拡大することができる。** シーズンオフの商品を対象にしたセールであれば、「今だけ限定」という理由で、ネガティブなイメージをほとんど与えないで済む。

「こういう理由で安くなっています」という、買い手の納得のいく理由を述べることができれば、価格にも、評判にも、そして店を贔屓にしてくれている客との関係にも、さほど影響は出ない。さらに、理由づけがうまくできていれば、買い手側はこう思うのだ。
「たくさん買わなきゃ」
「今がチャンス」

　値引きを新規顧客獲得の手段として使う場合には、値引きのほかに、集客効果の見込めるなんらかの目玉商品が必要だ。そうすることで、値引きのもたらすマイナスイメージを払拭することができる。
　お望みなら、すべての商品・サービスは正規価格か固定価格のままにしておいてもいいだろう。または、対象商品をひとつに絞り定期的に値下げを行うか、どうしても必要なら、毎日値下げを行うという手もあるだろう。

「値段」と「期待」の関係　——どのワインが一番？——

ダン・ケネディ

　カリフォルニア工科大学は、20人にワインの試飲実験を行い、その様子を脳内スキャンで観察した。20人には、値段の異なる5種類のフランス産ワインを試飲することが伝えられたが、実際に与えられたワインは3種類だけで、2種類がそれぞれ2回、1種類が1回のみ与えられた。まず90ドルのワインが2回、1度目は実際の値段で、2度目には10ドルと偽って与えられた。その後、別のワインが1度目は5ドル、2度目は45ドルと、2回とも値段を偽って与えられた。実験の結果、20人全員の脳内スキャンは、値段が高いと思って飲んだワインのほうが、安いと思って飲んだワインより大きな満足感を得ることが分かった。値段によって期待に差が生まれ、たとえその値段が嘘であっても、それを信じ込むことで、満足度に差が出たのだ（ちなみに、同じ種類のワインをいくつか用意し、値段を伏せて「一番高いものを選んでください」と言うと、なんと被験者たちは、実は5ドルのそのワインを、ほかに飲んだもっと高価なワインよりおいしいと言ったのだ！）。私はずっと、ベンツに乗るのが夢だった。そして、誰しもベンツの乗り心地が最高だと感じると思っていたのだがこの実験結果を見れば、どうもそうではないらしい。目隠しをしてフォードに乗せ「今、ベンツに乗っていますよ」と言った場合、また逆にベンツに乗せて「今、フォードに乗っていますよ」と言った場合、きっと目隠しをされた人の反応は、目隠しをしなかったときとはずいぶん違ってくることだろう。

（出典：ヤフーニュース　2008年1月14日付）

「無料」との勝負に勝ち目は あるか、やっぱりないのか？

　共著者であるダン・ケネディは、英語のFreeつまり「無料」という言葉こそ、最も影響力のある言葉だと述べている。これには私も同感だ。
　ひとつ付け加えるなら、「無料」ほど偽善的な言葉もない。なぜなら、本来**「無料」なものなど存在しない**からだ。
　どんなものに対しても、誰かが、なんらかの方法で、お金を支払わなくてはならないようにできている。少なくとも、どんなものにも、時間、知恵、工夫、技術が注ぎ込まれているからだ。
　現代のデジタル社会では、この「無料」の境界線が曖昧になっており、それは認めざるを得ない事実だ。間違いなく「無料」はすさまじい力を持った言葉だ。「無料」という言葉だけで、お客はごっそり集まる。「無料」という言葉だけで、お客は安心する。「無料」という言葉だけで、誰もが引き寄せられるように、商品に手を伸ばす。本来、なんの興味もないはずの商品にもかかわらず……。

　影響力のあるほかの言葉同様「無料」にも、裏の面がある。それは「無料」がすさまじい破壊力を持った言葉であるということだ。「これも無料になるかも、あれも無料になるかも」という買い手側の期待を、どんどん膨らませてしまう。こうなるとお客は「どうしてこれは無料じゃないの」と駄々をこねだし、価値に見合った対価を支払ってほしいと願う売り手との間には、深い溝が生まれ、その溝は深まる一方になってしまう。
「じゃあ買わない」
「ほかのところで無料にしてもらうからいいわ」
　こんな声が、きっと聞こえてくるだろう。そんなお客からの言葉にこのところ振り回され続けているのが、マスコミだ。
　例外として、世界のメディア王ルパート・マードックや新聞社のごく一部は、情報を有料で提供し、どうにか読者の興味を惹こうと必死になっている

が、そのほかのマスコミの多くが、オンライン記事へのアクセスを当初有料にしていたにもかかわらず、自社のウェブなら掲載料がかからないことを理由に、途中から無料でアクセスできるようにしてしまった。これが悪かった。

先ほどお話したような、深い溝へと足を踏み入れてしまった。このマスコミの失敗例は、経営に携わるすべての人々に通じる、戒めとなる話である。マスコミの多くが、印刷にかかるコストと情報の価値とをイコールで結びつけてしまった。

本来、メディアの価値とは、媒体が何であるにせよ、提供する情報によって決まるものだ。予想どおり、この失敗により、情報の価値が破壊されることとなった。その上「無料」をこよなく愛する人たちが声を大にできる状況を、またもやつくり出してしまったのだ。

売り手が思うほど買い手は無料に価値を感じていない

どうして「またもや」と述べたかと言うと、この現象はなにも今回が初めてではない。70年代、人々は、「コンサートにお金を払う必要はない」と言って騒ぎ立てた。

「音楽は無料で提供されるべきものだ」

彼らはこう主張した。ミュージシャンが音楽を生み出すための時間やエネルギー、コンサート開催に伴う会場や照明、宣伝、そのほかもろもろのコスト——そんなコストの一切が、「無料」を要求する人々の頭の中にはなかったのだ。

今、私たちはそこら中にあふれた「無料」が生み出す問題だらけの時代に、足を踏み入れようとしている。ニューヨークのクイーンズ地区では、子どもたちが集団で、バスの運転手に「無料にして」とせがむ。フロリダでは、スターバックスで度々コーヒーを「無料にして」と要求した警察官がクビになった（晩にやって来ては、あまりにもしつこく無料を要求するのを見

かねた店員が通報したのだ)。オバマ大統領は、何かにつけ「無料にする」ことを条件に、大統領選で見事勝利を収めた。「無料」問題はそこら中で見られる、現在進行形の問題なのだ。

　ギリシャ、スペイン、さらにプエルトリコでは、デモ隊が道を占拠し、政府関係者やその退職者が「無料」で手にしていた手当のわずかなカットに対して、抗議の声を上げた。オクラハマ州・ミッドウェストシティでは、あるピザチェーン店がすべてのピザを無料にした際、平日にもかかわらず数千台の車が店に押し寄せ、4～5時間待ちの事態に陥った。さらに、ピザが売り切れると客たちの不満は爆発し、車は燃やされ、けが人や病院に担ぎ込まれる者まで出る事態となった。米国の名物テレビ司会者オプラ・ウィンフリーが、自身の番組で視聴者に車を「無料」でプレゼントした際には、視聴者から抗議の声が挙がり、プレゼントされた車をめぐる税金に関して裁判沙汰になるケースまであったほどだ。

　売る立場である私たちが、あれもこれもと商品・サービスを「無料」で提供することが、この問題を助長している。だからこそ「無料」という言葉を持ち出すときには、細心の注意が必要なのだ。**「無料」という言葉を持ち出したとき、そこには危険と失敗が待ち構えていることを、十分認識しておく必要がある**。無料にしてもらえるかもという期待にとどまらず、無料にしてほしいという要求をも生み出してしまう。
　マスコミの失敗例からも明らかなように、**買い手は「無料」に価値を見出しはしない**。「無料」を持ち出す際には、いくら心配してもしすぎるということはないのだ。

無料にした商品の価値は二度と元に戻らない

　私が思うに、どんな場面においても、「無料」という言葉がどういう結果

を招くのか見越して使われていることはない。はっきり言わせてもらおう。

　私は、名の知れたインターネット会社の中には、現在のやり方を改めなければ、この先大きな報いを受けることになる会社があると思っている。

　インターネット業界にちょっと目を向ければ、私が何を言っているのかお分かりだろう。先週3000ドルで売られていた商品が、今週見てみると「無料」になっていることなど、ネットの世界ではめずらしくない。それには、こんな謳い文句がつきものだ。

「発売から半年が経ったこの商品。受付開始からわずか3分で5000個を売り上げました。そのときのお値段は2997ドル。でも今なら、お名前とメールアドレスを入力するだけで、なんと同じ商品を無料でお求めいただけます」

　もし、その会社が、本当に商品を2997ドルで5000個も売ったとすれば、その値段で買い求めた人は、今になって無料になっているのを見て、その会社を果たして信用するだろうか？　これは、「スキミング」（17章参照）という戦略で、非常に極端な行為だ。

　万が一、その会社が実際に述べた値段で商品を売っていなかったとなれば、会社側は嘘をついていることになり、そのような行為は例外なく、最終的には世間の知るところとなる。そして、法的な問題へと発展するのだ。

　一度高い値段をつけて売り出したものをあとから「無料」でばらまいてしまっては、その商品の価値はもちろん、ほかの商品の価値をも下げてしまう。そして信頼を失ってしまう。「今日は2997ドルでも、明日になれば無料で手に入るかも」という期待を、買い手に与えてしまう。

　私は今お話しした会社の相談に、何度か無料でのったことがある。この会社の商品とは、あるプログラムだったのだが、「無料」に踏み切るなら、すべてではなく、一部の目玉となるプログラムのみを対象にするべきだった。目玉となるプログラムだけでも、十分消費者をひきつける力があったし、かつ商品価値を下げることもなかった。この正しい選択がなされていれば、最終的にプログラム一式の売り上げをもっと伸ばすことができていただろう。

　繰り返すが、このように**一度高い値段で売り出したものを「無料」にして**

しまうことは、**商品の知覚価値を下げてしまうことにつながる**。それだけにとどまらず、高い値段をつけてから「無料」にするまでの期間が短ければ短いほど、別の商品の持つ本来の価値をも損なわせてしまう傾向にある。

　きっと売り手は、なんらかの方法で自分たちを納得させて、「無料」という選択を取っているのだろう。その選択は間違っている。「無料」を選択することによって、アッという間に売り上げが伸びても関係ない。「無料」を選択することによって、お客との間にギブアンドテイクの関係が築けたと思っていても関係ない。高い価格の商品を「無料」にしてばらまくというその行為によって、顧客の質を落とし、見込めたかもしれない顧客を取り逃がすことになるのだ。

　そんなことをしても——繰り返すようだが——、決して顧客との信頼関係を築いたり、顧客から贔屓にしてもらったりすることはできない。顧客の不満を生み、疑惑の種を蒔くだけだ。長い目で見ても、メディアの例と同じように、状況を悪化させるだけだ。

　古い英語のことわざにはこうある。ミルクが「無料」で手に入るのに、牛を飼う奴がどこにいるのか。

億万長者になるためのヒケツ その１

「値下げ」や「無料」にはすさまじい効果がある反面、思わぬ事態を招く危険性をはらんでいる。

　踏み切る際は、慎重に！

　効果的に行う方法もあれば、どうしてもせざるを得ない場面もある。大切なのは、どんなときでも、事前にしっかりと「どういう結果がもたらされるか」ということを考えておくこと。

経営者に必要なのは価格に真剣に向き合うこと

　商品を「無料」で提供する条件としては、「吟味したうえで慎重に」「先の見込める新規顧客からの要望があったとき」「商品価値を損なわないという前提で、誰もが納得する理由をつけて」のいずれかでなくてはならない。

　そうは言っても、あなたはそう簡単に値引きや無料との縁を切ることはできないだろう。私に関して言えば、先入観を持たず、日々大きくなっていく「無料」の波にどうにか乗ってやろう、そして「利用される」のではなく「利用してやろう」という思いで日々努力している。あなたにも、ぜひそうあってほしいのだ。ダーウィンはこう言っている。

　「最後まで生き残る者というのは、必ずしも最も強い者ではない。変わりゆく環境に最も適応できる者こそ、最後まで生き残るのである」

　ダーウィンの教訓を、身を持って学んだ者と言えば音楽業界だろう。音楽業界は、ＭＰ３やファイル共有、海賊版を差し迫った敵とは考えず悠長に構えていたのだが、この敵たちは、アッという間に業界全体を脅かす存在となった。つまり音楽業界は「どうにかしてこの変化に対応しよう」と考えるべきところを、勝ち目のない勝負に、今もムダな労力をつぎ込んでいる。このまま行けば近い将来、伝統あるレコード会社の面目は丸潰れだろう。

　業界に必要なのは、変化に対応する力だ。そしてそれは、すべての人に言えることだ。

　どうして私たちが違う視点から物事を見ようとしなければいけないかの理由は、ここにある。それは「無料」に関しても、例外ではない。**「無料」との戦いを考える際、あなたには常日頃から、ここは真っ向から「戦うべき」なのか、「降伏するべき」なのか、それとも「逃げ出すべき」なのか、とご自身に問うてもらいたい。**頑なに守りに入るべきなのか、それともここは譲らざるを得ない状況なのか。「譲らざるを得ない」という答えが出たなら、次の手はどう打とう？　その答えを探るには、今のご自身の信念に真っ向か

ら向き合っていかなければならない。

　私も、かつて自分の信念に向き合い、どのように「無料」に適応していこうか考えていた。「無料なんか大嫌いだ」と思えば思うほど、行きつく答えはいつも「それなら利用してやれ」だった。あなたにもそう考えてもらいたい。

無料への3つの向き合い方
戦う、降伏する、逃げる

　無料で何かを提供しても、ほかのところでお金は請求できる。無料で提供するものは、優待券でも、サンプルでも、ブログ投稿やミニコミといった無料の情報でも何でもいい。とにかく、無料から逃れることはできないのだから、あとはどう利用するかだ。無料はこれから先も当分の間、私たちにつきまとってくるだろう。どんどん増え続け、「無料になるかも」という買い手の期待もどんどん膨らんでいくだろう。

　この現実から目を背け、「無料」が脅威であることを認めずにいれば「無料」はあなたのビジネス戦略の行く手をはばむ。危険を覚悟で、無料と向き合わなければならない。さらに、逆に**「無料」がチャンスをもたらしてくれていることに気づかなければ、あなたはハンディキャップを抱えたまま、事業を運営していかなければならない**ことになる。

　「値引きは一切なし。無料にも絶対しない」では、どうにもこうにもやっていけない。それが通用するのは、ごくわずかなエリート専門家による、ごくわずかなエリート顧客に対するサービスだけだ。逆に、「年中値引き。年中無料」は、リスクの高いゲームだ。私に言わせれば、あまりにリスクが高すぎる。過去の事例を振り返っても例外なく、それは崖っぷちに立つような行為なのである。

「無料」を味方にしてしまう
画期的な方法

「無料」と聞いて怖気づいたりやる気を失ったりするのは当たり前だ。無料で商品を提供する一方で利益を上げることなど、想像がつかないだろう。

「無料」を使いこなすには、知恵が必要だ。気前よく無料にしたものの、あとになって値段をつけようものなら、最悪の事態としては顧客からのクレームが、どんなによくてもお粗末な結果がもたらされるだけだろう。逆に高い値段で売り出したものをあとになって「無料」でばらまこうものなら、対象の商品のみならず、ほかの商品の価値をも損ねてしまうことになる。

無料とは、気まぐれな女性のようなものなのだ。彼女を喜ばせる方法など、どこにもないように思える。これは魅力的なものの持つ本質だ。「無料」も例外ではなく、あの手この手を尽くして扱わなければならない力なのである。「無料」は、世間にどんどん広まり、どんどん力を強めている。それを使いこなすというのは、ちょうどダイナマイトを扱うのと同じようなものだ。使用する際には、しかるべきタイミングとしかるべき目的がなくてはならない。とにかく、細心の注意を払うことが大切だ。

では、どうすれば事業の痛手となることなく、「無料」を使いこなすことができるのだろう？　これに対する答えは、ビジネスの形態によってさまざまであるように思う。消耗品や、はまればまた買わずにはいられないような魅力的な商品があるのなら、まずはそれをサンプルとして配ればいい。麻薬の売人たちは、昔からこの方法を使ってきた。これはファストフードの店先などでよく見られる光景でもある。「どうぞお味見ください」と、爪楊枝に刺した照り焼きチキンを手渡されるのは、味見をしておいしければその商品を買ってもらえるだろうと、店側が期待しているからだ。これは、ギブアンドテイクの関係だ。

残念なことに、この戦略が通用しないビジネスもある。たとえばパン屋が

商品であるパンを味見用に無料で配ったとしても、パン本来の価値を傷つけることはないが、高級レストランの場合、そう簡単に同じことはできない。同様に、ダン・ケネディや私のような職業の場合も、コンサルティングを無料で行ってしまえば、高い費用を払って受けてもらう私たちのサービス能力という価値が損なわれてしまう。

それでも、その能力を「紹介」することならできる。たとえばセミナーなど、参加者がお金を払って参加している場であれば、私の場合、この本に記した内容など、何かしらの媒体で紹介した情報を注意深くピックアップして、紹介することができる。

この方法であれば、どんなビジネス形態でも実践してもらえるだろう。**たとえ「無料」でも、知識や価値を紹介するだけなら、ほとんどそのものの価値を損ねる心配がない**。大半のビジネスに対して、私は快く情報を開示している。なぜなら、一度紹介する情報を決めてしまえば、多くの人を対象に、何度でも繰り返し同じ情報を使えるからだ。無料の新聞でも、資料でも、パンフレットでも、ホームページでも、紹介する媒体はなんであっても構わない。

ここで私が言う「情報」とは、顧客のニーズを損ねるもののことではない。私の言う「情報」とは、顧客の理解を深められるようなもののことだ。顧客が、一番のポイントとなる課題に気づき、「じゃあ、このコンサルティングを受けてみようかな」と思えるような情報のことだ。私はこれを、売り手を教育しながらのマーケティング戦略という意味で**Edu-marketing（Education＝教育 Marketing＝マーケティング）**と呼んでいる。

Edu-marketingを新しいもののようにご紹介したが、そうではない。これまでも多くの企業が、新規顧客開拓の際、この啓蒙キャンペーンにコツコツと取り組んできた。

顧客との信頼関係を築く
新しいマーケティングの方法

　この啓蒙キャンペーンは、今、大きな発展を遂げている。顧客を啓蒙することで、今取り組んでいる広告宣伝などの手間が省けるからだ。顧客との信頼も築けるし、売り手側の意図を的確に伝えることができるので、商品に対して理解のある顧客を生み出すこともできる。

　どんなビジネスにおいても、顧客が知っておくと得をする情報があるだろう。それを無料で提供するのだ。その情報を、ビジネスを活性化するために使うのだ。

　私は、商品やサービスへの理解がない買い手よりも、ある買い手を歓迎する。なぜなら商品への理解がある買い手は、売り手側の意図をくみ取ってくれるからだ。そうなると、顧客はあなたの売り手としての能力を最大限に引き出してくれる存在となり得る。

　対照的に、商品やサービスに対する理解がない買い手は、その無知さから、売り手の努力を水の泡にする存在になり得る。これは、買い手の意図をくみ取れないことに対する、ごく自然な反応だ。

　どうしてこのようなことが起こるかと言うと、人は自分が何をしているか分からないとき、受け身になってしまうからだ。受け身で処理できるのは限られた情報だけだ。その情報を頼りに能動的に動くための地図がつくられる。顧客を能動的に動かせるようにならなければいけない。
「自分は何を求めているのか」
「どうすればそれを手に入れられるのか」
　売り手として、この思考を買い手に抱かせるのだ。そして混乱することなく、正しい選択を行ってもらうのだ。

　もう十分お分かりだと思うが、私が言いたいのは「なんでも無料にすればよい」ということではない。無料にする対象は、基本的な取っかかりとなる

情報や知識で、それを提供することで、顧客はその情報に基づいて判断を下すことができる。どんなビジネスにも、この類の情報はある。携わっているビジネスがなんであれ、これを使わない手はない。

さあ、「情報」とどうやって手を組んでいこう？　どうすれば、自信を持って「情報」を使いこなすことができるだろう？　どうすれば、「情報」と平等な関係が築けるだろう？

この問いへの答えが見つかれば、あとはその情報を提供するだけだ。それがきっかけで信頼が得られ、さらに情報を受け取った人が、顧客に姿を変えるのである。これこそ、あなたに実践してもらいたいこと、あなたが実践しなければならないことなのだ。

絶対にやってはいけない 無料にするときの２つのタブー

「絶対に」は、強制力のある言葉だ。あえて、これから紹介する２つの例には、この「絶対」という言葉を使わせてもらいたい。それほど、この２つは例外なく危険な行為なのだ。

1. **扱っている商品・サービスが高価なときは、絶対にそれ自体を「無料」にしてはいけない。**「無料」に価値が見出されることはない。無料にしてしまうことほど、その商品の価値を傷つける行為はない。同様に「値下げ」を行うときにも注意が必要だ。値下げですら、その商品の価値を損ねる可能性があるからだ。その商品・サービスの持つ高い価値は守らなければならない。それでも、どうしても何か手を打たなければならない場合は、付加価値をつける。たとえば魅力的な保証、特典、賞金をつける。または買い求めてくれた顧客にもれなく特別企画を実施するという手も考えられるだろう。

2. **どうしても「値引きせざるを得ない」「無料にせざるを得ない」とき**

は、絶対に顧客に悟られてはいけない。悟らせないことだけが、顧客の無料に対する「もっと」という期待を増幅させずに済む手段なのだ。もし、定期的に同じ商品をセール品として売り出したり、年がら年中セールを行ったりすれば、それでお客は悟ってしまう。「無料」に対する期待が生まれたが最後、それは不満の種を蒔いたことを意味する。
「この店は最初の３週間は正規価格だけれど、それからいつも25％引きになるな」
　そう悟られてしまえば、顧客は値引きが行われるまで手を出さない。だからといって値引きをしなければ、さっぱり売れない。たとえば、毎年７月に半額セールを実施しているとすると、５月、６月に同じものをわざわざ買う人はいないだろう。いつでもセールをしているような店であれば、お客は正規価格を信用できなくなり、セール中しか財布のひもを緩めなくなってしまう。さらに「安く手に入って当たり前」と思うようになり「もっと安くして」「もっと無料にして」「もっとセールをして」と言って売り手を苦しめるのだ。

Chapter 3

その値下げ、見返りはある?

ダン・ケネディ

If and When You Discount, Get Quid Pro Quo
by Dan Kennedy

▍値下げや割引より特典をつける

　2章でジェイソン・マーズが述べた値引きの持つ恐ろしい側面については、私も同感だ。この側面があるために、必ずしも値引きができないというわけではないが、私自身慎重にならざるを得ないし、できればせずに済ませたい。同時に、「引き換えに何か価値を得てやろう」というやる気を起こしてもいる。

　価値の交換で得られる分かりやすいものと言えば、顧客からの素早い反応だろう。マーケティングセミナーを例に挙げると、期間を設けた早期登録割引がよく実施されている。このような場面で、私は臆することなく顧客にこ

う切り出す。
「どれだけ断られようともあきらめませんし、繰り返しメールでご案内させていただきます。でも、最終的にお申し込みになるであろうことは目に見えています。今お申し込みもらえれば、こちらとしてはコストも抑えられて大変助かるのですが……」

この説明は、2つの意味で効果的だ。まず、「なぜ早くに申し込んだ場合にだけ値引きが受けられるのか」に関する理由がきちんと述べられている。その理由はサービスの価値を損ねたり、買い手が正規価格を疑いにかかったりすることを防いでくれる。次に、この理由は顧客を納得させる力を持っている。この例で言えば、私が語ったことはすべて真実だ。

相手からの見返りに応じて
ときには割引してもよい

数年前、私は個人向けにある商品の営業をしていた。その際、価格が原因で、あと一歩のところで交渉が成立しないという経験をした。ある戦略でこの困難を乗り越えることができた。ある条件をつけたのである。

その条件とは、友人、ご近所、同僚、いずれかの最低2人を私に紹介するというもので、それと引き換えに商品に対して値引きを行ったのだ。

振り返ってみれば、私が初めてこの戦略を学んだのは、1970年代、ハワード・ボーネルからだった。その後、ワールドブック・エンサイクロピディアの経営者や、ポール・J・マイヤー（サクセス・モチベーション・インスティテュート創設者）から相次いで、「紹介が生み出す輪」は絶えることがないことを教わった。

つい最近もビジネス専門誌『Entrepreneur』で、同じような戦略を目にした。その戦略とは電気工事に関するもので、契約が成立した際、その場で知り合いを紹介する「紹介カード」に必要事項を記入することを条件に、工事が安くなるという内容だった。

私はコンサルティングと執筆活動を行っているが、たとえば本書を書いている今現在、1日の執筆料は1万8800ドルだ。最終的な執筆料は、1日の執筆料×かかった日数で計算されるので、10日かかったとすれば、1万8800ドル×10日＝18万8000ドルとなる。

　コンサルティングに関して言えば、私はサービス料をたまに値引きすることがある。その条件とは、クライアントが何日間か連続して予約をしてくれた場合と、通常よりも早く予約を押さえてくれた場合である。

　その行為は私にとって価値のあることであり、その価値と引き換えに、値引きを行うことにしている。つまり、クライアントがそうしてくれるおかげで、効率よく時間が使え、スケジュールも立てやすくなり、「これ以上クライアントが増えたらどうしよう」という心配もせずに済むという価値が生み出される。

値引きしていいとき
値引きしてはいけないとき

　執筆に関しても、たまに少し割安で引き受けることがある。その条件とは、共通する事柄を扱った複数のプロジェクトを並行して進める場合だ。その理由は、やはり効率よく時間が使えるからだ。

　どういうことかと言えば、必要になるのは同じリサーチなので、ひとつのリサーチをするだけで、ほかのすべてのプロジェクトをカバーすることができるのだ。つまり、「まとめ買い」と同じ性格を持っているのだが、その際の理由はいくぶん知的に聞こえる。

　逆に、何があっても絶対にしない値引きの条件とは、クライアントからせがまれた場合や、ライバルにプレッシャーをかけられた場合だ。何があっても、**価値の見返りが期待できない場合には、値引きに踏み切ってはならない**。

　今ご紹介した例について、執筆料が18万8000ドルと聞いて、あなたはビックリしたことだろう。もし、その額のお金が単純に執筆に取り組んだ時間に

対して支払われるものだとすると、桁外れの額だ。適当なコピーライターでも雇って、いつもそばに置いて書かせて、自分は年中遊んで暮らせる。

私はそんなことはしていない。なぜならそのお金は、執筆にあてた時間や労力に対して支払われているのではないからだ。私の仕事とは、クライアントの将来資産を、責任を持って運用することであり、それはクライアントにとって、初期投資をはるかに超えた利益を将来的に生むことにつながる。

たとえば、私がその執筆で得た報酬18万8000ドルを元手に、ある商品をウェブ上で販売するキャンペーンを5年を目途に立ち上げたとすると、1年あたりの投資額は3万7600ドルだ。もし、毎年50万ドル分の商品を売り上げたとすると、売り上げは5年間で250万ドルになる。投資収益率で言えば、1400%だ。つまり、約230万ドルも儲けたことになるのだ。これこそが、賢いビジネスパーソンが何か専門知識に対してお金を支払う際、常に目指していることなのだ。

つまり、大幅な値引きでお金という商品を買っているのだ。あなたなら、今18万8000ドルの値段がついている商品が、5年後に250万ドルの価値が出ることが分かっていれば、一体何個買い求めるだろう？

｢お金｣という商品を値引きして販売する

今ご紹介したたとえ話には、2つの価格戦略が見て取れる。ひとつは、基準の異なるもの同士を比較していること（第13章参照）。もうひとつは、お金という商品を値引きして売っていること。後者は、視覚に訴えるようなデモンストレーションの場面でも効果的だ。

資産を増やすサービスを販売している会社向けに、セミナーで使えるデモンストレーションを企画したことがある。それは、セミナー参加者から3人立候補者を募り、ステージに上がらせ、100ドル札を競り落とさせるというものだった。つまり、最高額で入札したものが、その100ドル札を手にでき

るというゲームだった。たいていの場合、1ドルや20ドルそこらでしか入札しない者と、賢く99ドルで入札する者が出る。

　司会者は最高入札者に100ドルをプレゼントすると、今度は100ドル札の分厚い札束を取り出して、「先ほどの入札額の平均を取って、今度は50ドルからでやってみますか？」と持ちかけ、皆が沸き立って参加しようと席を立ったら「お静かに」と言って、次のように説明する。

「本来のサービスならもっと資産を増やすことが可能です。数百ドルがたったの1年で数十万ドルになるんですから。100ドル札1000枚分が手に入るのに、それに100ドルしか出したくない、と言われる方おられますか？」

　司会者はそう言って、スクリーンに100ドル札1000枚、つまり10万ドル分の100ドル札を映し出すと、観客に挙手を求める。

「こんなに価値のある100ドル札に、それでも1ドルしか払わないとおっしゃるのですか？」

　つまり、こう言っているのだ。この戦略は、買い手の注意を自分たちが支払わなくてはいけないお金ではなく、最終的にもたらされるであろう報酬に向けさせている。こうなると、買い手はサービスの価格について高いではなくお得と感じるようになる。たとえば、この戦略が用いられているのはCDやオンラインの教材関係の商品で、この戦略によって買い手の目には、これら商品はあたかも大特価の安売りノートのように見えるのだ。

「価値の交換」の話に戻ろう。今ご紹介したような商品を売ろうとする場合、「この商品は、現時点でもこれから何年経とうとも、10万ドルの価値がある商品です。それがたった1000ドルで購入もらえるのです」と言うだけでは、理解は得られない。フランチャイズ店では、商品を50個売り上げたところで、まださらに投資をしたり、リスクを背負ったりする必要があるし、週に60時間も働き続けなければならない。

　その意味で、今ご紹介したようなデモンストレーションは合理的だろう。ここでご紹介した例では、きちんと理由が述べられていた。理由の詳細はここでは割愛するが、とにかく「理由を述べる」ということがこの戦略でも非

常に重要なのである。

驚くべき事実が判明した
スプリットテストの結果

　ダイレクト・マーケティングで極めて重要になってくるのが、「スプリットテスト（別名：A/Bテスト）」だ。このテストは、あるひとつのものを対象に、異なる条件下でその効果の差を比較するテストのことだ。対象は値段、広告見出し、写真などなんでもいい。

　数年前、私は地域密着型の眼鏡チェーン店をクライアントに抱えていた。私たちは「猛暑セール」と題したサマーセールを実施し、ひとつでも眼鏡を購入すれば、度ありのサングラスをプレゼントするというキャンペーンを企画した。さらに特典として、人気のあるウォーターパークのファミリーパスをプレゼントするなど、当時としては非常に豪華で魅力的な内容だった。

　私は、あまりにうまい話すぎて、「見返りが求められないのではないか」と懸念した。そこで、市場である2つの地域をピックアップし、一方にキャンペーンに関するある条件を設けて宣伝を発信したのだ。

　その条件とは、寄付を募るというもので、缶詰2つまたは最低10ドルをフードバンクに寄付した人にだけキャンペーンを行うという内容だった。結果、条件に関して、追加したときのほうがしなかったときより目に見えて効果が出たことが明らかになった。これは、見逃すことのできない結果である。

　ちょうどこの執筆をしている間にも、全国展開する人気の紳士服チェーンが、気前のよすぎる宣伝をしていた。

　「スーツを1着お買い求めもらえれば、なんともう1着プレゼント。さらに今ならスポーツジャケットも1着プレゼントします！」

　賭けてもいい。私なら、お客をもっと呼び込むことができる。「ご来店時にご使用されなくなった洋服を寄付いただければ」という条件を付け加える

のだ。それにこの条件には、慈善活動の意味もある。
　寄付を募って売り上げも倍増。試してみてはいかがだろう？

Chapter 4

「無料」というガン細胞

ダン・ケネディ

The Nasty Cancer of Free
by Dan Kennedy

▍違法ダウンロードは当たり前

　過去を振り返ってみても、「Free」つまり「無料」は、宣伝を行う際に最も影響力のある言葉のひとつだ。それは今も変わりないが、多くの人々にとって、この**「無料」が命を脅かす存在になってきている**。とりわけ、私を含めた知的財産を扱う職業――たとえば本、教材、漫画や映画などの娯楽商品など――の人々にとって、その傾向は顕著だ。

　「無料」が私たちの権利を侵害している。何かにつけ「無料」、商品を生み出すまでのコストはさておき、配達料が無料なら商品も「無料」――このように、何かにつけ**「無料」が消費者文化の中で今、ガン細胞のように転移し**

ている。

　ベビーブーム世代やシニア世代を差し置いて、今この傾向が最も広まりを見せているのは若年層だ。例を挙げると、2010年にリサーチ大手のパイパー・ジャフレーが10代の子ども向けに行った調査によると、ネット上で音楽をダウンロードする際、子どもたちのわずか40％しか法律で認められた手段でダウンロードしていないことが明らかになった。

　さらに57％が、違法と知りながらネット上で海賊版をダウンロードしていることも判明した。1曲につき「99セントまでなら出してもいい」と答えた子どもの割合も、1年足らずの間で25％から18％にまで減少する結果となった。

コツコツ貯めたお金で欲しいモノを買う時代

　あなたにぜひ読んでもらいたい本をここでひとつ紹介しておこう。「無料」文化と、「無料」が現代のビジネスに与える影響を、将来的なビジョンも含め論じている本で、その名も『フリー』（クリス・アンダーソン著、高橋則明訳、日本放送出版協会）という。

　私としては、著者の意見に賛同できない部分も一部ある。それでも著者が提示しているあらゆる課題や日々変化するトレンドや将来の展望については、あなたも一度考えてみられることを強くおすすめする。著者は本の中で「無料」に対して、私たちは適応するか、そうでなければビジネス自体を改革する必要があると述べている。

　今も昔も、アメリカ社会全体のあり方が、価格と価格の提示方法に反映されている。私の祖父と祖母は、現金主義の時代の人たちだった。ごくわずかな例を除けば、大きな買い物の際には、必要な額に達するまでコツコツと貯金をしてから買うのが当たり前だった。台所にはブタの貯金箱やコーヒーの空きビンなどが並び、目的に応じて、旅行用洗濯機用制服用と書かれたラベルが貼られていた。

世間を見渡せば、どの銀行からも「クリスマス預金」がおすすめプランとして紹介されていた。この預金は、クリスマスプレゼント用に年間を通して毎週積み立てができるもので、クリスマス戦線開始に合わせて、感謝祭が終わった直後の金曜日から引き出しが可能になるというシステムだった。そのシステムに乗っかり、商店の多くは週単位や月単位での前払いによる事前予約を受けつけ、賢い店では、それに価格戦略を取り入れ、少ない予算でも購入できる商品を紹介することで、最終的にお客に商品を購入させるように持って行く戦略が取られていた。

クレジットカードが使われる場面は本当に数えるほどしかなく、家や車といった大きな買い物に限られていた。その行為は、やむを得ないときの手段として世間一般では認識されており、カードで支払おうものなら、頭金として20％、場合によってはそれ以上の額が要求されていた。そして家を購入した者は、住宅ローンの返済がおわると、それを祝って友人家族らと庭で盛大なパーティーを開いた。

本書を読んでくれている方々にとって、今ご紹介した話は、物語の中の出来事のように聞こえるかもしれない。だが、これがその時代のごく日常の風景だった。

ウソではない。私の実の父親は除隊後の1年間、仕事に行く足はスクーターだった。オートバイではない、正真正銘のスクーターだ。その間、父と母は車の頭金に向けて、せっせと貯金に励んでいた。

▌買い求めたのは自分が払えるモノだけ

その時代、価格は実体のあるものだった。
「現金が欲しかったものに変わる」
それを目の当たりにして、またそれが当たり前だった。
週末の夜のピザと映画、それさえも数週間の節約の結果であったりしたのだ。その時代、人々の心の中には、お金や値段に対して現実を踏まえたうえ

での感覚があった。だからこそ、今でも祖父や祖母たちは、当時購入したものの値段——たとえば、車やガソリンにまつわる１年間のお金——を、額を問わず覚えていたりする。現代の消費者は、たいていの場合、自分が買い求めたモノの値段を言うことができない。何も考えなくても、カード１枚でモノは買えるし、支払う金額も利子を含めた総額なので、そのモノの本来の値段が見えてこないのだ。

　私の場合も、今までに購入した車の値段に関して、1972年、73年、75年に買った最初の３台については覚えているが、それ以降のものについては覚えていない。最初の２台は現金で、３台目は手の届く値段ではなかったので頭金を貯めて、連帯保証人つきの１年ローン（最長３年だったが、これが私にとって一番長いローンだった）で手に入れた。それ以降の車に関しては、あまり考えもせずに、そして努力せずに手に入れていた。サインをすれば買える。まさにそんな感じだった。

時代の流れ

ちょうど私が高校を卒業した1973年、アメリカの平均的な物価は以下のとおりだった。

新築　32500ドル
新車　3950ドル
家賃　175ドル／月
大学授業料　3000ドル／年　ハーバード大学の場合
映画　1.75ドル
切手　10セント／枚
ガス　40セント／ガロン
コーヒー　１ドル／ポンド

　両親の時代は、その場で支払う現金主義から、「お金はあと」主義への移り変わりの時代だった。徐々にカードや借金に対する見方も変わり、クレジットカードの使い道の対象は、家や車だけでなく、家具、庭のプール、旅

行、服、プレゼントなどに広がっていった。そしてアッという間に、それが当たり前のこととして世間に受け入れられるようになったのだ。

店側はこのチャンスを素早く察知し、それまでの「いかにお得に」「いかにフェアに」「いかに顧客の目に留まらせるか」から、「いくらだったら分割で支払ってもらえるか」に考えを切り替えることで、チャンスをものにした。カードを使用する際の後ろめたい気持ちやその行為を嫌う気持ちが薄れ、疑問や不安をほとんど覚えなくなるのに、そう時間はかからなかった。

カードでモノを買う時代から無料でモノをもらう時代へ

私たちが生きる現代は、その終着地点だ。朝のコーヒー1杯、ドーナツ1個ですらカードで支払い、そのことについて深く考えもしない。洗濯機やドライヤーを買うのに3年も待たないといけないなんて考えられないし、「洗濯機を買うための節約だ」と言って、はるばる遠くのコインランドリーまで歩いていくなんて信じられない。カードをサッと通せば、それだけで問題は解決する。

その結果、大半の分野の製品に関して、価格は問題ではなくなった。価格について触れられないことすらあるほどだ。代わりに取り上げられるようになったのは、「分割でいくら支払えるか」だけだ。

私たちが生きる今という時代は、モノを生み出すよりも消費する時代だ。だがそれだけに留まらず「売り買い」よりもむしろ「貸し借り」の時代であると言える。そして、借りの状態で何を買ったかをすぐに忘れてしまうため、大半の人がまた次から次へと新しいモノを買い求め、すべてにおいて借りの状態をつくってしまう。そして、その状態が何を意味するか分かっている人はほとんどいない。

ついでに、時代の移り変わりの中で、世代の違いによる面白い現象が起こったことをお話ししておこう。私たちの祖父や祖母の世代は、一般論とし

て「自立」を重んじる世代だ。「無料のものに手を出すなんてとんでもない」「無料で飯が食えるなんて、そんなうまい話あるもんか」と考える人たちなのだ。シニア世代を対象にした値引きして企画されたプランはことごとく失敗したという。シニアにとって、値引きというサービスが「年寄りなんだから、手を貸してあげるよ」と言われているようで、屈辱的な行為に感じられたのだ。

　両親の世代になると、このような「自分でできるので放っておいてください」という考えは次第に薄れるとともに逆に受け入れられるようになり、さらに徐々にではあるが、国からの補助や自由な考え方を欲するまでになった。

　今日、この「自立」という考え方は、「現金主義」と肩を並べるほど貴重なものだ。「今すぐ欲しい！」という私たちの欲望は、世間的になんらおかしな考えとして見なされることもなく、どんどん膨らんでいく。「好きなモノ・利益・援助をラクして得たい」「責任って何だっけ？」――この考え方が当然の権利として認められる、現代とはそんな時代なのだ。

　そして、現金主義が歴史と共に消えゆき、カード主義が消費社会の基礎となった今、インターネットを主な媒体に、社会全体が権利を勝ち取る時代から与えられる時代に移り変わっている。価格にまつわるあらゆるものが影響を受け、価格自体も窮地に立たされている。

　これは社会の変化や崩壊、拡大する政治影響力に関する机上の空論に留まらない。
「値段とは何か」
「支払いとは何か」
「どうしてお金を支払わなければいけないんだろう」
「どうすれば欲しいものを1円も払わずしてすぐに、あるいは最終的に手に入れることができるんだろう」
　時代の変化により、これらに対する自由な考えを持つ権利が与えられたのである。

マスコミを見てみると面白い。かつて、テレビ番組はすべて無料だった。ところが視聴者は「お金を払ってもっとたくさんの、もっと面白い、もっと大人向けの番組を観たいでしょう？」という言葉に乗っかってしまった。かつて極めて贅沢品だったテレビは、今や一番と言ってよいほど、なくてはならない存在になっている。

　ラジオの場合、無料から有料へと視聴者を誘導するのは、テレビほどうまくはいっていない。シリウスXMラジオ（訳注：アメリカ及びカナダにおける移動体向けの衛星デジタル音声放送）の株を持っている私の立場から言えば、これは残念なことだ。視聴者は、ケーブルテレビや衛星テレビ、動画配信サイトのHuluにはいつでも喜んでお金を出したがるのに、ニュースメディアにお金を出すとなると反発する。とりわけ新聞は、プロジャーナリストの専門的な調査に基づく記事が書かれているにもかかわらず、その傾向は顕著だ。

　そんなものより視聴者が注目するのは一般個人によるブログ記事で、それと同じ感覚で、ニューヨーク・タイムズにも「無料にしろ。そうしないと読んでやらない」と迫るのだ。この視聴者の要求と、そしてその要求に対するマスコミの弱腰な姿勢が、一般書や雑誌、音楽の値段をどんどん下落させている。マスコミというひとつの業界をとってみてもこれなのだから、ほかのものに対しても、買い手が「あれには支払ったんだから、これは無料にして」という態度を取ってもなんら不思議はない。

値下げプレッシャーへの免疫力をつける方法

　このような買い手側の強気の姿勢は、マスコミや知的財産分野だけに留まらない。今、かなりの割合の人々が、ヘルスケアの分野においても、商品やサービスが無料で提供されることを当然の権利としてとらえている。つまり、大半の人にとって、お金を要求されるということは、提供する側の反抗

と見なされるのだ。

　老後の生活を保証するための年金に関して、「受給者が銀行や保険会社にお金を払ったうえで提供されるもの」という考え方が通用したのはもう昔のことだ。今は、誰にとっても当然の権利として見なされ、その考えの下では、どういう教育を受け、どういう成果を仕事で上げ、どう貯蓄をやりくりしてきたかは問題ではない。

　アメリカのアイスクリームブランド「ベンアンドジェリーアイスクリーム」は、収入に関して、会社単位ではなく法律で上限を定め、極端な収入差が生まれないようにすることで、本当に必要としている人に慈悲の心でもって再分配するシステムを提案した。この考えは、食糧、住宅、医療、年金はすべての人に等しく分け与えられるものであるという権利の主張に基づいたものだ。このように、あらゆる業界とそこで働くプロたちが今、消費者の強気の姿勢にことごとく脅かされているのだ。多かれ少なかれ、どの業界もこの脅威にさらされている。

　この問題に立ち向かう術として、あなたには本書でご紹介するあらゆる戦略を、現状打破のために、あるいはよりよい状況をご自身の手でつくり出すために、最大限に役立ててもらいたいのだ。率直に申し上げると、もしかするとあなたはもう、この脅威にさらされていて、その場から逃げ出し、どこか別の場所でご自身の能力やスキル、エネルギーや本質を使いたいと思っているかもしれない。

　どこの業界でも、そのモノの価値を理解してお金を払ってくれる顧客を見極めることが重要だ。価格にこだわるだけならまだいいが、無料で当たり前と思っていたり、最悪なのは、まんまと支払いから逃れてやろうと企んでいたりするような顧客だ。どんな場所でもしっかりと自分の足場を築き、本当にそのモノが欲しいと思ってくれる顧客を見つけること、そして**値下げのプレッシャーに対して免疫をつけること**――これが非常に重要だ。

　免疫はどんなものでもさまざまな側面を持っており、逆行と戦う際に効果

を発揮する。病気に対する免疫を考えてもらえれば分かりやすいだろう。

　病気に対する免疫は、さまざまな要因によって効果が高まったり弱まったりする。これは、遺伝子などとはまた別モノだ。要因となり得るのは、生活習慣や食習慣、食物源や栄養素、ビタミンやミネラルの摂取量、運動量、睡眠の量と質、人間関係、メンタル面、仕事、ストレスなどさまざまだ。加えて、有害化学物質などの外的要因も挙げられる。

　要因のほとんどは不利に働くもので、私たちはそのせいで、強い免疫力を維持することがとても難しくなっている。これは祖父や祖母の時代と比べても言えることだ。

　口にするのは加工食品、化学食品であることが多く、肉体的にも負担がかかり、生活環境もより複雑で、せわしなく、より多くのストレスにさらされている。だからといって、不便と引き換えにでも「昔ながらの生活を営みたい」と考える人は少ない。要因となる対象に影響を与えたり、厳しい現状を受け止めることで、行動に変化を起こしたりすることはできる。

　これは、健全な思考をつかさどる、感情面の免疫システムに関しても言えることだ。

「値下げ」というプレッシャーに対する、ビジネス面での免疫システムについても同じことが言える。あなたはご自身の力で積極的に、この免疫システムを高めていかなければならない。そうすることで、ビジネスにはいくぶん変化が生まれるのである。

Chapter 5

さあ、無料との戦いに乗り出そう

ジェイソン・マーズ

How to Conpete with Free
by Jason Marrs

▌無料ビジネスに対抗する！

　無料との真剣勝負に勝つことはできるか？　答えはイエスだ。なぜなら、この私がそうだったのだから。

　話はそれるが、私が妻と初めて出会ったとき、彼女は音声言語病理学の修士号を取る勉強をしていた。サマープログラムを利用し、夏の間、ニューヨークとニューメキシコのラスクルーセスという町を行ったり来たりしていた。つまり、彼女は夏休みの４カ月間を勉強にあて、残りの８カ月は仕事をするという、かけ持ちの生活を送っていたのだ。一方の私はと言えば、名ばかりの学生で、毎日クラブに入り浸ってばかりいた。

妻に出会うまで、無料のヘルスケアに携わっている人間など私の周りにはいなかった。私自身、特別なケアが必要な子どもたちに、自分の可能性に気づかせることで手を差し伸べた経験などなかった。妻という人間の本質は、まさにこの仕事にある。妻はわずか15歳のころから、特別教育指導アシスタントとして、そんな子どもたちと向き合ってきていた。

そのころから、妻の頭の中には、子どもたちに関わる仕事に就き、コミュニケーションを手助けすることで「子どもたちを支援していきたい」という思いがあった。それがお金に結びつくことになろうとは、思ってもみなかった。なんとか暮らせるだけのお金があればいい。そう思っていたのだ。神に導かれるかのように、妻はその職業に就いた。もしその行為にお金が支払われなかったとしても、きっと妻は同じ道を選んでいただろう。

そんなわけで、妻は自分が小児分野の言語聴覚士として、アメリカを代表する1人になるとは夢にも思っていなかった。

試行錯誤の繰り返しで
無料ビジネスを退治する

あれは、妻と私がニューヨークに戻って来てしばらく経ったときのことだった。私は当時勤めていた広告代理店の仕事に嫌気がさし、やりがいを見出せなくなっていた。そこで、妻がセラピストとして登録した府契約機関の事務処理や、その機関向けにセラピストを紹介する仕事を始めた。すぐに私は現実と政府の方針との間に大きな溝があることに気がついた。

政策立案者たちと一緒に仕事をし、ムダや汚職を目の当たりにすることで、早くも政府の打ち出すプログラムの裏の顔を知ってしまったのである。子どもたちへのケアに関して、政策をとにかく実行することのほうが、ケアの質よりよほど重視されることを目の当たりにした。セラピストの資格さえ持っていれば、望めば誰でも仕事にありつける状況だったのだ。

同時にそのシステムは、本来そのサービスを必要としている子どもたちにサービスが行き届かない状況を生み出してもいた。セラピストが余計な口出

しをしないよう、行政側が圧力をかけていたのだ。この仕組みは、「医療の配給制」と呼べるかもしれない。私は居ても立ってもいられなくなった。

　政府内での癒着や内輪もめ、誠実さに欠ける行為や完全に腐敗した状況が、どれほどシステムを危ういものにし、患者たちを必要なサービスから遠ざけ、本当に能力のあるプロセラピストたちを落胆させているか——私はすべてを目の当たりにした。ご想像のとおり、私の「無料」という概念に対する不信感は、日増しに強くなる一方だった。
「自分たちで道を切り開いていこう」
　私は妻に告げた。無料を売りに突っ走る政府のシステムにこのまま依存していると大変なことになると感じ取ったのだ。周囲の人間に「法律で定められていることなんだから」と言われると、私は「法律なんて、紙切れ１枚で決まることだ」と言って反論した。「無料」と「依存」が相互排他的なものとなっていた。新しい道を進むしかない。危険を承知で、あえて「無料」との戦いに挑むしかない。私には分かっていた。

「質の高いサービスを必要としている人がきっといる。そのためならきっと患者はお金を払ってくれる」
　私はそう強く確信していた。早速、私のマーケティングで培った経験と、妻の純粋な気持ちからあふれる才能を結集させて、私たちはその想いを形にした。最初の１年は、見るも無残なものだった。そう簡単に、誰もお金を支払ってくれない。ひもじい思いをしながら、どうにかやっていくので精一杯だった。

質のよいサービスを提供すれば 値上げしても顧客はついてくる

　当時、自分たちが立ち向かっている相手というのが、子育てをするうえで広く一般に定着したシステムであることに、妻も私も気づいていなかった。

生まれてから親元を離れるまでの子どもと接触する各分野のプロたちは、子どもたちにいわゆるフリー（無料）プログラムの対象となるような兆候が現れていないか観察するよう、指導を受けていたのだ。自治体の担当者、保育士、小児科医、教師など、子どもに接する職業の人なら誰でも、このフリープログラムを承知していた。しかも法律では、このような職業の人が優遇され、私たちのような民間団体は不当な扱いを受けていた。

こんな問題は氷山の一角にすぎなかった。さらに頭を悩ませる問題として、無料で当たり前と誤解されているサービスに対してお金を支払ってもらわなければならない、ということがあった。

今日までの道のりは、試行錯誤の繰り返しだった。現在、私たちの団体は、1時間あたり180ドルから、最高で250ドルでサービスを提供している。同業界の競争は激しさを増しており、ほかの民間団体を見ると、大半がサービス料を135～150ドルにまで値下げしている。大半がいくら値下げしても75ドルまでだ。

私のヘルスケアビジネスと、そのビジネスがどんな問題に直面しているかをお話しすると、大半の人が唖然とする。また、私たちが大不況をものともせず、サービス料の値上げに成功していることにも、大変驚かれる。

妻に関して言うと、通常のサービス料は、2007年の1年間で150ドルから200ドルに値上げされ、2008年には220ドル、2010年が始まる時点で250ドルにまで跳ね上がった。所属するほかのセラピストたちも似たようなもので、1時間あたりだいたい160～200ドルの間だ。急激な需要の拡大に合わせて、ほかのサービスについても同様に値上げを行っている。

もうお分かりのとおり、人が私にあれこれ尋ねたがるのは今お話ししたような背景からで、私はあなたの質問にお答えできることを大変光栄に思っている。たとえ「無料」の脅威に直面しているようなときでも、高価格をつけることに関しては、私にはかなりのスキルがあると自負している。その結果、現在極めて多種多様な企業に、この問題に関して手を差し伸べさせてい

ただいている。

> こちらにアクセス！ ステップごとのより詳しい高価格戦略はこちらまで www.SimplePricingSystem.com.

■「無料」にも払うべき
代償、コストは存在する

　言うまでもなく、「無料」との戦いに乗り出す前に、本当に戦う必要があるのかどうかじっくり考えてみる必要がある。勝ち目のない勝負はしたくないだろうし、役に立たない武器ではなく、勝つための武器を揃えることに専念したいだろう。

　じっくり考えたうえで、最終的に出た答えが「それでも戦うしかない」であれば、喜んで勝つための戦略をここでお教えしよう。置かれている状況によって戦略もさまざまだが、核をなす戦略は、どんなビジネスでも同じだ。ヘルスケアでも、芝生のケアでも、情報マーケティングでも、写真家でも、旅行会社でも、もしくは動物園でも、今からご紹介する戦略は、あらゆる分野に応用できる。

　理解しておいてもらいたいのは、「無料」とは、コストが何もかからないことを言うのではないということだ。**買い手にとって「お金」を払わなくてよいことは、「何も」払わなくてよいということを意味するのではない。**

　私が携わるヘルスケアを例に考えてみよう。あなたのお子さんが、政府の推奨する無料のセラピーを受けることになったとしよう。すると、まず貴重な時間が奪われる。お子さんに合ったセラピストひとりを見つけ出すのにも、役所では長い時間を要するからだ。

　逆に、民間のセラピー団体にお金を支払えば、お子さんにぴったりのセラピストが素早く選べ、いつでも好きなときに治療を開始することができる。政府による無料のセラピーでは、まったく知識のない役人が、どんな治療を

受けるべきか助言してくることがある。お金を支払うだけで、あなたはプロのセラピストと相談したうえで、お子さんに一番適した治療を受けさせることができる。

　政府による無料のセラピーでは、お子さんの個人情報はすべて記録として残される。そして、お金を支払うだけで、どの情報を記録として残しておきたいか、あなたに選択権が与えられる。このように、**お金は「無料」でも、時間、選択権、質、プライバシーなどの面において、あなたは代償を支払っているのだ。**多くの人にとって、これらの代償は取るに足らないものとはいかない。「無料」と名のつくものならどんな商品、サービスでも、このような隠れた代償が潜んでいる。

　息子が生まれてすぐ、妻と私は、息子が斜頸であることに気づいた。適切な理学療法を受けなければ、発育上問題が発生するという状況だった。それは、この病気を一生抱えて生きていかなければならないかもしれないことを意味していた。長年同じ医療分野に携わってきた妻は、やみくもに救いを求める前に、取るべき行動を心得ていた。

　妻が取った行動は、仕事上のツテを頼りに、新生児の斜頸に関する第一人者を探し出すことだった。見つかると、妻は早速その医者とコンタクトを取った。ある理学療法士からは「息子さんの症状は政府のフリーセラピーの対象になりますよ」と何度となくすすめられた。妻も私もそんなことは百も承知だったが、フリーセラピーという選択こそ、どんな代償を支払ってでも避けたい手段だった。

　私たちは幸運にも、民間のセラピー団体に1時間125ドルを支払うほうが、政府による無料のセラピーを受けるよりも勝ることを知っていた。幸運にもツテがあったので、息子に最適の医者を見つけ出すことができた。

見込み客の中から
本当の顧客を見つける

　この経験から、私はもうひとつのことを学んだ。「どんなセールでも、しないよりするに越したことはない」ことが神話であることに気づいたのである。

　あなたの「可能な限り市場を広げたい」という気持ちはよく分かる。その考えを抱いている限り、新たな一歩は踏み出せない。逆説的ではあるが、その考えにより、経営が困難になっているのである。

　分かってもらいたいのは、**顧客をひとり残らずを相手にする必要はない**ことだ。無料のほうがいい。お金を払いたくない。そんな顧客が何人いようとも、そしてそんな顧客がたとえ大多数を占めようとも、気にする必要はない。

　大切なのは、**「きちんとお金を支払いたい」という意志のある顧客が必ずいる**ということだ。そんな顧客は、あなたが困っているときに現れて手を差し伸べてくれる。お金を支払う意志のない顧客を相手にする必要は、まったくないのだ。

　この地球上には、60億人以上が暮らしている。そのうち、3億人以上がアメリカに住んでいる。私が育ったのはごく小さな町だったが、それでも2万5000人が暮らしていた。2万5000人が、2万5000通りの、欲しいものや、やりたいことを持っていた。2万5000人が、2万5000通りの異なる価値観を持っていた。

　2万5000人全員を楽しませたり、満足させるのは、不可能というものだ。圧倒的多数が、あなたの商品になんの興味も示さなくて当たり前だ。あなたの商品は、あなたにとっては何より価値あるものかもしれないが、大半の人にとっては、なんの魅力も感じられないものだからだ。そのことをしっかり頭に留めておく必要がある。

　商品すべてを無料にしたところで、大半が興味を示すことなどない。逆に

そんなことになれば収拾がつかなくなり、きっと大変なことになるだろう。

あなたは、誰を相手に本当に商売がしたいのかをしっかりと判断する必要があるのだ。

見込み客の中で、あなたの商品を一番気に入ってくれそうな相手は誰なのか？

あなたと価値観を共有してくれるのは誰なのか？

その誰かが、あなたにとっての本当の顧客だ。そんな顧客と手を組むべきだ。そんな顧客に、無料という選択では手に入らないものを提供するのだ。

今お話ししたような顧客は、必ず存在する。そんな顧客を探し出し、あなたの商品やサービスを知ってもらわなくてはならない。それさえできれば、たくさんの顧客をひきつけ、ひきつけられた顧客は、あなたと取引ができることに対し、喜んで高いお金を支払うだろう。そして私のように、この戦略がうまく使いこなせるようになれば、需要供給の法則があなたの有利に働き、たとえ周囲が「この先うまくいかなくなるかもよ」などと言おうとも、そんなこと気にも留めなくなる。

本当の顧客、つまり「無料」に目がくらむことなく、価値あるものに対してお金を支払いたいと思っている顧客によって、あなたには大きな需要がもたらされるだろう。そして需要が伸びるにつれ、さらなる供給が必要となり、その結果、提供する商品・サービスの価格が上昇していく。こうなれば、繰り返し価格は上昇を続け、不況や価格競争などものともしなくなる。なぜなら、確固たる需要が生まれ、その需要に関して、どんなライバルも上回ることができないからだ。

誰の目にも明らかなほど需要過剰の状態をつくり出せれば、どんな場合においてもその価格戦略は成功だ。たとえば私の場合であれば、それは現在のような、日々休む暇なく、常にキャンセル待ちの客でいっぱいの状態を指す。

ここで、億万長者になるための秘訣をまとめると、こうなる。

- どんな「無料」にも、なんらかの「代償」がつきものである。
- その「代償」が買い手の知るところとなれば、「いくら無料でも、そんな代償をわざわざ払うのはごめんだ」という顧客が多く現れ、そのような顧客は、欲しい商品・サービスのためなら、喜んでお金を支払うことを選ぶ。

世の中にはやっぱり
タダより高いものはない！

　ここで想像してみよう。あなたは今、奥さんを連れて高級レストランに入っていく。今日はお2人の結婚記念日で、これからディナーでお祝いだ。ところが、入り口で出迎えた支配人が、取り乱した様子でこう告げたとしよう。
「見習いの連中が全員店を辞めてしまったんです。エプロンをお貸ししますので、お客様自身で給仕の一切をしてもらえれば、今夜の食事はすべて無料にいたします」
「わかりました、では早速……」
　きっとこうはいかないだろう。
「さらに高級ワインも無料で差し上げます」
　これならどうだろう？
「ついでに、ディナーをもう一度無料でお楽しみもらえるようにいたします」
　ひょっとすると、ある時点であなたは「無料」に目がくらみ、それが引き起こす面倒な代償そっちのけで支配人の依頼を承諾し、せっかくの記念日を台なしにしてしまうかもしれない。
　そのとき考えなければいけないのは、無料がもたらす「代償」だ。見習いになるということは、料理を運んだりするだけでなく、寝る間を惜しんで連日仕事に向かわなければならないということだ。高級レストランに頻繁に足

を運ぶような人であれば、支配人の依頼を引き受けることはまずないだろう。

　これが高級レストランではなく、巷のファミリーレストランであればどうだろう。きっと、客が支配人からの依頼を引き受ける確率は、高くなるだろう。それでも、引き受けない客のほうが多いだろうし、せっかくの記念日なのだから、それならお金を支払ってでも別のところで食事をする客のほうが多いだろう。

　これは、空港でダブルブッキングが発生した際によく見られる状況だ。ダブルブッキングのお詫びとして、航空会社は空き便が出るまで何時間も待つことを承知してくれた乗客に対し、無料の往復チケットの提供を申し出る。たとえば300枚のチケットが用意されたとしても、300人がそのチケットをめぐり殺到することなどあり得ない。
　時には、2、3人しか希望者が現れないほどだ。そんなわけなので、航空会社は希望者が誰ひとりとして現れなかった場合、内容を豪華にしていくことになる。
　無料との勝負に勝ち目がないとすれば、誰もが無料を待ち望んでいるとしたら、間違いなくこのチケットをめぐり、多くの人が殺到するはずだ。では、なぜそうならないのか？
　それは、大半の人が求めているのが、お金を支払ってでもいつでも好きなときに好きな場所に行けるチケットであって、いくら往復料金が無料でも、好きなときに好きな場所に行けないチケットではないからだ。5時間も空港で待たされた挙句、次の便に乗れるという保証はどこにもない。チケット300枚のうち295枚がこんな調子であれば、いくら無料でもあまりに代償が大きすぎる。

　最後にもう一度だけ、繰り返しになるが億万長者になるための秘訣をまとめておこう。
　・どんな「無料」にも、なんらかの「代償」がつきものである。

・その「代償」が買い手の知るところとなれば、「いくら無料でも、そんな代償をわざわざ払うのはごめんだ」という顧客が多く現れ、そのような顧客は、欲しい商品・サービスのためなら、喜んでお金を支払うことを選ぶ。

> **億万長者**になるためのヒケツ**その2**
> 競争で有利に立つためにも、顧客を「無料」や「値引き」で釣ろうとするライバルに横取りされないためにも、顧客に「無料」や「値引き」の持つ代償をしっかりと把握させることが大切。

Chapter 6

「無料」で戦うときの3つのステップ

ダーリン・スピンドラー

When FREE Is a Business ,Not Just aPrice Strategy
by Darin Spindler

▍無料でも稼ぐ仕組みづくり

　多くの面において、私はケネディとマーズと同様の根深い懸念を、無料について抱いている。無料を扱うときには、それこそ腫れ物に触るような細心の注意を払わなければならない。ところが私が身を置いているのは、ほかでもないこの無料を売りにしたビジネスなのである。ここでは、無料について少し違った視点から見ていくことにしよう。

　私の携わる事業のひとつに、KidsBowlFree.com がある。このサイトには200万近い家庭が登録しており、オンラインイベントに参加したり、まずはお試しとして、北米のボーリングセンターを無料で楽しんだりすることがで

きる。200万といえば、すごい数だと思われるだろう。登録数は毎週増え続けている。ちなみに、この事業を支える収入源は、全国規模からローカルまで幅広い広告会社の広告販促費と、ボーリングセンターからの謝礼である。

さらに今、www.NewLocalCustomersNow.com というサイトを立ち上げ、KidsBowlFree.com のビジネスモデルを、さまざまな分野の中小企業に応用することに取り組み始めている。数千万人の消費者を管理し、見込み顧客をうまく取り込んでいくことが、この取り組みの狙いだ。

無料を宣伝するために「第3の手」を使う

面白い質問をしてみよう。あなたなら「売上高」と「顧客数」どちらを重要視するだろうか？

広告のフォーマットは、昔から、いかに多くの人に読んでもらうかを意識し、そこにたいてい価格が明記されたものだった。経営者たちはインプレッション数（訳注：ウェブサイトの広告の露出回数。1広告が1回表示されることを1インプレッションと言う）に基づいて、発行部数や訪問者数、視聴者数を割り出している。場合によってはニールセンなどの独立調査機関を介することもある。

広告会社の中には、広告が世間の目に触れることだけで満足し、あとは客が来てくれるのを祈るのみ、という会社もある。真面目な広告会社は、なんとか売り上げを伸ばそうと躍起になる。つまり広告宣伝の大半が、ブランドの認知度を上げるか、商品を紹介するかのいずれかを目的としているのだ。「ブランドの宣伝ができれば、あとは客が来るのを祈るのみ。ブランド名を覚えてくれていれば、必要が生じたときにそのブランドの商品、サービスを買い求めてくれるだろう」

こう考えているのだ。

たとえばボーリングセンターの場合、宣伝に盛り込まれるのは、名称、住

所、ロゴ、媒体がラジオであればコマーシャルソングやボーリングセンターを紹介する適当な会話のやりとりなどだろう。いずれにせよ、宣伝さえ流せれば、あとはお客が来てくれるのを待つのみだ。今週お客を集めたいとなれば、こんな宣伝方法も考えられるだろう。
「今なら2ゲームを1ゲームのお値段で！　リーグ戦にも参加できます」
　この宣伝方法は、「さあ今から遊びに行こう」「ボーリングにお金を使おう」と思っていた顧客にはなんの効果も持たない。

　実は、「第3の手」があるのだ。ここで、「無料」を使うのだ。**賢く使えば、「無料」には抜群のアピール力と、莫大な数の顧客を引き込む力、そして顧客に「お金を払ってまでは手を出さないけれど、無料ならやってみよう」という気を起こさせる力がある。**
「無料」を取っかかりに、最終的にお金を支払ってもらうシステムが整っていなかったり、リピーターが生み出せなかったりするようではよろしくない。「無料」を大々的に宣伝してしまったがために、お客が大きな顔をし出したり、宣伝したものの価値が損なわれてしまったりするようでもいけない。
「無料」を使いこなすというのは、本当にパワーのいることなのだ。そこであなたには、「無料」を使いこなすための3つのステップをご紹介しよう。

無料で稼ぎ出すための3つのステップ

　この本を読んでいるあなたなら、「無料」という手を使うのは、直感的に避けようとなさるだろう。ここで私が言う「無料」とは、単に値段をつけないことや、なんでもかんでも値段を取っ払ってしまうことを指すのではない。
　これからご紹介する3つのステップを使えば、きちんと舵を取りながら、多くの見込み客を引き込むことができるはずだ。その3ステップとは次のと

おりだ。

ステップ１

　顧客がどうしても手に入れたいと思う商品、受けてみたいと思うサービスを登録制で提供する。登録制にすることで顧客の連絡先を入手することができ、後日フォローが必要になった際に役立つ。

ステップ２

　自分自身でコントロールできる環境を整える。つまり「無料」を自分たちが求める顧客に間違いなく提供できる環境を整えなければならない。こうすることで、提供する商品やサービスの本来の価値が損なわれる恐れがなくなる。

ステップ３

　「無料」でひきつけた顧客を、すぐさまお金を使ってくれる顧客に変貌させるマーケティング戦略を編み出す（せっかく捕まえた顧客が次の「無料」の機会に戻って来るのをじっと待っているようではダメだ）。

経営者の多くは、「無料」を恐れたり、感情に任せて嫌ったりするがために、新規顧客を獲得する際、不必要に多くのお金を浪費している。「無料」で商品やサービスを提供することを拒み、チマチマと無料同然の値下げを行うことによって、「無料」で提供したときと比較しても、結局は多くのお金を広告宣伝に費やし、安売りの店としての地位を築くことになってしまう。

　たとえば、あるレストランがオープン記念として、バルパック（訳注：オンラインメールサービス）などを使い、500ドルのコストで見込み客にクーポンを配信したとしよう。

　クーポンの内容は、ありふれた半額セールだ。1万世帯に配信され、20人が集まったとしよう。そうなると、顧客獲得にかかった費用は、1顧客あたり25ドル（500ドル÷20人）となる。1顧客につき5ドルの商品を買い求めてくれたとして、それを差し引くと、顧客獲得にかかった費用は、20ドルとなる。

　では、クーポンがこんな魅力的な内容だったらどうだろう。
「今ならもれなく2人分の食事が無料！」
　これなら、50人の顧客を獲得できるかもしれない。半額クーポンと比較した際、かかったコストは同じ20ドルでも、見込み客の獲得数は、2.5倍となる。

　先ほどご紹介した3つのステップを参考に、ウェブへの登録制という形を取れば、すぐさま店に足を運ぶ50人に加え、さらに登録だけはしてもらえる顧客が50人、場合によってはそれ以上の数になるかもしれない。顧客がすぐには店に足を運んでくれなくとも、顧客の情報は登録されているので、店側は今後のフォローが可能となる。

　「登録者を対象に、抽選で豪華特典をプレゼント」など、ウェブをより魅力的にする工夫を凝らせば、さらにすぐに足を運ぶ顧客50人に加え、登録のみの見込み顧客を200人まで増やせるかもしれない。その後、たとえば登録のみの200人のうち、実際に50人が店に足を運んだとすると、最終的に100人の顧客を、1顧客あたりたった5ドル（500ドル÷100人）のコストで、「無料のお試し」に引き込めたことになる。

「無料」でひきつけた顧客をすぐさまお金を支払ってくれる顧客に変えるには、たとえば、3カ月分のプリペイド式メンバーズカードを発行するなどの手が考えられるだろう。この手を使えば、ビジネス展開のスピードもさらに速くなるうえ、宣伝にかかるコストも大幅に抑えられる。繰り返すが、1顧客あたりにかかるコストはたった5ドル。それでも100人の顧客が集まるのだ。

　これは、最初にご紹介した「半額クーポン」の場合と比べると、顧客の獲得数としては5倍、そしてコストとしては、なんと4分の1で済ますことができる。驚くべき数字ではないだろうか！

3万人の新規顧客を獲得した常識外れの方法

　今ご紹介した例のように、どんなビジネスにおいても「無料」を使いこなすことは可能だ。そうすることで、広告はブランド認知度や商品を紹介するものから、顧客を生み出すものへと変貌を遂げ、売り上げも劇的に伸びる。ここではボーリングセンターを例に挙げ、実際に私がどうアプローチしていったかをご覧いただこう。

　ボーリングセンターが一番暇になる時期と言えば、夏休みだ。当然、来る日も来る日も客が集まらなければ、軽食やスナックなどの腐りやすい商品は、日に日にダメになっていく。

　私たちはある企画を思いついた。それは、2ゲームをまるまる無料にするというもので、特定の年齢の子どもたちを対象に、夏休み期間中であれば毎日（！）という企画だった。

　普段であれば、2ゲーム分の子ども料金は500ドル。この「無料」の持つ意味は大きい。大人も子どももすぐさま「これはお得！」と企画に飛びつき、KidsBowlFree.com には毎日莫大な数の人がアクセスしている。

　この「無料」が価値あるものであったおかげで、ボーリングセンターと

KidsBowlFree.com は、宣伝に多額のお金をつぎ込まずに済んでいる。なぜなら、噂がアッという間に広まったことと、何よりそれまでボーリングになんの興味もなかった多くの人を引き寄せることに成功しているからだ。

売り上げは急激に伸び、ボーリングセンターはまだお客が来る前からレジにお金を用意するようになる。施設のオンライン化も確立し、ゲームのお供のジュースやスナック類の売れ行きも好調だ。

夏休みならいつ来ても無料なので、そのうち通い詰める客が現れ、最終的にその友達も引き込まれる。「一定年齢の子ども」と「夏休み限定」という理にかなった戦略だからこそ、無料でひきつけた顧客を、お金を支払ってくれる顧客に変貌させるシステムがうまく働く。

ここが最大のポイントなのだが、**ウェブでの登録制により顧客情報が得られることで、的を絞った効果的かつ効率的なフォローが可能となっているのだ。登録情報は、住所、電話番号、メールアドレス、さらには各家庭全員の誕生日などで、すべて後々非常に役立つ情報**である。**登録制にすることで、まだ足を運んでもらう前から、これらの情報を得ることに成功している。**

この非常に価値ある「無料」のおかげで、企画スタートからわずか3カ月間で、KidsBowlFree.com への登録数は47万8000世帯、子どもの数で言えば107万8000人にのぼった。すべてウェブ上で、自動的に処理されたものである。提携しているボーリングセンターにとっては宣伝費の削減につながり、閑散としていた夏のボーリングセンターは賑わいを取り戻している。

登録された情報をもとに、夏休み期間中の顧客の分析や調査を行い、的を絞ることで、誕生日やリーグ戦、その他サービスなど、さらなるキャンペーンを企画することができている。

本章の締めくくりとして記しておくが、9万家族を対象に「お友達紹介キャンペーン」を企画した結果、わずか2日間で新たに3万人もの新規顧客を獲得することができた。このように、私が今、身を置いているビジネスとは、増え続けるデータを管理し、さらなる新規顧客の発掘に当たるというものだ。そして、データから得られる情報を可能な限り有効に用い、ボーリン

グセンターをはじめ、さまざまな提携企業やスポンサーを支援しているのである。

　ここでご紹介した戦略を使えば、どんなビジネスでも、ムダな広告にお金をつぎ込むことなく、「無料」がもたらすすばらしい解決の糸口を手にすることができるだろう。ご紹介した戦略を注意深く使うことで、「無料」は貴重な利益を生み出してくれるだろう。
　この「無料」の中身が、ご自身のビジネスの質を落とすものであってはならない。 もちろん、誰もが私たちのように大規模な取り組みを実行できるわけではない。覚えておいてもらいたいのは、私たちのシステムを導入しているボーリングセンターは、数百店舗もあるということだ。
　何が言いたいのかと言えば、同様のシステムを必要としている人は、数多くいるということだ。そして彼らは、閑散期や客の入りが悪い状態を、なんとか打破したいと願っている。そんなときこそ、ここでご紹介した戦略の数々——「魅力的な無料の企画を打ち出す」「ウェブでの登録制を取る」「登録された情報をもとに、貴重な経営資源を築く」——が必要になってくるのだ。

ダーリン・スピンドラー

マーケティングコンサルタント。時代をリードするスピンドラーのマーケティング戦略は、これまで経営にネットを取り入れて来なかった民間フランチャイズ店向けのオンラインマーケティングなどに活用されている。スピンドラーの構築したシステムにより、全米の地方ビジネスでは累計500万人もの新規顧客が生み出されている。提携する企業はボーリングセンターをはじめ、レストラン、居酒屋、映画館、ゴルフ場、研修センター、美容室、日焼けサロン、フィットネスクラブ、病院関係、リフォーム会社、クリーニング店など、50業種以上にのぼり、全国規模で広まりを見せている。ダン・ケネディとは深い親交があり、共同で「done-for-them（みんなのためにの意）」プロジェクトを立ち上げ、さまざまな業種向けに、時代の先駆けとなるマーケティングシステムを提供している。

詳細はサイトへアクセス：www.NewLocalCustomerNow.com/Kennedy.

Chapter 7

「ありふれた考え」を捨て去ろう

ジェイソン・マーズ

Antidotes to Commodity Thinking
by Jason Marrs

▌なぜありふれたモノを売るのか

　経営者の中に、「そこそこ」を目指している人はほとんどいない。あなたは「もっと」を目指しているはずだ。

　不思議なことに、大半の経営者が、価格面において、自ら進んでこの「そこそこ」に留まることを選んでいる。ご自身が提供するサービスや商品を、どこにでもある「ありふれたモノ」と考えているからだ。もしご自身が提供しているものに何ひとつとして独自性や特別な点がないとすれば、高い値段で、いや、たとえ相場であっても、どうしてお金を請求することなどできるだろうか？

「自分はありふれたモノを売っている」という考えをあらゆる経営者が抱いている。私には、その意図がさっぱり分からない！

　何が残念かと言えば、どんなビジネスにおいても、ありふれたモノを売ることを自ら選んでしまっているということだ。「自分はありふれたモノを売っている」と思い込んでいる限り、そしてその思い込みであなた自身がありふれた人間になっている限り、あなたはいつまで経っても「ありふれたモノ」を売り続けることになる。
　その考えを捨て去ろうと決意した瞬間、目の前には、それまでとはまったく異なる新たな、そしてより優れた価格の可能性が広がるのだ。

ありふれたモノ

　この章を語るうえで、「ありふれたモノ」とは一体何なのかを定義づけておこう。ありふれたモノとは、なんの変哲もなく広く流通している、言ってみれば「平凡」な商品・サービスを指す。そこには、つくり手や売り手が頭をひねって生み出した「差別化」という特徴がなく、そのため買い手には「質の悪い、どこででも手に入る安物」と見なされてしまう。

　たとえば一般家庭において、食料品、洗剤、紙製品、電池、ガソリンなどの商品や、自動車保険、洗車などのサービスは「ありふれたモノ」だ。オフィスで言えば、原材料や事務用品、掃除用具などがこれにあたる。

　一番わかりやすい例は「コーヒー」だろう。大多数の消費者にとって、コーヒーはコーヒー以外の何ものでもない。わざわざ高いお金を支払ってまで飲みたいとは思わないし、近くのコンビニで買えるのに、わざわざ遠くまで買いに走ろうとは思わない。あえて言うなら、より安い値段のものを手に取るくらいの差だろう。

　その一方で、ダンキン・ドーナツやスターバックスは、高い値段でコーヒーを提供していてもちゃんと成功を収めている。医薬品に関して言えば、同じアスピリンでもバイエル薬品のアスピリンには、他メーカーと比べて高値がつけられている。

　「私の売っているものはなんの変哲もない、ありふれたモノだ」

　この考えが一番危険だ。この考えこそ、価格戦略の落とし穴にはまる一番の近道であることを忘れてはならない。

どこにでもある酸素が
442ドルでも売れる理由

　そもそも、「ありふれたモノ」などない。あるのは「ありふれた考え」だけだ。証明して見せよう。

　あなたに聞くが、酸素よりありふれたモノはあるだろうか？　あなたの答えは、きっとノーだろう。酸素は地球上で最も豊富にあるものだ。水の成分の90％だって、酸素でできている。酸素なしでは息をすることすらできない。

　そもそも酸素はタダなので、お金を払う必要がない。あなたはこんなふうに、酸素にお金はかからないと思っているだろう。実は違う。酸素にもちゃんとお金がかかっているのだ。病院で見かける、患者用の酸素マスクのことを言っているのではない。

　私が言っているのは、健康な人たちの間で、売買されている酸素のことだ。その取引が行われている場所のひとつが、「酸素バー」だ。米国食品医薬品局は、高濃度の酸素を吸引することは身体に悪影響をおよぼすとして、法に触れる行為であると訴えているが、聞く耳を持つ人はおらず、酸素は売買され続けている。

　酸素バーや酸素カプセルなどの今話題のスポットでは、高濃度の酸素が1分あたり1ドル程度で取引されており、おまけにストロベリーの香りなど、フレーバーつきのものまである。そんなことはさておき、つまり1時間呼吸をするだけで、60ドル支払わなければならないということだ。

　「あり得ない」と思われるだろうか？　だが、これで驚いていてはダメだ。www.go2air.com が販売している酸素と比べれば、60ドルなど序の口だ。このサイトでは、携帯型酸素吸入器が1個19.99ドルで販売されている。それで得られるものは？

　そう、だいたい40回分の呼吸である。平均的なヒトの1分あたりの呼吸数は約15回であるから、約2.7分間の呼吸を買う計算となる。つまり、1分あ

たりの呼吸に換算すると7.4ドルだ。信じられないことに、1時間では444.22ドルだ。

　もちろん、ここでの酸素は健康関連の「商品」として売買されている。無料本当に体によいかどうかについて、確証が得られているものではない。

1ドルの下着と同じ素材の高級下着がなぜ売れるのか

　あなたはこうお考えになるかもしれない。
「でも、この人たちは酸素を売ることで健康を提供している」
　そしてこう主張なさるかもしれない。
「私は、こんなふうに重要で価値あるモノを売ってはいない」
　あるいは、こう反論なさるかもしれない。
「酸素自体は無料。最も簡単に手に入るのものでも、携帯型酸素吸入器という装置がまたユニークじゃないか」
　おっしゃりたいことはよく分かる。では、あなたがどう考えても反論できないような例をもうひとつご紹介しよう。その例とは「下着」だ。

　下着を「ありふれたモノ」だと思わない方はいらっしゃらないだろう。下着を着けていない人はいない。女性であれば、ヘインズで1.33ドル払えば、1セット6枚入りが買い求められる。5ドルか場合によってはそれ以上の額を支払って、わざわざヴィクトリアズ・シークレット（訳注：スーパーモデルを宣伝に起用した、若い女性に人気の米国の下着ブランド）の下着を買う必要はないのだ。
　そのわざわざが、行われているのだ。ドルで比較すると大差はないように思われるが、割合に直すと、ヴィクトリアズ・シークレットの商品はヘインズの商品の3倍以上もする。
　なぜ見た目にはさほど差はないように思われる値段が3倍もする商品の前で、女性は立ち止まってしまうのだろう？　オーストラリアのセクシーアン

ダーウェアブランド Wicked Weasel では、同ブランドの中ではまだお買い得のコットンタイプのヒップスター（訳注：アンダーウェアの中でも股上の浅いもの）でも、15.42ドルする。

　ヘインズと比較すると値段は10倍以上、ヴィクトリアズ・シークレットと比較しても約３倍の値段だ。３ブランドの商品は、どれもコットンタイプのビキニショーツだ。下着としての機能に大差はないのに、値段にはこんなにも大きな差が生まれていることになる。

　今ご紹介した３ブランドの商品の値段をすべて合計しても、まだそれよりも上手がいる。それがナンシー・マイヤー・ファイン・ランジェリー（訳注：世界の高級女性用ランジェリーを取り扱う米国のオンラインセレクトショップ。URL：www.NancyMeyer.com）だ。サイトにアクセスすれば、カリーヌ・ジルソン（訳注：ベルギーの高級ランジェリーブランド）のシルク製のレースショーツが448ドルで──「いつでもお買い得」と謳われ──販売されている。確かに、素材はコットンではなくシルクだが、なにも金糸が使われているわけではない。宝石が散りばめられているわけでもない。無料のレースつきショーツだ。それなら1.33ドルのショーツとさほど変わらないではないか？

　先日、ある自称・高級ランジェリーショップの女性オーナーと話をする機会があった。カリーヌ・ジルソンの話をすると、彼女はこう言った。
「そんな高いパンツ、見たことないわ！」
　私が「いや、パンツじゃなくてパンティです」と訂正したが、彼女は「え、パンツ（つまりズボンのこと）でしょ？」と何度も聞き返した。彼女にしてみれば、パンティはおろか、そんな高額のパンツがあることすら想像できなかったのだ。女性オーナーは断固として、「それはパンツの間違いだ」と言って譲らなかった。
「35年もこの業界にいるのよ。そんなもの売るのが無理なことくらい、私はちゃんと知っているんだから」

そう言っていた。

高級品のセールス戦略と正しい価値のつけ方

　実際には、そんな値段の下着を売ることが可能であることはもちろん、そんな下着は珍しくさえない。宝石が散りばめられた数百万ドルの超高級ショーツまであるほどで、確かにここまでくればめずらしい。

　そう思って、この宝石ショーツは例には含めなかった。その前にご紹介した高級下着は違う。お金さえあれば買えるものだ。決して手の届かないものではない。実際驚くほど多くの女性が、高級下着を買い求めている。ある女性たちにとってそれは、もはや特別なことではなく、ごく日常的なことだ。

　先ほどの自称・高級ランジェリーショップの女性オーナーはまたしても驚くだろうが、実は450ドルのパンツというのもちゃんと存在する。多くの消費者層にとって、450ドルは別に驚く額ではない。

　実際、450ドルは、高級ブランドの商品としては平均的な値段だ。しかもその値段も、APO Jeans（訳注：ニューヨークのオーダーメイド高級ジーンズブランドとそのジーンズの名称。図7－3参照）に比べれば、安いもののように思える。

　このような高級商品は、「個人の嗜好」と「顧客をどんな気分にするか」に焦点をあてている。それがはっきりと語られていないにしても、実際そうなのである。**この「個人の嗜好」という感覚こそ、購買力を駆り立てているものなのだ。**

　機能性だけを考えるなら、たかがパンツ1枚に4000ドルも払わないだろう。「見て、私こんなすてきなパンツ持ってるのよ！」と、自分自身で思い、周りに見せびらかしたいからこそ、高くてもそのパンツを買うのだ。個人的には、そんな高価格のパンツを堂々と売るブランドに拍手を送りたい。

　その行為は、市場でお金を流動させるためにはなくてはならない働きかけ

であり、購買意欲の面で、消費者を後押ししている。消費者の大半がどう受け取ろうと、そんな市場原理を理解していなかろうと問題ではない。何より大切なのは、このようなブランドは恐怖心から踏み留まったりはしていないということだ。

最後に、思わず耳を疑いたくなるような例をご紹介しておこう。「コピ・ルアク」だ。聞き慣れない言葉だが、なんとネコのフンから採取されるコーヒー豆の銘柄を指す。アジア生息のジャコウネコという、イタチに似たネコの一種は、コーヒー豆が大好物。しかも、最高級のコーヒー豆しか食べないと言われている。

ジャコウネコが食べたコーヒー豆は、ほとんどが未消化のまま排泄される。そしてそれが採取され、世界最高級のコーヒー豆として売り出されるのだ（あなたも愛犬にコーヒー豆を食べさせてみてはどうだろう？　億万長者への近道かもしれない）。ウェブサイト www.bantaicivetcoffee.com にアクセスすれば、1パック（約113ｇ）を85ドルで購入することができる。お徳用パック（約454ｇ）なら、20ドル引きの320ドルで購入することも可能だ。

どんな味なのか非常に興味はあるのだが、ネコのフンから採ったコーヒーとなると、私はどうも飲む気になれない。まあ、私の意見はどうでもいいのだ。あなたのご感想も、少し置いておこう。

これも先ほどの例と同じく、「ありふれたモノでありながら高価格」を実現しているものの例だ。あなたは、ご自身が扱っている商品・サービスがすばらしいものであると胸を張って言えなければいけないが、何より重視すべきなのは買い手の意見だ。**お金を支払う買い手こそ、商品の価値を決めてしかるべき存在なのだ。**

皆がみんな同じ趣味嗜好を持っていれば、なんの面白みもない。**経営者であるあなたの役目とは、あなたの趣味嗜好に賛同し、そのためならお金を出すという消費者に対し、商品・サービスを提供することなのだ。**

ここまで来て、まだありふれたモノに対する考え方が変わらないなんて、

そんな悲しいことを言うのはやめてほしい。酸素にはじまり、下着、コーヒー——何度も言うが、ネコのフンのコーヒー！

ご紹介したさまざまな例を思い出してもらいたい。価格について考えるとき「できない」は禁句だ。なぜなら「できない」は、ありふれた考え方の代表格の言葉だからだ。「できない」ではなく「（あえて）しない」と言ってもらいたい。

どんなありふれたモノでも差別化を図ることで、高価格で売り出すことが可能だ。高価格をつけたいという強い意志と、それを可能にする価格戦略——必要なのはそれだけだ。

コモディティ商品でも付加価値をつける方法

ここで、歴史のお勉強をしよう。小売業の歴史を振り返ることで、「絶対に自分のビジネスをありふれたものにはしないぞ！」と固く誓ってもらえばと思う。

19世紀後半、ビジネスの世界では、ある悪徳商法が横行していた。それは、メーカーや卸売業者が、小売業者に対し注文を受けていない商品をわざと送りつけるというものだった。小売業者が引き取りを拒むと、卸売業者はミスを謝罪し、「返送していただくにもコストがかかるので」と言って「送り状の額から大幅に割り引くので、商品を引き取ってほしい」と持ちかける。失敗することもあったが、たいていの場合、この手口はうまくいった。そしてこの詐欺まがいの行為は、なんと今の時代でも使われている。

話を19世紀に戻そう。ある時計メーカーが、取引先の小売店オーナーに対し、この行為を実行した。小売店オーナーの名前はエドワード・ステガーソン。名前をご存じの方はまずいないと思う。

ステガーソンは送りつけられた金時計を、メーカーが何度安くすると持ちかけても、断固として受け取りを拒否した。このステガーソンの行為が、ア

メリカの歴史を大きく動かすこととなる。

　騒ぎを聞きつけたのが、当時小さな駅の駅長を勤めていた22歳の男だった。男はステガーソンの代わりに、金時計を引き取り委託販売する契約をメーカーと結んだ。商売は時計1個につき12ドル以上の利益を上げ続け、これに喜んだ男は、すぐに追加で商品を送るようメーカー側に依頼し、カタログで商品を販売するようになった。

　ここから、男の商売は通信販売という形を取るようになった。男はすぐにシカゴに拠点を移し、そこで初めての従業員として、ある1人の男を雇い入れた。こうして1893年、2人の男たちによって、「シアーズ・ローバック社」が誕生したのだ。この名前なら、あなたもきっとご存じだろう。

　「高品質の商品を低価格で提供すれば、顧客は必ず買ってくれる」——これが、シアーズ・ローバック社の基本理念だった。高品質の商品を安価で提供するオリジナルカタログは、信頼を込め「ザ・グレート・プライス・メーカー」と呼ばれるようになった。ライバルが地元小売店だったため、安く商品を販売することができたのだ。

　これは、現在のアマゾン・ドットコムやオーバーストック・ドットコム（訳注：米国の大手オンライン小売企業。有名ブランドの商品を格安に販売することでも知られている）などに代表される、インターネット小売企業の販売手法とまったく同じだ。

　1925年、シアーズ社は初の実店舗をオープンさせると、アメリカで最大手の小売企業へと発展していった。今日も、シアーズの例と同様に、通信販売から実店舗に発展する企業も出て来ている。

　シアーズ社にとって栄光は永遠のものではなかった。「安い値段でたくさん売りさばいて利益を上げる」という賢い戦略の企業が、ほかにも現れたのだ。ウールワースにはじまり、Kマート、ウォルマートなどの大手ディスカウントショップがその例だ。

価格競争に敗れる者、生き残る者の境界線

　Kマートとウォルマートは、特定のカテゴリーに狙いを定め、かつそれを安く売ることで市場を占領していくことから、カテゴリーキラーの異名を持ち、実際にトイザらスがその最初の餌食となった。特定のカテゴリーに参入し、優れた低価格戦略でライバルの息の根を止めた例といえば、そのトイザらスや、オフィスマックス（訳注：アメリカの大手オフィス用品専門のオンラインストア）、84ランバー（訳注：アメリカ最大手の建設業者）、サーキュットシティー（訳注：アメリカの電化製品のディスカウントショップ）、バーンズ・アンド・ノーブルなどだ。

　これら企業の繁栄もそう長くは続かなかった。大胆な経営により、小売業とダイレクト・マーケティングは大きな影響を受けた。そしてその価格戦略から、もろくも多くの企業が崩れ去っている。なぜならどんな場面でも、顧客の信頼を勝ち得て維持していくのは難しいうえ、そこに価格で勝負をかけてしまっては、事態はますます厳しくなる一方だからだ。

　一度価格で勝負に出たが最後、あとはさらなる安値のライバルに——たとえ結局は共倒れになるにせよ——打ち負かされるのを待つしかない。価格に関して言うと、2番手では意味がない。

　価格で勝負する際は、常に1番になるよりほかに勝ち目はない。2番手に甘んじてはいられない。結果、価格戦争は休むことなく繰り広げられ、最安値争いが厳しさを増す一方で、利益はどんどん減っていく。

　戦場では多くの犠牲者が出る。まず、ウールワースが経営破綻した。84ランバーは競合のホーム・デポに締め出され、サーキュットシティーは倒産した。オフィスマックスはステイプルズに市場を追われてしまったし、そのステイプルズもまた、コストコとサムズクラブに市場から締め出されようとされている。

　あの巨大企業シアーズに至っては、Kマートに買収されてしまった。しか

し、この買収は、Kマートにとって、超巨大企業ウォルマートとの真剣勝負の前にはなんの役にも立たなかった。

　ウォルマートも天狗になってはいられない。なぜなら今、アマゾンがあらゆる分野において、ウォルマートの行く手をはばんでいるからだ。
　アマゾンは世界最大手の本屋になるだけでは飽き足らず、ありとあらゆる商品に手を伸ばしはじめている。さらに独自の技術を用い、明らかにウォルマートをライバル視した戦略に切り替えはじめている。
　アマゾンが有利に立っている理由のひとつに、インターネットを最大限に活用している点が挙げられる。これにより、顧客を店へと足を運ばせることに手を焼く必要がまったくなくなった。

　自宅のコンピュータの前に座るだけで買い物ができてしまう。スマートフォンの普及により、どこからでも買い物ができる環境が整った。さらに発送無料となれば、その勢いには誰も太刀打ちできない。
　今、あなたは買い物に出かければ、スマートフォン片手に、店頭の商品価格をアマゾンと比較してしまうのだ。すごい時代になったものだ。
　これは認めざるを得ない現実だ。アマゾンこそ、価格の世界の新たな支配者だ。とは言え、安心はできない。確かにアマゾンは小売業に携わる人たちの注目を集めるかもしれないが、その繁栄が価格の上に成り立っているものである限り、いつかはその時代に幕が下りるときが来る。
　どんな企業もそうであったし、これからもそれは変わることはない。**低価格で勝負を制していたとしても、それは一時的なものにすぎない。維持することは不可能なのだ。**価格戦略の際には、このことをしっかり頭に留めておくことが必要だ。

なぜトイザらスが敗れ、
イケアが急成長したのか

　1993年、ある超大作映画が誕生した。タイトルは『ジュラシックパーク』。ある男が、最新の遺伝子技術を用いて恐竜を現代に甦らせる話だ。はるか昔に絶滅したはずの恐竜を現代に甦らせることで、訪れた者がアッと驚くような恐竜のテーマパークをつくること——それが男の夢だった。しかしある思いがけない問題にぶつかり、投資家たちは大きな不安を抱くようになる。その不安を鎮めようと、男はジュラシックパークに科学者数名を招き、問題の解決にあたらせる。科学者を味方につけることができれば、投資家たちも納得すると考えたのだ。

　科学者の1人、イアン・マルコム（出演：ジェフ・ゴールドブラム）はカオス理論の持ち主で、「できることばかりに気を取られている人は、それをすべきかどうかをまったく考えようとしない」と主張する。このマルコムの主張は、安値や無料で商品を提供している会社や、「ありふれたモノ」を売っていると思い込んでいる人なら誰しも一度は考えてみるべき問題だ。価格戦争でたとえ一時的に勝てたとしても、そもそも勝つ必要はあるのだろうか？　ご自身も消費者も「ありふれている」と思っているような商品・サービスを提供することで、たとえ一時的に利益を上げられたとしても、そもそもそんなモノを提供する必要はあるのだろうか？

　『ジュラシックパーク』では、この問題が、人間の手によって生み出された恐竜が凶暴化し手に負えなくなる、という形で描かれている。そして手に負えなくなった恐竜たちが、人間に襲いかかる。

　経営者の多くがこれまでずっと、どこよりも安く商品を提供すべく価格戦争に躍起になってきた。その一方で、**提供する商品・サービスの質、自分自身の立場、顧客との関係、株主や従業員の満足度が犠牲**になってきた。さらに、消費者に寿命の短い商品を受け入れさせるような値づけをすることで、使い捨て社会に拍車を駆けてきた。

トイザらスの創設者チャールズ・ラザラスは、子ども向けの家具事業から撤退し、玩具を扱い始めた理由について、「家具は使い捨てとはいかないが、玩具は使い捨てだから」と述べている。その見方は間違っている。イケアを見れば分かるだろう。

　イケアは家具の使い捨ての道をリードしてきたが、今日、イケアに限らず、大半の家具は使い捨てを前提に販売されているように思える。アメリカについて言うなら、あらゆるお宅を1件ずつ訪問し、すてきだなと思う家具に巡り合えたとしても、それを普通に使った場合はもちろん、多少手荒く扱ったりした場合に持ちこたえられるどうかは、また別の問題だ。ディスカウントショップで手に入るモノのうち、長く使えるモノなんて、発泡スチロールくらいかもしれない。今、家もオフィスも、そんな使えないモノで埋めつくされるようになってきている。

　ブランド製品も衰退の一途をたどっている。ブランド品を持つことに意味があった時代は確かにあった。現実は、ブランド名だけが独り歩きしている状態だ。たとえばブランドメーカーは、このような大型チェーン店の要望どおりの規格でしか、商品を生産できないようになっている。これでは、商品そのものではなくブランド名にお金を払っているようなものだ。似たようなことが今、アウトレットでも起きている。

　以前は、アウトレットで買える商品と言えば、信頼のおける有名ブランドの、なんらかの理由で傷モノと見なされた商品か、季節外れか売れ残りの商品だった。ところが今、そこにあるのは、メーカー側が意図的に生産した劣化品だ。ただひとつ変わらないのは、ついているラベルだけ。つまり、アウトレット向け商品と言うのは、アウトレットだけを対象とした、メーカー側が意図的に質を落とした商品なのだ。

　オンラインショップでも同じことが言える。疑う余地なく、これは事実だと言えるだろう。いや、事実だと言い切れる。だがそもそもそんなことする必要はあるのだろうか？

　アメリカにおけるビジネスでは、規模の大小にかかわらず、「今すぐ利益

を手にしたい」という考えの下、急き立てられるがままに、少しでも早く結果を出すことが求められてきた。逆に、莫大な出費やリスク、損害については、差し迫った問題としてはとらえられてこなかった。このことを今一度、あなたにはしっかり考えてもらいたいのだ。

　ウォールストリートを闊歩する、運よく富を手にした500人のＣＥＯたち。頭の中はまだもらってもいない先々の給料のことばかり。そして莫大な退職金を手にしたらあとはサヨウナラ……。

　残したのは面倒な問題ごとの山だけ。あなたがもし、どんな形態であるにせよ自分の店を持ちたい、そして地元で成功したいとお考えなら、こんなＣＥＯの価格戦略は当てにしないほうが身のためだ！

億万長者になるためのヒケツ その3

値引きが消費者の心をつかむのはほんの一瞬。
本当の意味で消費者の心を鷲づかみにするには、価値のある高品質の商品・サービスを提供するよりほかになし！
これを怠って価格戦争に身を投じようものなら、それは終わりのないマラソンに参加するようなもの。穴の開いたバケツに一生懸命水をすくうような、そんなバカげた真似は決してしてはならない。

　あなたはこうお思いかもしれない。この人は、コモディティ化を受け入れたり、値下げに依存したりすることをこんなにも批判しているのだから、ディスカウント店によいところなどないと思っているんだろう。それは、誤解だ。

　もちろん、ディスカウント店にもよいところはある。ディスカウント店も、ビジネスの世界においてなくてはならない存在だ。なぜなら、より安く商品を提供する店があるからこそ、より多くの人が商品を買い求めることが

できるからだ。つまり収入の額にかかわらず、誰もが商品を手に入れることができる。さらに、ディスカウント店があるからこそ、競合は「よりクリエイティブな商品、サービス、ポジショニング、価格戦略を提供しなければ」と刺激を受けるのだ。

今、あまりにも多くの企業が価格最安値を目指し、持てる時間と労力のすべてを注いでコスト削減に取り組んでいる。そのうち**品質向上に取り組む時間を確保している企業はごくわずかなため、そんな企業の独り勝ち状態と**なってくる。

2008年のリーマンショックを受け、価格ではなく品質を重視する企業が、多くの優れた戦略を捨て去ってきた。そのことがサービスや品質、そして会社の評判に悪影響を与えることになることを顧みず、大幅なコスト削減に取り組もうとしたのだ。経済のピラミッドは下に行くにつれどんどん大きく、あふれんばかりになっている。これにより、頂点に君臨する大胆でクリエイティブな企業は皆、この状況を察知し、大きなビジネスチャンスを手にしているのだ。

コモディティ化に対抗する
零細企業はみな潰される

大型チェーン店と張り合うのは、あまりに過酷すぎる。このことから、19世紀前半、アメリカ連邦政府は、ディスカウント店の価格戦略を取り締まることを目的に、1914年にクレイトン法を、1936年にはロビンソン・パットマン法を施行した。大型小売業は健全な競争を阻害するものであり、小さな家族経営の店にとって脅威になり得ると見なされたのだ。

実際は、この法律により競争は促進されるどころか、逆に阻害されてしまった。100年経った現代でも、大型チェーン店はあらゆるものをコモディティ化してもなお、競合を打ち負かすことができていない。

どんな産業においても、弱い立場に立った（または立たされている）企業は、恐怖心から創造力が奪われ身動きもとれなくなり、最後には救いの手を

法律に求める。ところがいざ法律が施行されても、それは束の間の逃げ場にすぎず、次第に売り手と買い手両方にとって悪い結果をもたらすものになる。そして大型チェーン店は規模を小さくして法律の目をかいくぐると、再び戦いの場に戻って来るのだ。

　私は、コモディティ化の役目を担う大型チェーン店が取り扱っていない商品というのを見たことがない。大型チェーン店はありとあらゆる分野──食料品から電化製品、家庭用品、ヘルスケア用品、建材、玩具、本、そして皮肉にも贅沢品に至るまで──をカバーしている。レストランチェーンにより、外食はありふれたものとなった。さらに進むと、家で外食を楽しむこともできるようになった。食料品店が、レストランと同じメニューを家庭に配達してくれる。商品だけでなくサービス面でもそれは同じだ。
　たとえば広告、マーケティング、プリント、出版、さらには法律業務までもコモディティ化させてしまう企業が存在する。実際、私はオンラインドキュメントサービスの LegalZoom.com を利用して最近ある会社を立ち上げた。そこには遺言状に関するサービスまで存在する。妻と私が利用してみたら、誰にでもできるような、ごく簡単なものだった。コモディティ化や値引きからあなたが逃れる方法は、まずないと思ってよいだろう。

　大型チェーン店がもたらしたコモディティ化は、すさまじい破壊力と脅威、そして混乱をもたらし、多くの家族経営の店がその餌食となった。ほとんどの企業が敗れる一方で、持ちこたえて成功を収めている企業もあるにはある。なぜ、コモディティ化の影響力は普遍的なものではないのか？
　なぜ同じカテゴリーの中でも、値引きを行う企業と行わない企業が存在するのか？　値下げしないという意志を貫いて成功する企業には、どんな秘密があるのか？
　答えは火を見るよりも明らかだ。それは**「あえて高いお金を払いたい」と強く願う人がいる**からだ。
　では、なぜそんな人が存在するのか？　そこを探らなければいけない。

ウォルマートにない商揃えで生き残った鉄道模型専門店

　私の地元にある鉄道模型専門店のオーナーも、そのことについて最初首をかしげていた。オーナーは近所に進出してきたウォルマートに怯えきっており、「あんな大きな店に勝てるわけがない」と嘆いていた。しかし私は「ウォルマートが来てくれたほうが、君の商売は繁盛するよ」と言ってオーナーを励ました。

　それから4年経ったが、その店は今も存在するし、私が予言したとおり、以前より売り上げを伸ばしている。なぜか？　それは、前よりお客が増えたからだ。

　何か特別なマーケティングを行ったわけではない。ただ、ウォルマートでも買えるような商品は、ひとつとして置かないようにしただけだ。その代わりにオーナーは、熱狂的な鉄道マニアやコレクター向けのマニアックな商品を取り扱うようにした。**マニアやコレクターは、商品やサービスがどんなに高額のものであろうとも、本能的にその商品を手に入れたいと思うものだ。オーナーがこのことに気づいたことで、店は繁盛していったのだ。**これは、ウォルマートでなら安く買える下着類を、わざわざ倍のお金を払ってまでヴィクトリアズ・シークレットで買い求める女性の心理とよく似ている。

　私も、息子には1個20ドルする木製のハンドメイドのガラガラを、ハロウィーンとなれば娘に有名子どもブランドのコスチュームを取り揃えている。ウォルマートに行けば、もっと安く買えるのは分かっているのに……。

　きっとあなたも、ある場面では私と同じようなことをしているだろう。いや、多くの場面でしているはずだ。あなたが手にする商品はどれも、もっと安く買うことができる。では、なぜいつもそうするとは限らないのか？

　「もっと安く、どこよりも安く」という価格戦略を見直さずコモディティ化に専念する企業は、自分で自分の首を絞めているようなものだ。ある者はいきなり強い力で、またあるものはじわじわと、でも最後には確実に……。

「もっと安く、どこよりも安く」――この考えを拒否した者だけが、生き延びられる。

スターバックスにはなくて
高級紅茶店にはあるもの

　一見ありふれたように思えるモノを提供して、成功を収めている企業は数えきれないほどある。その代表としてよく例に挙げられるのは、スターバックスだろう。

　皮肉なことに、スターバックスというブランド自体、ありふれたモノになってきているのだが……。角を曲がればスターバックス。スーパーに行ってもスターバックス。極めつけにはスタバのインスタントコーヒーなるものまで、最近では売り出されている。

　私には、これは彼らが一時的な利益主義の前に屈服したように思えてならない。シロアリが見えないところで家を蝕んでいくのと同じように、ゆっくりとスターバックスというブランドが蝕まれているように思えてならないのだ。

　まあ、いずれ分かるだろう。ひょっとすると、これが破滅への行進である可能性もあるということだ。共著者のダン・ケネディはスターバックスの創設者であるハワード・シュルツの大ファンだ。シュルツが会社再生のためCEOに復帰したときには、その熱い思いに拍手を送っていたし、スタバの株も持っているし、何よりシュルツが復帰したことで慎重ながらも「スタバの未来は明るい」と見ているのだが、それでも「依然ほど期待は抱けなくなった」と語っている。

　それはさておき、今までさまざまな形で、いかにコモディティ化が危険なことかを学んできたが、あなたにはぜひ、スタバ誕生までの物語『スターバックス成功物語』（ハワード・シュルツ／ドリー・ジョーンズ・ヤング著、小幡照雄／大川修二訳、日経BP社）を一読してもらいたい。

私のお気に入りの店に、「リパブリック・オブ・ティー」がある。名前のとおりお茶の専門店で、この店はいまだにコモディティ化になびいておらず「高級茶のリーディングカンパニー」を自負している。消費者はリプトン紅茶なら100パック5ドル程度で買えるところを、同じ100パック程度の量のリパブリック・オブ・ティーの紅茶を飲もうとなると、20ドル以上支払わなければならない。そんなのは序の口だ。最高品質のダージリンティーは、約30gあたり16ドル以上で販売されている。

　リパブリック・オブ・ティーは、商品である紅茶を、巷のカフェイン入り飲料とは一線を画す、いわば高級ワインと同じ飲み物として位置づけている。事実、缶入りの紅茶を買い求めれば、高級ワイン同様、テイスティングに関する注意書きや、おすすめのサイドメニューを紹介した紙がついてくる。

　リパブリック・オブ・ティーは、ファンタジー要素を持っている。そのマーケティングは学ぶべき点が多く想像力に富んだもので、ちょうどディズニーと同じように、すべてのものに名前がついているのだ。たとえば、同社は顧客を「市民」、会社の人間を「大臣」または「大使」と呼ぶ。茶葉大臣、首相、営業大臣などがその例だ。

　つまり、リパブリック・オブ・ティーが提供しているのは紅茶という「モノ」ではなく、紅茶にまつわるさまざまな「コンセプト」なのだ。紅茶の領域をはるかに超え、紅茶を通して、いわばライフスタイルを販売しているのだ。

　リパブリックティーの紅茶を飲めば、ティータイムがもっと楽しく、家にいながらまるで店にいるような贅沢な時間が味わえる。普通の紅茶の4倍の値段を要求するからには、そこに特別な何かがなくてはならない。現に、リパブリックティーは、その特別な何かを提供している。だからこそ、ウォルマートのお得用パックの紅茶など、彼らにとってみれば目じゃないのだ。

「行き過ぎた個人主義」からの脱却を求める消費者

　私に関して言えば、ここ数年、ウォルマートには足を運んでいない。ケネディには「行くべきだ」とよく言われる。「行って、奴らがどんなことを企んでいるか、しっかり見るべきだ」と。ケネディは正しい。だから、あなたにはぜひ足を運んでもらいたいのだが、私はそれでも、ウォルマートに行って何か買おうとは思わない。

　何が嫌かって、あの商品の陳列の仕方と店の雰囲気だ。あれは堪えがたい。実際、前回訪れたときに、私は陳列棚のせいで額に切り傷を負った。金属製のポストを並べたコーナーに差しかかった際、突き出たポストが額にあたり、Vの字に切り傷を負ったのだ。大人気ないと言われるかもしれないが、そのことがきっかけで私の頭には「ウォルマートはお客に怪我をさせてでも、バカみたいに安い値段で商品を売りつけるんだな」という印象だけが残ってしまった。確かに安いかもしれないが、もうゴメンだ。

　こんな思いを抱いているのはなにも私だけではない。ただ単にこの類の店が嫌いだという人もいる。また、私と同じような理由の人もいれば、「安物が嫌だから」という人もいる。つまり、店の概念自体が好きではないというわけだ。

　この思いの矛先は、ウォルマートだけに向けられたものではない。あらゆる大型チェーン店に向けられており、その感情は高まりをみせている。

　大半の人は、激安価格が意味するものを見透かしている。また、オグルビー&メイサー（訳注：アメリカ・ニューヨークに拠点を置く、世界的な広告代理店）が行った調査からは、「行き過ぎた個人主義からの脱却」を望む消費者の心理が見て取れる。

　これは、**消費者の多くが「安さと量」より「質」を重視して商品を選ぶようになってきている**というもので、同社の調査によると73％の消費者にその

傾向が見られたという。「とにかく安くてもいいからたくさんのものを持ちたい」から、「少しでいいから質のよい本物を持ちたい」という発想に変わってきているのだ。

ここには、環境と経済の両面において「もっと持続可能な生活に切り替えていこう」という風潮が映し出されており、ケネディが言う「新しいビジネス社会」の兆しであると私は見ている。**消費者は、買っては捨て買っては捨ての使い捨て社会に、もうウンザリなのだ。**

なかには環境への懸念からこの思いを抱いている人もいるが、ここ最近の混沌とした経済状況やそれに対する不安から持続可能な社会を求める人が大半だ。不況が続く中でも、消費者は「とにかく安くモノを手に入れたい」ではなく、むしろ「少なくとも、経済的にはもっと信頼のおける、モラルある社会であってほしい」と願っている。そしてよりよい商品を求める声が大きくなっているのだ。地域社会の多くでは、商店街や地域密着型の企業を見直す取り組みが始まっている。

今ご紹介した変化はすべて、「行き過ぎた個人主義」からの脱却を示すものだ。今、まさにこの瞬間に起こっている消費者革命なのだ。**大量生産とそれを生み出すメーカーに「ノー」の意思表示をし、斬新とまではいかなくとも、常に特別なものを求める個人主義から脱却すること。**これが今、大きな課題になっている。これは売り手のあなたにとって、大きく飛躍してライバルを出し抜き、さらには消費者を振り向かせるまたとないチャンスだということを忘れてはいけない。

高値がものを言うとき

ダン・ケネディ

　私はよく、広告でこんな殺し文句を使う。

　安心保証価格。

　広告の対象は、なんでもかまわない。ワイン、タイヤなどの商品、あるいは何かのサービス……。どんなものにも、この殺し文句は使える。いや、使うべきだ。なぜなら現に、高い値段をつけたほうが、販売数を伸ばした例が多くあるからだ。

　ある価格実験で、法人向けのニュースレターを97ドルと127ドルの異なる値段で提供した。世間一般では、この類のサービスは100ドルを超えると売り上げが伸び悩むと言われている。しかしこの調査では、127ドルで提供したほうが97ドルで提供したときより、11％も販売数を伸ばす結果となった。高い値段のほうが、内容にもより価値があると判断されたのだろうか？ 利益の面でも約3割の値上げで45％増となり、127ドルの圧勝という結果となった。もう一例挙げると、ある本に関して、値引き前の24.95ドルと値引き後の8.99ドル、どちらの値段で販売しても、売れ行きに大差はないという結果が得られた。

　2つの例から、以下の結論が導き出せるだろう。

結論1：高値だからと言って、必ずしも顧客が興味を示さないとは限らない。

結論2：世間一般の常識が覆されることもあるのだから、価格調査を一度はやってみて損はない。

（出典：マーク・エヴェレット・ジョンソン　targetmarketingmag.com の記事より）

価値に不釣り合いな値下げは消費者への詐欺行為

　厳しい状況に追い込まれると、利益が出るという経験的証拠もなく、また純利益に与える影響を慎重に考えもせずに、値引きに踏み切りがちだ。しかし、最終的に利益や在庫を犠牲にすることになってはまったく意味がない。**値引きは命がけの綱渡り**なのだ。

　ジョンソンの記事からは、面白い課題が見て取れる。それは「値下げをして、価格にしか目のない客をもっとひきつけるのか、それとも、値上げに踏み切るのか」ということだ。値上げに踏み切る場合は、真に価値のある可能性があることに気づいてもらいたい。値段にかかわらずたとえ、さらなる値上げがあったとしても――しかるべき値段をしかるべき商品に支払う、しかるべき顧客が必ず存在する。そんな顧客に商品を提供できれば、値引きなどなんの意味も持たなくなるのだ。

　高価格をつけたときのほうが、より売り上げが伸びる傾向にあるのは、ある顧客にとって、それがより適切なものと見なされるからだ。たとえば、あなたのもとに「ロレックス製の中古時計が49.95ドル。状態良し。ほぼ新品同様です」という売り込みメールが届いたとする。どうお感じになるだろう？

　メールの送り主が、たとえば地元で評判の宝石店であったにしても「何か怪しいな」と思われるのではないだろうか？　大半の方は「これは客寄せのための罠だ」と思って、店に足を運ぶことすらしないだろう。万が一足を運んだとしても「だまされてはいけない」と用心深くなる。

　誰の目から見ても、49.95ドルという値段はロレックスには不釣り合いすぎる。そんな値段で本物のロレックスが手に入ると思っている人がいたら見てみたい。じゃあ、ゼロをひとつ足して499.50ドル。これならどうだろう？ あまりロレックスに馴染みがない人であれば、財布のひもを緩めてしまうかもしれない。しかしたいていの人は、まだ疑ってかかるだろう。

ところが「499.50ドルから4999．50ドル」と価格に幅を持たせてあれば、「目玉商品なら、この価格もありだろう」と思い、足を運ぶ人はぐんと増えるに違いない。メール広告に、納得できる理由が記載されていればなおさらだ。ロレックスの時計を400ドルで売るというのは、4000ドルで売るよりも、実はかなり骨の折れる仕事なのだ。

　賢い顧客なら誰しも、絶えずこう考えている——「あまりにうまい話には、必ず裏がある」。この考えは、儲け主義や拝金主義の口のうまい売り手によって覆されることもある。かの有名なバーナード・マドフ（訳注：ユダヤ系アメリカ人の実業家で元ナスダック会長。史上最大級の巨額詐欺事件の犯人として知られる）がその例だ。
　その場合には、顧客を信じ込ませる数々の要素が必要となる。マドフの場合であれば、それは信頼のおける友人が絡んでいることであったり、ニューヨーク証券取引所の顧問という自身のすばらしい肩書であったり、慈善活動などを通して、細心の注意と手間暇かけて築き上げた信頼などであったりした。
　まさかあなたは詐欺事件の犯人にはなりたくないだろう。皮肉にも値段に関しては、詐欺を犯すほうが、法に触れずに顧客を信じ込ませるよりもたやすいことだったりする。巨額な富を顧客に提供できる絶対の自信があるか、極度の拝金主義者でない限り、あなたはもっと賢いやり方で顧客を納得させる必要がある。**価格とは、顧客に対しときに安心を与えもすれば、不安や疑いを呼び起こしもする、厄介なものなのだ。**

Chapter 8

「差別化」の持つ力

バリー・ライカ

The Power of Preeminence as Price Strategy
by Dr.Barry Lycka

▍現金払いのみでも文句を言わせない

　真に価値のある仕事をし、それに対して報酬を得る。その際、しつこい値下げ要求や、ややこしい揉めごとが起こらない。そして得た報酬をもとに、さらに事業を発展させていく。

　経営者のあなたの一番の望みと言えば、これに尽きるだろう。私はこの単純な望みを、どれほど困難な場面でも形にしてきた。そしてもうひとつ、「市場で一番になる」という、単純ではないことも実現した。あなたがこれを「単純なこと」とお感じにならなければよいのだが……。

ニーズを満たすサービスに
人は喜んで大金を払う

　私は、カナダ・アルバータ州エドモントンという町で美容整形外科を開業している。カナダ政府の医療への介入は厳しく、その現状は、アメリカのオバマ政権が取り組んでいる医療保険改革をしのぐものだ。

　カナダでは、あらゆる医療費は法律で定められており、医者の給与に、建前上、差はないことになっている。たとえ医者が必要と判断した治療であっても、政府が定めた手順を踏んだうえでなければ、医者の一存でその治療を施し、治療費を請求することさえ、違法と見なされている。

　こんなシステムにあきらめを抱く医者たちをよそに、1991年、私は政府の医療システムから脱却する決意をした。開業という道を選び、「支払いは現金のみ」という形を取る美容整形外科を一からスタートさせる決意をしたのだ。

　当時、そんな美容外科は聞いたことがなかった。自分の腕だけが頼りになるであろうことは分かっていた。

　私にとっての課題は、本書のテーマである「価格」はもちろん、患者が「保険が効かないうえに現金で」手術代を支払ってくれるかどうかにあった。しかしカナダでこの試みが成功した今、この戦略は世界のどこでも通用すると言えるに違いない。

　今日私は、アメリカのさまざまな分野の開業医に対し、指導を行う立場にある。このような活動を通し、医療の現場に従事する人たちの後押しができていることは、私としても大変名誉なことだ。

　さて、話を1991年に戻そう。開業にあたって、私はある非常に重大な決断をした。それは、国の規制に則り、消費者の反応を注意深く見守って医療にあたることと、手術対象を従来の皮膚科全般ではなく、特定の美容整形に限定したことだった。開業から約４年が経ったが、その間、私は価格や宣伝面においてあらゆる方法を試し、多くをボツにしながら、本当に価値あるもの

だけを選び抜いてきた。それを進めるうえで、2つの規制機関が申し立てを行ってきたが、一方は引き分けという結果に、もう一方は法廷で見事勝利した。

　私は最初から、膨大な数の患者の中に極めて質の高い、オーダーメイドのような手術を望んでいる患者が存在することが分かっていた。そんなひと握りの患者が、自分のニーズを満たす手術のためなら、喜んで高額な手術費を支払うことを分かっていた。これは本書のあらゆる概念に通じる、重要な基礎となる事実であるように思う。
「あなたが提供するものに価値を見出すしかるべき顧客・クライアント・患者は必ず存在する。そして、そんな患者は、あなたにどんなライバルがいようとも——たとえそれがどんな安値で勝負をかけてくるライバルであろうとも——必ずあなたを選ぶようにできている」
　ここからは、そんなしかるべき顧客の心をつかむ方法をご紹介していこう。

顧客の心をつかむ方法1
ハワイの釣り人に学ぶ

　ある年、休暇をハワイで過ごしていたときのことだ。ビーチでのんびり、遠くのくじらを眺めていると、地元の人がトラックを走らせてやって来た。車から降りた男は、釣竿を数十本も抱えていた。数本ではなく、数十本だ。
　男はその1本1本にエサを仕かけると、海に放り投げた。そして、またエサを用意し始めた。興味を持った私は男の側まで行くと「何をしてるんですか？」と尋ねてみた。
「見りゃわかるだろ」
　男は言った。
「俺は、魚は大好きなんだけど、魚釣りには興味はないんだ。食うのは好きだけど、採るのは嫌いでね。だからこうやって、12本も釣竿を垂らしてるっ

てわけさ。日が暮れるころには、何本かには魚がかかってる。全部にかかった試しはないけどな。仕かけといたのが、1本や2本だとしてみろよ。腹が減って仕方ないだろ。でもこうやって12本仕かけときゃ、食うに困ることはない。たいてい余れば家の近くのレストランに買い取ってもらうんだ。これが俺の生き方なのさ」

　ハワイで出会った釣り人は、知らず知らずのうちにすばらしい秘密を打ち明けてくれた。**大半のビジネスが、常に値下げの必要な状態に追い込まれている理由は、仕かける釣竿が少なすぎるからだ。**
　私の場合、「最低でも新しい患者が数名、こちらが求める動機とお金を持って必ず訪問して来てくれる」と自分を安心させるベストな方法は、毎日、たくさんの釣竿を仕かけておくことだ。備えあれば憂いなし、最後にお腹を空かせる心配もない。

　この釣竿効果は絶大だ。私は美容外科手術で毎年数百万ドルの収入を手にしているが、普通に生活していてとても使いきれる額ではない。そこで余ったお金は、非営利団体 Canadian Skin Cancer Foundation（カナダ皮膚ガン財団法人）や、患者向けのポータルサイト WellAndWiseOnline.com の運営費、医者向けのセミナー開催費などにあてている。
　さらにそのお金で、25年連れ添っている妻や4人の子ども、そして孫たちと普段からゆっくり過ごす時間やのんびりとした休暇を取ることもできる。56歳にして、私はいつでも望むときにリタイアすることができるのだ。
　そのお金を使って、ビジネスライフをより快適にする努力も惜しんではいない。たとえば会議や講演会に出席するために、自家用ジェットを飛ばすこともある。今ご紹介したことはすべて、政府による不親切な規制と、ヘルスケアに対して高額を支払うという意識のなかった市場に対する挑戦から生み出されたものなのだ。

顧客の心をつかむ方法2
差別化の３つのステップ

　ダン・ケネディと、彼の友人で同じくマーケティングスペシャリストのジェイ・エイブラハムは、「差別化には絶大な効果がある」と口を揃える。**差別化とは「突出した方法で他をしのぐこと」だ。**

　これこそが、あなたにご紹介したいもうひとつのことなのだ。差別化を目指すうえで、私は「差別化の３ステップ」なるものを編み出した。ステップには、次の３つの要素がある。

> ステップ１：患者や顧客に対するサービスに関して高い専門技術を持ち、理解を深める。
> ステップ２：絶大な効果のある、突出したマーケティングを行う。
> ステップ３：地元に根差したサービスに積極的に働きかける。

　この３つのステップを用いれば、どんな経営者や専門家でも、目を見張るほどライバルに差をつけ、患者や顧客をひきつけることができる。価格など大した問題ではなくなってしまうのだ！

　私の美容外科に足を運んでいただくと、まず最先端の設備があなたをお出迎えする。まるでファーストクラスのような院内、気さくなスタッフによるきめ細やかなカウンセリング……。私の病院で1986年から取り入れている脂肪吸引の新技術が発表される度に、常に私自身が評価を行い、その技術を研究し、採用したいということになれば、特別なトレーニングを受け最新鋭の設備を整えてきた。

　この繰り返しにより、地元以外からも患者が集まるようになった。今では当院の「最先端の脂肪吸引」を求めて、アメリカをはじめ、ヨーロッパ、南アメリカ、さらにはアジアから患者が集まっている。しわ取りの分野では、一般的なボトックス注射だけではく、数多くのアンチエイジングや皮膚治療

を組み合わせた独自の技術を生み出したことで、価格面で右に出る者がいないほどの技術を提供している。

　これらはすべて、先ほどご紹介した「差別化の３ステップ」の「ステップ１：患者や顧客に対するサービスに関して高い専門技術を持ち、理解を深める」に当たるものだ。「高い」技術や理解は、「同業他社と比較できないほどの」技術や理解と言い換えることもできるだろう。労を惜しまず手間暇かけて追求してきたものだからこそ、ほかと比較などできないのだ。

　エドモントンの町に一度でも足を運んでもらえれば、必ず私のマーケティングの成果をご覧いただくことができるだろう。テレビ、ラジオ、新聞、さらにはインターネットを通して、毎日のように私の美容外科医院は宣伝されている。
　さらに私はイベント王を自負しており、年に数回、各種セミナーをはじめ、オープンハウスや、著名人を招いたイベントを開催している。どれも綿密に計画された、事前にあの手この手で宣伝を打ったもので、毎回数百人の新たな患者が殺到し、地元メディアでも大変好意的に取り上げてもらっている。
　その理由は、マーケティングの時点で、エドモントンで誰がイベント分野の第一人者かをしっかり把握するよう努めているからだ。メディアをこれほどまでに大々的に活用するとなると、利益を大幅に上回る、十分に吟味された高価格戦略が必要になることを忘れてはならない。

　最後に３つ目のステップとして、私は開催するイベントについて、常に地元の慈善活動や組織との連携を図っている。このような地元密着型の活動や団体を集中的にサポートすることによって、実際、非営利団体であるCanadian Skin Cancer Foundation（カナダ皮膚ガン財団法人）を「皮膚ガン撲滅！」の大きな目標に向けて発展させてきた。医療分野において新時代の先駆者としてのリーダーシップを発揮し、作家としては2001年に『Shaping a New Image: The Practice of Cosmetic Surgery（新しい時代へ

──美容外科の新たなる挑戦──）』を出版した。また、医師向けの講演会を行ったり、最初に述べたとおり、医療現場に携わる人たちに対し、指導を行ったりしている。

業界内のリーダーとなり
価格と品質向上の主導権を握る

　あなたの業界や専門分野において、何かの活動に参加したりリーダーシップを発揮したりすることは、ご自身の評判を高めることになる。同時に、患者や顧客に対する卓越した知識や理解を得ることがさらなる自信につながるのだ。

「お金に関する問題を全部並べて、1つひとつ別々に解決しようとするのは間違いだ」

　指導する医者向けに、診察料やそのほかお金にまつわる話をする際、私はこう述べている。そう、あなたはもうご存じのとおり、お金にまつわる問題は、ここでご紹介したハワイの釣り人や差別化の3ステップなどに代表される、さまざまな要因と深く結びついたものなのだ。

バリー・AS・ライカ

The Royal College of Physicians and Surgeons of Canada（カナダ専門医協会。通称FRCPC）所属の医師。医療現場に携わる人に向けたコンサルティングや各種セミナーを世界各国で実施。本書以外にも、ダン・ケネディ著の『Uncensored Sales Strategies』（Sydney Biddle Barrows共著、Entrepreneur Press）、『No B.S. Marketing to the Affluent』（Entrepreneur Press）『究極のマーケティングプラン』（齋藤慎子訳、東洋経済新報社）などにもコメントを寄せている。

医師・経営者向けサイト　：www.aestheticprofits.com/mastermind
一般向けサイト　　　　　：www.WellAndWiseOnline.com
ライカ氏個人サイト　　　：www.BarryLyckaMD.com

Chapter 9

BtoBにおける
価格戦争
──最後に笑うのは誰？──

ダン・ケネディ

B2B Price Wars and The Way of the Warriors Who Win
by Dan Kennedy

■ BtoBビジネス最大の誤解

「価格で勝負しなければ」

　BtoB、つまり法人向けにビジネスを行う人たちの大半が、この考えの前に挫折している。「価格でしか勝負できない」と勝手に思い込んで、大半の人が戦う前から負けた気になり、異なる戦略の可能性を初めから否定してしまっているのだ。

　一方、最後に笑う人は、もうお分かりだと思うが、この「価格競争」という考えに愛想を尽かし、引き寄せられるかのように、ある別の戦略を立てている。その戦略とは、**優れたある種のポジショニングと、より効果的なマー**

ケティング、そして独自の価値を提案することで、自ら戦う環境を整えることを指す。一言で言えば、「差別化」を行っているのだ。

　ある頭の固い経営者にこのことを説明したのだが、その人は自分の取り扱う商品がありふれたモノで、差別化など図れないと言って嘆くばかりだった。「それなら自分で自分の首を絞めてでもみて、なんとかすることですな」と言ってやった。だってそうだろう。考えようとする気のない人に、行動などできないのだ。

　数年前に、Advertising Specialty Institute（訳注：アメリカの販促協会。以下：ASI）の全国大会で講演を行ったときには、すばらしく素直な女性経営者に出くわしたこともあった。ASIとは、ボールペンや野球帽、マグカップなどに宣伝広告をプリントする、いわゆる販促品を扱う会社の協会だ。当時、ちょうどインターネットが普及し始めたころで、多くの経営者が——ひょっとするとあの場にいた全員が——ワンクリックで買い物ができてしまうという脅威に恐れをなしていた。私は講演をこう切り出した。
「もし、あなたが自分はありふれたモノを扱っているとお思いになっているなら、今すぐこの場からご退席ください」
　すると、この女性経営者は、言われたとおり会場を後にした。そして後日、関係者全員に、私を業界を侮辱する、無知な男と非難する抗議文を送りつけたが、それは、現実の受け止め方が彼女と私とで違っただけだ。
　私は、販促業界に身を置く人でも、ひとりとして、ありふれたモノを売っていると思う必要はないし、悲観的になって業界を去る必要もないと思っている（ご自身がそう思いたいのなら止めないが）。

販路を絞ることも立派な差別化戦略

　3Dメールサービスの経営者であるキース・リーとトラヴィス・リーの2人がそのよい例だ。2人の戦略の詳細はまたあとでご紹介するとして、ひと

言で言うと、2人は先にご紹介したような販促品を売るサービスを行っている。しかし専門的に取り扱っている販促品は、気の利いたダイレクトメールでのキャンペーンの際に使用されるもので、たとえば広告や絵、キャッチコピーなどが印刷された販促品だ。そしてメールの趣旨に応じて、クライアントと一緒になってキャンペーン内容を考えていく。

3DMailResults.com にアクセスしてもらえれば、2人の事業の詳細を理解できる。つまり、販売されているモノ自体はどこでも買えるものなのだが、提供されているサービスに関する専門技術は、ここでしか買えないものなのだ。さらに3DMailResults.com では、すべてのクライアントに対し、販売のプロやコンサルタント、さらに私のようなマーケティングのスペシャリストから販売戦略を学ぶ機会を提供している。対象事業は、歯科からファイナンシャル・プランニング、さらには芝生のケアなど、多種多様だ。

クライアントたちはそのような場で教わった内容を踏まえて、キャンペーンと販促品の構想を練っていく。このような、ほかには真似できない専門知識と学びの場の提供によって、キースとトラヴィスは独自の戦略——価格競争の波に飲み込まれない戦略——を貫いてきた。しかし皮肉にも、この戦略で商売がうまくいきすぎて、より大量の商品を海外メーカーから度々直輸入するようになり、今では価格競争の波に飲み込まれようとしている。ショーン・ウォレンも私が担当したクライアントで、成功を収めた例だ。

ウォレンもキースとトラヴィス同様、販促品を販売しているが、彼の場合の「差別化」は、販売先を共済団体などに限定しているということだ。つまり、キワニス（訳注：世界三大社会奉仕団体のひとつ。世界96か国で約8000のクラブで構成されている）やエルクス（訳注：アメリカの慈善保護団体）などの市民団体向け限定のビジネスを行っている。

私の友人の例をご紹介すると、ジム・ロードとナオミ・ロードは、スマートプラクティスという会社を経営している。この会社では、販売対象を歯科とカイロプラティックなどの医療品に限定している。スマートプラクティス

の商品は、言ってみれば「ありふれたモノ」かもしれないが、「ターゲットを絞ることで必ず成功する」という確信の下、2人は今日までビジネスを行ってきたのだ。

高額商品やサービスは顧客のプライドを刺激する

　私個人について言えば、これまでずっとＢ　ｔｏ　Ｂビジネスに身を置いてきた。最初に従来型の広告ビジネスを始めるも、すぐにコンサルタントやコピーライターに転じ、以後現在に至るまでの30年間、これらの分野に身を置いている。

　コンサルタントやコピーライターとして私がクライアントに請求する料金は、ほかの人と比べていつも極めて高額だ。『Who's Charging What?（誰がいくら稼いでるの？）』という、コピーライターたちのサービス料を網羅したバカげた一覧書があるのだが（ちなみに私の額は記載されていない）、そこに記載されているサービス料と比較しても、私のものは4〜100倍はする。まったく比べ物にならない額なのだ。

　さらにメーカーを経営していた時期もあり、その頃は首位争いに没頭した。現在も、法人や共済団体、政府団体向けの取引で賞を受賞した経験を持つ会社の共同経営者としての顔を持っている。顧客には、アメリカ海軍、空軍、海兵隊なども含まれているのだが、顧客から値段に関して「高すぎる」とか「もっと安くしろ」などのクレームを受けたことは、これまで一度もない。

　皆、私の会社が競合よりも高い値段で商品を提供することを承知しているのだ。時に、私のコンサルタントとコピーライターとしてのサービスが高額であることは、承知の事実であるだけではなく、お金に余裕があれば私を──この分野では世界トップクラスの腕を持つこの私を──雇っておけるという理由づけにもなっている。

現在、ＢtoＢ、つまり法人取引において購買代理業者を通しているものは、全体のわずか20％にすぎない。そして経営者や管理職、デパートの購買部長などは、最安値で競争価格づけをし、20％のうちのおよそ半数にあたる10％が、事前の競争入札を行っている。残る80％については、複雑な事情の上に取引されている。

　その事情はさまざまで、手土産や贈答品、賄賂といった不正と見なされるものから、単なるお付き合いの一環として、ポジショニングや価値の判断のために提供されるものであったりもする。その価値やサービス、保証などは何かあったときに、商品を買ってしまったことや、太鼓判を押されたことに対する言いわけができるという発想と結びついている。かつて、「メイド・イン・アメリカ」であることが、ＢtoＢ取引の前提である時期があった。この大前提は、今、「グリーン・プロダクツ（環境に優しい製品）」に取って代わっている。

ライバルより倍の価格で
勝負する逆転の発想

　数年前、私の友人であるピート・リローは、大きな郵便局に隣接するショッピングモール内という好立地にプリントショップをオープンした。リローは、郵便局員たちが昼休みにショッピングモールでランチや用事をサッと済ましたついでに、一番手短にある自分の店にコピーに立ち寄るであろうことを見越していたのだ。そのため、数キロ圏内にあるライバル店の価格調査などは一切行わなかった。

　その結果、リローの店はアッという間に繁盛した。ライバル店の２倍〜４倍の値段でサービスを提供したことが吉と出て、同じ規模の店の平均を大きく上回る、およそ３倍の利益を上げるまでになった。

　リローの店の場合、コピーの質がよかったことはもちろんだが、むしろそのような質や値段よりも、最大の勝因となったのはやはり「便利な立地条

件」だった。実際、大企業の中には毎月のコピー代が数千〜数万ドルもするところもあるのだから、リローの店が繁盛したのにも頷ける。

　忘れてはならないのは、先ほどの法人取引の現状だ。わずか20％しか、競争価格を維持して販売を行えていないというこの現状を見逃してはならない。残りの80％の売り手はまるで現状を理解しておらず、持てるすべての労力を、どうにか低価格で勝負をつけるためだけに費やしている。
　この行為は、いわば遺伝性の厄介な病を患っているようなものだ。つまり、医者から反論の余地のない検査結果を見せつけられて「赤身の肉しか食べてはいけません」と言われたのを信じ込み、せっせと赤身の肉だけを摂取する患者のようになっているのだ。
　コメディアンのロン・ホワイトはこう言っている。
「バカは死ななきゃ治らない」
　でも、バカではなくそれが無知であるだけなら、まだ救いようはある。もし、あなたが今の今までこの事実を知らず、現実を正しく受け止められていなかったがために誤った値決めやマーケティング、販売戦略を取っていたとしたなら、まだ立ち直るチャンスはある。正しい道を選択し直すことは十分可能なのだ。

「でも、ほとんどのＢ ｔｏ Ｂ取引が価格競争の上に成り立っているように見えるじゃないか」
　あなたはそう言うだろう。そうではないことを証明する理由が２つある。まずひとつ目の理由として、そう感じになるのは、「あなたがそう思い込んでいるからだ」ということが挙げられる。つまり見聞きしたことに関して、自分にとって都合のよいことだけを取り上げて、ほかは切り捨てるという思考ができてしまっているのだ。
　もうひとつは、購入するかどうかの意思決定の20％しか占めないにもかかわらず、どの企業もこぞって価格ばかりを調査宣伝し、打ち出しているということが挙げられる。価格ばかりが大きく取りざたされているのだ。

そして無知で無意味な戦略を打ち立てたメーカーや卸売業者、サプライヤーや営業たちは、その言い訳として、最初から勝てないことが分かりきっていた価格競争を持ち出す。人間は、どうしたって責任転嫁をしてしまう生き物なのだ。
「あなたが太ってしまったのは、わが社の食べ物のせいではありません。生まれ持った体型と遺伝によるものです」
　ちょうど、食品メーカーがこう言い逃れをするのと同じだ。

　問題になってくるのは、「なぜ、ＢｔｏＢビジネスではいつも、価格最安値を目指す競争価格の商品やサービスを買ってしまうのか」ということだ。結論を言えば、価格だけでモノを買うというのはバカげている。探せば無数にある、見逃してはならない要素を無視してしまっているからだ。
　たとえばあなたがお子さんにベビーシッターをつけるとしたらどうだろう。給料の一番安い人が、過去に児童虐待で逮捕歴があったり、アルコール依存症であったりしても、そんなのおかまいなしにその人を選ぶだろうか？ 同じく「一番安いから」という理由だけで会社のパソコンを選んでしまったら、どうだろう？

安い商品・サービスを
手に取る３つの理由

　価格が安い商品・サービスを手にしてしまうのには、３つの理由がある。
　ひとつ目は「機会」の問題だ。店に足を運べば運ぶほど、より安い値段のモノを選んでしまうようになっている。なぜなら、私たちはどこにいようとスマートフォン片手に、インターネットにアクセスして、店頭価格をアマゾンやコストコなどの価格と比較することができるからだ。
　８章でご紹介したシアーズは、「どこよりも安く商品をご提供します」と広告で宣言したがために、自分で自分の首を絞めることとなった。Ｂｔｏ

Ｂビジネスの場合、買い手はオフィスにいながらインターネットを通して自由に価格を比較し、購入「しなければ」と勘違いしてしまう。こうなると消費者の関心をひく値決めは、大手ディスカウントショップの脅威も相まって、ますます難しいものとなる。

　２つ目の理由は、本章の冒頭から述べているとおり、戦う前から降伏してしまっているということだ。そのため——これが３つ目の理由になるのだが——説得力のある情報を提供してくれる優秀なマーケティング・アドバイザーや、セールスのプロに巡り合うことができないのだ。

　「なんでも安い値段のほうがいい」という顧客はほとんどいない。賢い顧客なら誰しも、「最高の価値」を求めるか、欲しいと願うものを求める。本物と安物とには雲泥の差がある。価格以外に頼りになる情報がなければ、本物と安物を並べられても、誰もが安物を選んでしまうことになるのだ。

　ひとつ例を挙げてみよう。今、目の前にすてきなネイビーブルーのブレザーが２着あるとしよう。２着とも見た目は同じに思えるし、ブランド品でもなさそうだ。値段は一方が199ドルであるのに対し、もう一方は499ドル。こうなると、あなたは当たり前のように199ドルのブレザーを手に取るだろう。

　たとえあなたが、店の外に運転手つきのリムジンを待たせているようなお金持ちであってもそれは変わらないだろう。しかし、もし誰かが２着の値段の差が、ステッチの入れ方や仕立て方、糸の種類や裏地、耐久性に理由があることを事細かに説明してくれれば、あなたは499ドルの高値のジャケットを買い求めるだろう。

　今度は、私になったつもりで考えてもらいたい。今、あなたは高級ブランド店にコーディネートのプロを従え入っていく。場所はラスヴェガス。店は、私が初めて高価なスーツを仕立てたベルニーニとでもしておこう。

　店に入ると、「このスーツの特長はですね……」「他社ブランドと違う点はですね……」という説明はなく、ある聞き慣れないやりとりが始まる。場合

によっては、最後までスーツの特長や他社ブランドとの違いについて説明がなされないこともあるほどだ。察するに、それはベルニーニというブランドゆえのことだろう。ブランド名が、そんな会話を不要にしているのだ。そのやりとりとは、こんなふうに始まる。

　店員「ご職業は？」
　私「コンサルタントさ」
　店員「どんな場面でご着用になるスーツをお探しですか？」
　私「講演会用のものを。大勢の人を前に話す機会が多いから、そんな場にふさわしいものをひとつ頼むよ」
　店員「お好みのスーツなどございますか？」
　私「パッと目を引くものがいいな」
　店員「失礼ですが、講演会のご出席者はどのような方で？」
　私「とても優秀な方ばかりだ。お金にすれば10万ドル、いやそれ以上の価値はある人たちだ。となると……やはり、失礼のない見劣りしない出で立ちで、講演に臨まなければな」

　こんなやりとりをしているうちに、試着が始まる。まずは上着。見繕ってもらったものを羽織って、鏡の前で恰好よくキメてみる。あっちもいいけど、こっちも捨てがたいな……。上着が決まれば次はズボン。フィッティングルームでお気に入りのものに着替えて、最後に採寸。この段階になっても、まだ「値段」の話は出てこない。この場合、値段などなんの問題でもないからだ。

　ＢtoＢの買い手側にも、同じことが言える。スーツの例のように、適切なやりとり、つまり**価値の差を見極めるうえでの説得力のある情報がなければ、買い手は値段でモノを判断し、最安値のものに手を伸ばしてしまう**。それが習慣になり、あたかも最安値のものを「買うべきだ」というように、そんな商品に手を伸ばしてしまう。

これは買い手側に問題があるわけではない。価値の差を教えてくれる情報がなければ、買い手がそうするのも当たり前だ。そして、**価値のある情報提供を怠る売り手にこそ、問題がある**のだ。そう、あなたのことを言っているのだ。決してお客が悪いわけではない。

億万長者だけが知っている 価格競争に勝つセオリー

ここで、億万長者だけが知っている秘密をお教えしよう。このことを頭に叩き込んでいただくことが億万長者への近道かもしれない。その秘密とは、**どんな場面においても、ＢｔｏＢの買い手は価格以外の要素を重要だととらえ、そこに価値を見出している**ということだ。疑いや反論したくなる気持ちを捨てて、とにかくこの事実を、事あるごとに頭に叩き込み直してもらいたい。

「顧客はどうしたって救いようのないケチばかりだ」

こう反論する方がいるのは分かっている。はたして、それは真実なのだろうか？

Ａさんという人を例にとって考えてみよう。このＡさん、オフィスの机は常にゴミの山。うず高く積まれた本は今にも崩れ落ちそうで、コピー機はおろか、備品はすべて名前も聞いたことのないメーカーの中古品ばかり。乗っているのはいつ動かなくなってもおかしくないポンコツ車だし、夏休み、家族を海に連れて行っても、泊まるのはビーチも見えない山奥の安旅館……。

え？　ここまでケチな人はいくらなんでもいないって？　それなら、先ほどの「顧客はケチばかりだ」という発言は撤回してもらいたい。ケチな人もいるにはいるが――これはもう、認めざるを得ない事実だ。すべてにおいてケチな人というのは存在しないのだ。価値を判断する正しい情報を与えられさえすれば、それでもケチを貫くという人はほとんどいない。

もし、あなたが今価格に関して負け戦をしているとしたら、それは戦う場所を間違えているからにすぎない。
　価格戦争から多くの場合もたらされる結果は、２つしかない。そのどちらも勝利とは程遠いものだ。ゆっくりと時間をかけて傷口が広がり、その間にも、利益は少しずつ、しかし確実に削り取られていく。最後にはそれが致命傷となり破産に追い込まれるか、あるいは何度となく負け戦に挑んで、最終的に大事な顧客を取り逃がし、質の悪い客ばかりを呼び寄せてしまうかのいずれかだ。

　価格戦争に身を投じてしまった企業の大半は、負債を背負い、採算を埋めるためさらに先の将来まで負債を背負うはめになる。かつて、私はある将来性のあるソフトウェア会社の創設者たちに、「君たちは今、道を踏み外そうとしているよ」と忠告したことがあった。
　その会社は、優れたシステムとそれを使いこなすための指導のために、恐ろしく高額な料金を顧客に請求し、そうすることで献身的な顧客を獲得していた。驚くほどのスピードで、莫大な数のシステムを次々最新のものに入れ替えたために、システム維持費が底をつき、するとまた先のことも考えずに、新たな取引先を開拓するといった具合だった。
　半年後の決算時、創設者たちは非常に動揺していた。次々と会社を去る者が現れ、回転売買が急増するとともに、積もり積もった負債が数カ月先にまでおよび、さらに負債を背負わざるを得ない環境に陥っていた。この会社が返り咲く唯一の方法は、買収という救いの手が差し伸べられることだけだろう。

　このソフトウェア会社は一縷の望みにすべてを賭けるという、一か八かの勝負に出てしまった。私が思うに、ソフトウェアなどのIT関係では、このような一か八かの賭けは日常茶飯事のことだろう。ニュースでは勝者だけが取り上げられ、その陰にいる数え切れない敗者たちは無視されている。
「価格競争という賭けは、自分の望むものなのか」

ひとりの起業家としてその決断を下すことができるのは、あなたしかいない。もしそこで「望まない賭けだ」という決断を下したなら、価格や値下げ競争に身を投じるのはあまりにバカげた行為であることが分かってもらえるだろう。

Chapter 10
価格と製品の鎖を断ち切る

ダン・ケネディ

Breaking Free of the Price-Product Link
by Dan Kennedy

■ ブランドは価格の一部

　経営者と営業に携わる人の大半は、価格と製品を強く結びつけて考えている。一方の消費者は、両者を切り離して考えることをいとわない。それは、そうするための十分な動機づけがされているからだ。

　もし、消費者の頭の中で価格と製品が強く結びつけられていたなら、スターバックスもロールスロイスもベントレーも、ブランドのロゴ入りTシャツも、アドビル（訳注：アメリカで市販されている鎮痛解熱剤）も、今の値段を維持してビジネスを続けていくことは絶対に不可能だろう。スターバックスがただのコーヒーショップで、ロールスロイスの車がただの移動手段

で、ロゴ入りTシャツがただの衣類で、アドビルがただの鎮痛剤にすぎなければ、どれもとっくの昔に消えている。

今ご紹介した例はどれも、ある程度「ブランド」として認識されており、それが付加価値となり値段に反映されている。ただし、本質的価値はほかとなんら変わらない。これらには競合と比べて似て非なる点がある。多くの場合、買い手によって受け止め方が違うものだ。

スターバックスとそれ以外のコーヒーショップの違いは？

スターバックスの創設者ワード・シュルツは、スターバックスを、通勤の際にふらっと足が向いてしまうような――子どもで言えば、学校帰りの公園のような――いつもの場所にしたいと考えていた。スターバックスのロゴ入りカップを持つのと、家で入れてきたコーヒー入りの魔法びんを持つのと（一番安上がりだ）、もしくはデニーズやダイキンドーナツ、セブンイレブンや無名のコーヒーショップのロゴ入りカップを持つのとでは、それを見た人が自分に抱く印象、さらには自分が自分に抱く印象も、それぞれのケースで変わってくる。

ロールスロイス社の車を運転することの意義は、もっとわかりやすい。言うまでもなく、贅沢な気分に浸れる。5ドルのTシャツが、ブランドのロゴが入るだけで25ドルに化けるのは、着る人がそれだけで満足感を覚え、そのロゴによって自分という人間をアピールできるからだ。

アドビルとそれ以外の鎮痛剤に違いなどまったくないことは、ラベルに書かれた成分表を見れば明らかなことだが、「いつもアドビル」と決めている人は、ほかに同じような薬が並んでいてもいちいち比較などしない。それは、アドビルという薬の安全性、信頼性、効果を求めているからだ。

大変興味深いことに、**臨床研究では「ブランドというだけで効果を発揮する」という結果が出ている**。これは消費者や患者がそれぞれ発売元の異なる薬（①有名薬品メーカーのもの②処方箋のあるもの③処方箋のないもの）を

服用し、値段を聞かされた際に導き出された結果だ。同様に、たとえば同じインスタントコーヒーであるにもかかわらず、「一方はスターバックスで、もう一方はコンビニのものですよ」と言って飲ませた場合、ほとんどの人は「スターバックスのほうがおいしい」と答えるだろう。ちょうど、『ペン＆テラー　ブルシット！』（訳注：アメリカのコメディードラマ）にも、「ブランドものの水」という、似たようなストーリーがある。

　何が言いたいのかと言えば、あなたの価格と製品の関係図は、あなたの頭の中だけのものだということだ。必ずしも、同じ関係図を消費者に植えつける必要はない。いや、その必要は「ない」と言い切ってよいだろう。
　なぜなら、両者の関係性に関しては、あなたが凝り固まった考えであるのに対し、消費者のほうがより柔軟で臨機応変な考え方を持っているからだ。さらに言えば、市場では常に、価格と製品を切り離して考えることが大歓迎される。
　価格と製品を結びつけて考える人は、「この商品では、この値段しかお客に請求できない」と思っている。それは、その人が創造力やアイデア性に欠けているからであって、扱う商品が悪いわけではない。
　もし、価格と製品の関係をすっぱり断ち切って考えることができれば、お金はもっと簡単に集まるようになる。商品は完売で店は繁盛、競合との競争に頭を悩ます機会も減るということだ。
　これは、「案ずるより産むが易し」の事実だ。どんな業界であれ、そこに飛び込んだ瞬間から、あなたはしっかりとその業界の基準にリセットされている。「価格と製品には切っても切れない根深い関係性がある」と思い込まされているのだ。

価格と製品の関係図はあなたの頭の中だけのもの

　周りを見渡せば、それが誤解であることに気づく証拠がいくつも転がって

いる。たとえば、誰もが知っている野菜のレタスを例にとってみよう。言うまでもなく、レタスには価格弾力性は存在しない。私の家の近くのスーパーでも、もちろん売られている。有機栽培とそうでないもので値段が異なり、さらに千切りレタスには、また別の値段がつけられている。

　通りを下ってすぐのところには、「産地直送」を売りにするこじんまりした食料雑貨店があり、そこでもやはりレタスが売られている。値段はスーパーのものとは違う。

　夏になれば道路わきに屋台が立ち、農家の人から採れたてのレタスを直接買うことができる。ここでの値段もほかとは違うものだ。自然食品の店に足を運んでみても、ついている値段はどこの店とも異なるものだ。また、娘の住む町では、あらかじめメールや電話で注文しておけば、週に1回自宅までレタスなどの野菜を発送してくれるサービスがあるそうだ。ここでの値段もほかとは違う。

　レストランに行けば、レタスはサラダの食材としてお馴染みだが、値段はレストランによってさまざまだ（ちなみに私の場合、「同じ量のサラダを、家でならいくらでつくれるか」が、レストラン選びの基準だ）。

　お分かりいただけただろうか？　そう、レタスひとつとってみても、その場その場で違った値段がつけられているのだ。

　ちょうど同じことは、アイスクリームにも言える。本書の執筆中、私が何度となくお世話になったのはReedsDairy.comというインターネット通販サイトで、新鮮な牛乳を使ったアイダホ牧場のアイスクリームを、アメリカ全土に発送してくれるサービスだった。ほかにもこのサイトでは、目移りしてしまうほどのバラエティ豊かなアイスクリームが——コンビニで買えるものから、サーティーワン・アイスクリーム、デイリー・クイーン、コールド・ストーン・クリーマリーまで——さまざまな価格幅で販売されている（ひと言付け加えると、私が買い求めたアイダホ牧場のものは、このサイトでしか手に入らない）。

　価格と製品を強く結びつけて考えると、経営は非常に難しくなる。大半の

人がまるで熱心な信者のように、その結びつきにこだわり、踊らされている。

忘れてはいけない。その価格と製品の関係図は、あなたが頭の中でつくり上げたものでしかないのだ。

製品と価格の鎖を断ち切る3つの方法

価格と製品の鎖をすっぱり断ち切るために、以下の3点について考えてみよう。

1．その製品を「買う」のは誰か？
2．その製品を「売る」のは誰か？
3．その製品をどんな「環境」で売るか？

これをきっちり把握できれば、もう鎖は断ち切れたも同然だ。

1．誰に売るかで大違い

『No B.S. Marketing to the Affluent』（Dan S. Kennedy、Entrepreneur Press）の中で、私は「誰」の認識の違いに関して、深く掘り下げて書いている。**同じ商品やサービスであるにもかかわらず、異なる人が異なる値段を支払うのは、その商品・サービスが「何か」よりも、むしろその人が「誰か」に大きく関係する。**

本章の冒頭でご紹介した、魔法びん入りのコーヒーやスターバックスのロゴ入りカップが何よりのよい例だ。多くの業界において、優秀で熱心な中間管理職の方々は、魔法びん入りのコーヒーや、コンビニの缶コーヒーを飲んでいる姿を見せようとはしない。

私の場合で言えば、「成功」を売りにする、自分自身が「広告」のような

立場なので、講演会のホテルまでは、絶対に空港からのシャトルバスやタクシーは利用しない。たとえ降り立ったのがプライベート機専用の空港で、運よく無料のシャトルバスが出ていようとも、たとえホテルまで5分の距離だろうと、それは変わらない。ホテルへの足は、何があっても運転手つきの高級セダンかリムジンと決めている。

　知り合いの多くに「ウォルマートには何があっても行かない」という誓いを立てている人がいる。その中には——当時話題になったが——民主党の2004年大統領選候補に指名されたジョン・ケリー氏夫人も含まれている。なぜ、そんな誓いを立てるのか？

　それは、ある人たちにとっては、ウォルマートに行くという行為が不適切なものだからだ。なかには、「理解できない」と言う人までいる。その感情は、たとえ必需品であるトイレットペーパーや電球がウォルマートでならほかの店の半額で手に入るとしても、決して変わることはない。

　私は、法人向けに専門的なサービスを提供している。クライアントは、小さな会社のオーナーから、年収数十億ドルの会社社長までさまざまだ。クライアントは皆、ウォルマートと同様、ほかに行けば比べ物にならない安さで、手軽なことは言うまでもなく、よく似たサービスが受けられることを十分承知している。それでも私を選んでくれる。

　私のもとを訪れるクライアントは後を絶たないし、ありがたいことに、辛抱強く自分の番を待ち続けてくれる。このことは、私が「何を」しているかにはさほど関係なく、相談に来るのが「どんな人」なのか、そしてその人が自分と自分のビジネスを「どのように」見なしているかに関係している。

　「タイミング」も大きく左右する。たとえば、初めての子どもには、第二子、第三子よりもかなり高額なお金がつぎ込まれる。もしあなたがはじめての出産を控える夫婦に何かを売る立場にあれば、自動的に、価格と製品とはすっぱり切り離して考えることができる。

　プロ選手は、巨額の契約を結んだあとであれば、かなり自由にお金を使う

ことができるが、10年の現役を終わり契約更新がどうなるか協議中という立場にあれば、そうはいかない。

医者から「生活習慣を見直すように」と忠告された人であれば、最初の半年間は関連本やCD、ネットの情報や専門家のアドバイス、さらには目新しい健康グッズにまで手を出すかもしれない。ただ、半年を過ぎればその熱も冷めてくる。

会社の支出は時間と共に変動し、それにはさまざまな内外的要因、つまり危機やチャンスが絡んでいる。追い風を受けているときであれば、より短納期で、より高い技術で、より目立つ宣伝方法でお客を獲得しようという思いから、価格と値段を切り離して考えることができるだろう。

2010年のメキシコ湾沖での原油流出事故の際には、渦中のBP社は非難をかわすための検索キーワード対策に、グーグル社の最新検索ソフトにいきなりそれまでとは比べものにならないほどの高額で入札を行った。ソフト自体は依然となんら変わりないのに、価格だけが一晩にして激変したのだ。

選ぶ「誰か」を変えて利益をもたらすことは、あなたに広い視野と創造性、そうしたいと願う強い思いがあればいつでも可能だ。さらに「タイミング」をつかむためには、より隙のない機敏な行動と、ときとしてもっと貪欲になりたいという強い思いが必要なのだ。

２：売るのは「誰か」は、買うのは「誰か」と同じかときにはそれ以上に重要

多くの場合、「リーダーとしての立場」は大きな影響力を持つ。皆がこぞって今話題のレストランに行きたがるのは、それが今話題のスポットだからだ。そこには、価格の比較は存在しない。

金融サービス業において、投資家の大半が当然抱く不安は、ここ数年の不透明な経済環境や、ベアー・スターンズ、エーアイジー（AIG）やゼネラル・モーターズ（GM）の問題の際に垣間見えた政府のごまかし、銀行の経営破綻、不況などによって、さらに大きくなっている。つまり、多くの人にとって「いくら儲かるか？」よりも、「誰なら信頼できるのか？」というこ

とのほうが、かなり重要なウェイトを占める問題になっているのだ。それゆえ、評判、信頼性、現在の支払い準備率、そして「リーダーとしての立場」が、数年前と比較しても、資産と並ぶほど重要視されてきている。

　友人で、ニューヨーク・ライフ・インシュランス社に勤めるシドニー・ハルパーンは、興味深い金融界の現状を私に語ってくれる。ハルパーンが言うには、多額のお金が、ほかの金融会社から、あるいは満期の譲渡証書という形で、あちこちから揃いも揃って、「ニューヨーク・ライフ社だから」という理由で集まって来るのだという。利回りさえ尋ねられることはない。つまりそれは、他社との比較などそこでは問題ではないということなのだ。
　公平のために言っておくと、「リーダーとしての立場」は、20代～30代の人にとっては、50代～60代の人と比較しても問われることはない。儲けることに過剰なまでの貪欲さがあったり、扱う商品カテゴリーがまったく目新しいものであったりする場合も同様だ。

　「リーダーとしての立場」は、普遍的な影響力を持った要因ではない。そこで、「誰が売るのか？」について、もうひとつの、ある要因がより重要となってくる。
　どうやってあなたを「優れた経営者」（または会社においての優れた人材）に生まれ変わらせるかというテーマは、ここで扱うには極めて厄介な問題だ。本書では、これは少し置いておく。これこそ、私が心血を注いでいる仕事であり、興味のある方は311ページを見てもらえればと思う。
　ここでは、「優れたビジネスパーソン」になることが価格と製品の鎖を断ち切るうえで最も大切な3つの要因の一部であるということがお分かりいただければ十分だ。
　今までにご紹介した1と2の手段を組み合わせれば、価格と製品との鎖は、いとも簡単に断ち切ることができるだろう。先ほど、私は自分のビジネスについてこうお話しした。

私は、法人向けに専門的なサービスを提供している。クライアントは、小さな会社のオーナーから、年収数十億ドルの会社社長までさまざまだ。クライアントは皆、ウォルマートと同様、ほかに行けば比べ物にならない安さで、手軽なことは言うまでもなく、よく似たサービスが受けられることを十分承知している。それでも私を選んでくれる。

　私のもとを訪れるクライアントは後を絶たないし、ありがたいことに、辛抱強く自分の番を待ち続けてくれる。このことは、私が「何を」しているかにはさほど関係なく、相談に来るのが「どんな人」なのか、そしてその人が自分と自分のビジネスを「どのように」見なしているかに関係している。

　この話には、続きがある。これに加えて、「私が誰であるのか」と「クライアントが私をどんな人物だと思っているのか」が、価格を語るうえで極めて重要な要素になってくる。

　クライアントは私が、巧みな広告・マーケティング戦略を行い、巧みなキャッチコピーを考案することに期待を寄せている。私のサービスを、時間、ページ、メニューなどから算出される世間一般のサービス料の基準や仕事の成果の定義とは、切り離して考えてくれている。なぜなら、私が私という人物であるからだ。

消費者の期待が高ければ価格を上げても大丈夫

　私は、今ご紹介したような分野のプロとして名が知れている。長年の付き合いのクライアントの中には、著名で世間での評価も高い人物が数多くいる。専門分野に関して、これまでさまざまな本も出版してきた。つまり私は、周囲から認められ、今も日々進化し続ける、2万5000人にもおよぶビジネス界のリーダーたちにとっては父親のような存在なのだ。

　彼らは、著書と合わせて毎月ニュースレターも愛読してくれ、私が主演の講演会が開催されるとなれば駆けつけ、いつも「サインと写真を」と言って

長蛇の列をつくってくれる。

　その裏には、私がそんなリーダーの約70％を大きな成功に導いているという事実があるのだ。だからこそ、私はやっていける。今の私があるのはすべて、「クライアントが私をどんな人物だと思っているのか」がもたらした結果であり、それがこれほどまでに価格とサービスとを切り離す力になっているのだ。

3．売る「環境」も極めて重要

　化粧品の一例として、フェイスクリームの値段について考えてみよう。フェイスクリームには、ドラッグストアで売られているもの、通販で取り寄せられるもの、デパートで売られているもの、さらにはブランドから発売されているものまで、さまざまな種類がある。

　その差は、成分の差によって決まるわけではない。値段の差は、消費者の「期待度」の差を表している。その期待は、主に「どこで買うか」と「誰から買うか」に基づいている。商品自体の差を示しているわけではないのだ。

　私は、スキンケアや化粧品産業において、25年以上、マーケティングスペシャリストやコピーライターとして、さまざまな仕事に携わってきた。ブランドの指導自体も行っており、主要な株主となっているある会社に対しては、化粧品ラインを立ち上げたり、リフトアップ効果のある化粧品を企画したりもしてきた。

　この業界の真実をお話しすると、エイジングケアやコラーゲン生成に効果のあると言われている成分は、ごくわずかしかない。さらにその成分の使用が法律で認められている必要があるので、必然的にどの化粧品メーカーもまったく同じ成分を使用することになる。

　違いと言えばわずかで、配合される成分の比率や濃度のみ。ほかの成分が含まれているときにはすごいもののように取り上げられるが、効果があるとしてもそれは微々たるものにすぎない。

　ついでにお話しすると、異なるメーカーから発売されている、価格も非常

に異なる化粧品の多くが、実は同じ工場で、まったく同じ製法で製造されていたりするのだ。違いがあると言えば──そう、売り方と価格だけだ。

　次は、販売方法を比較してみることにしよう。訪問販売、店頭販売、ネット販売など、販売にもさまざまな種類がある。

　たとえば煙探知機は、最近までずっと訪問販売という形で、1個99〜199ドルほどの値段で販売されてきた。もしくは熱感知機と併せて、防火セット一式として3000〜5000ドルで販売されていた。

　今、近所のホームセンターへ行けば、まったく同じ煙探知機が9ドル〜19ドルほどで手に入る。水のろ過装置も、同様に価格破壊の犠牲者となった例だ。

　また百科事典と言えば、かつては数冊がセットになった分厚い辞典タイプで、各家庭に800ドルで販売されていた。今はどうか？　ぜひインターネットで、たとえばブリタニカを検索してもらいたい。今はウィキペディアで、なんでも無料で検索できてしまう時代なのだ。

　たとえばコストコやサムズクラブなどの販売特約店や、BIYシステムで販売されているヒュンダイなどの低価格自動車向け設備を、普通に売ればどうなるだろうか？　大幅に値段は落ち込むだろう。たとえば地方のフェアなどでキッチン用品やクリーニング用品のデモを行う凄腕の販売員を連れてきて、コストコやサムズクラブなどに立たせてみたらどうだろう？　きっと値段はつり上がり、観客と同じ数だけの商品を売ることができるだろう。

見た目と話し方を変えるだけで消費者は高級感を感じ取る

　数年前、私がカイロプラクティック業界を扱っていたときのこと。カイロプラクターたちの間では初診の患者に対する簡単な診断は、散らかり放題の狭い部屋か、診察室の一角で行うことがごく一般的だった。そんな彼らの治療費を、平均2000ドルから、私は一夜にして平均5000ドルにまでつり上げ

ことに成功した。

　数字にごまかしはない。訪れる患者や、治療自体を変えたわけでもない。ある2つの小さな改革をしたまでのことだ。

　まず、診察専用の個室を設けた。設備の整った、いかにも信頼の置けそうな人物のオフィスという印象を与えるため、清潔で居心地がよい空間を演出し、X線を写し出すライトボックスやビデオスクリーンなどの設備も整えた。

　もうひとつ、服装をガラリと変えさせた。カジュアルなシャツの代わりにビジネスマンらしい水色のシャツを着るよう指示し、ネクタイは堅実そうな雰囲気を漂わす地味なものに変え、白衣も着用させた。これにより、治療自体は何ひとつ変えることなく、患者数を25％も増やすことに成功したのだ。

　売り上げを伸ばす環境に関して、もうひとつ「セールスの振りつけ」と呼ばれるものがある。これは、『Uncensored Sales Strategies』（Dan Kennedy／Sydney Biddle Barrows、Entrepreneur Press）の共著者であるシドニー・バロウズが考えた言葉だが、この本はみなさんにあまりおすすめできない。なぜなら、ここで語っている価格と製品の鎖を断ち切る方法を、まるまる1冊を使って述べたものだからだ。ひと言で言えばこの本は、セールスというものの特徴をまとめたものだ。

　ひとつ簡単な例を挙げると、またもや医療現場の出来事なのだが、バロウズと私は、実験の結果、あることが、患者が治療を拒否するかしないか、価格に納得するかしないか、病院をほかの人に紹介するかしないかの違いに大きな影響を生んでいることを立証した。そのあることとは、患者の診察室への通され方にあった。診察室で名前を呼ばれて1人で診察室に向かう場合より、スタッフが患者の元まで来て、診察室まで付き添ったほうが、上記の点について効果的に働くという結果が出た。

セールスに適した環境とは、「患者が商品やサービスを十分に理解し、評価するための機会や説明、アイデアが提供された環境」だと言えるだろう。そう考えれば、モノを売るということには、あらゆる要素が絡んでくる。

手ひとつ取ってみても、清潔かどうか、ネイルは剥げていないかなどが問題になってくる。そんな小さな要素が、気づくと気づかざるとにかかわらず積み重なり、消費者の評価が生まれ、価格に影響をおよぼすのだ。

　自伝書『Mayflower Madam（メイフラワー・マダム）』（Sydney Biddle Barrows、Smith Pub）で娼婦としての過去を綴り、現在はニューヨークで高級エスコートサービスを経営するバロウズは、自身の経験から、電話応対の際、イギリス鈍りの大人の女性の口調で話したほうが、時にチューインガムでも噛んでいそうなニューヨーク鈍りの若い小娘のような口調で話すよりも、顧客が高額を払ってくれることに気がついた。これは、お客の求めるサービスとこちらが提供するサービスが見事に一致した結果だと考えられるだろう。**どんなに些細なことでも、積み重なれば価格を大きく左右する要因になり得るのだ。**

> ## 億万長者になるためのヒケツその4
>
> 　価格と製品は、売り手と買い手の思い込みという2つの鎖でつながれている。これを断ち切ることが大切。2つのうち、厄介なのはあなたイコール売り手側の鎖。買い手側の鎖が、きちんとした理由を聞かされればたいてい簡単に切り離せてしまうのに対し、あなたの鎖は皮肉にも、より強固で切り離しにくい。しかしこの強固な鎖をすっぱり切り離せてこそ、億万長者への道が初めて見えてくる。

『Uncensored Sales Strategies』(Entrepreneur Press)の共著者であるシドニー・バロウズは、本章でご紹介した「セールスの振りつけ」などに関するテレビセミナーを定期的に開催しており、誰でも無料で参加することが可能。また、インターネットを通した情報提供も行っている。
詳細URL：SydneyBarrows.com

Chapter 11

「買わずして買っている」の持つ力

ダン・ケネディ

The Power of Pre-Determination
by Dan Kennedy

■ ロールスロイスを衝動買い

　私の愛車はディーン・マーティン本人が乗っていたロールス・ロイス・コーニッシュⅡのオープンカーだ。この車は、ディーン・マーティンのためにつくられたものだった。

　ディーン・マーティンは1986〜1991年までこれを所有し、その後、車は別人の手に渡り、最終的に博物館に展示されることとなった。そして、博物館でそれを目にした私が、2010年に買い取った。

　手元に来たとき、総走行距離はたったの1万9000マイルで、乗り心地も新車同然と思えるほど文句なしだった。博物館へ足を運んだのは、何もこの車

を買うことが目的だったわけではなく、偶然、見つけた。しかし、見つけてしまったが最後。何しろ、私はディーン・マーティンの大ファンなのだ。

「状態のよい、中古の1986年モデルのロールスロイスを購入しようかな」と考えていたところだったので、費用はそれほどかからないと踏んでいた。「ロールスロイスのオープンカーであればいつの年代のものでもいい」とか「80年代の高級オープンカーであればなんでもいい」とか考えていれば、さらに安く購入することともできただろう。

この場合、値段など問題ではなく、交渉も必要なかった。ディーンが乗ったロールスロイスは、世界中探してもこの一台だけだからだ。そう思って、最初から買うことに決めていた。今思うに、あのとき値段が5000～1万ドル上乗せされようとも、私の決心は揺るがなかっただろう。

高級物件が売れる地区、売れない地区のわずかな差

たとえば、「フロリダに家を買おう」と思えば——事実、検討中なのだが——物件の価格はそれこそピンからキリまである。「海岸沿いがいい」「浜辺に建てたい」「こういう建築様式がいい」「広くないと嫌だ」など、細かいことにこだわらなければ、ここ最近であれば、お買い得な掘り出し物件が山ほどある。高級物件が、ピーク時の7～8割引きで購入できることもある。

最初から「セレブレーション地区（訳注：ウォルト・ディズニー・カンパニーが伝統的近隣住区開発の思想に基づき実現した新しい住宅街）に住みたい」と思っていれば、今お話しした格安物件も価格も問題外の話となる。セレブレーション地区にはそんな物件は存在しない。同じフロリダでもその地区以外の話となると、まるで興味をそそられないということになる。

もし、十分すぎる数の人がセレブレーション地区に住むことを前提に家探しを始めれば、セレブレーション地区に人気が集中し、需要と供給の原理から、地区の外に似たような物件であっても、地区内の物件の物価ばかりが高騰してしまう。それを押さえこもうとする力が働いたとしても、いつかはバ

ブルが弾け、フロリダ中に不況が押し寄せることになる。「セレブレーション地区の中でも、タウンスクエアの徒歩圏内がいい」と最初から思っていれば、さらに物件の選択の幅は狭まる。

　たとえば、寝室が4部屋ある部屋を希望した場合、同じセレブレーション地区でも、地区の外れとタウンスクエア徒歩圏とでは、価格に雲泥の差がある。昔から、「家は立地。立地条件に限る」と言われているが、まさにそれなのだ。

　この場合、立地条件はもちろん、それ以上にブランド意識やユニークな街の構想、ディズニーに対する愛着心などが物を言う。さらに欲を言って、「セレブレーション地区でも、ディズニー所有の最高級物件に住みたい。場所は、パークのすぐ隣がいい」となれば、買い手が価格をとやかく言う資格はない。180万〜1000万ドルの価格を提示されようとも——フロリダ中が不況に喘いでいるようなときを除けば——黙ってお金を払うよりほかない。

「高級物件を売るのに苦労したことは一度もない」

　実業家で大富豪のドナルド・トランプの交渉責任者であるジョージ・ロスは、こう語っている。そんなはずはない。だが、たいていの場合、ドナルド・トランプの物件と言えば、家はアッという間に売れていくのだろう。

　なかには、最初から「ドナルド・トランプの物件にしか住まない」と決めている買い手もいる。ドナルド・トランプが所有しているというだけで、その物件に価値が生まれる。

　ここで取り上げた家という商品は、「セレブレーション地区にあるから」「ディズニーの所有物だから」「トランプの所有物だから」というだけで、価値ある物件と見なされている。もちろん実際に価値あるものに違いないのだろうが、それにしても、あまりにも値段と不釣り合いだ。

気持ちに訴えれば、消費者はお金に糸目をつけない

　買う対象物に対して消費者に思い入れがない場合、価格がものを言う。そして十分すぎる数の消費者が思い入れを持たない場合、値段の上昇は起こらない。

　たとえばこの本について考えてみよう。本書は、たとえ少ししか活用されないとしても、すべてのビジネスマンにとって値段以上の価値があるものだと私自身は思っている。それなら価値と同等の値段で売り出せばいいのだが、そうはいかない。なぜなら、まず10章でお話しした「売る環境」による理由がある。次に、数あるビジネス書の中で、最初から私の本しか買いたくないという思いの人は非常に少ない。

　たいていの場合、読者は「マーケティングや販売についての面白い本が欲しい」という思いで書店に来ている。書店には私の本以外にもたくさんの本が並んでいるし、ネットでもそれは同じだ。

　もし最初から、私の本だけを買いたいという人が——ちょうど熱心に私を支持してくれる人たちがそうであるように——多数を占めれば、本書の価格は、書店で肩を並べる同分野の本に比べ、次第に高騰していくだろう。また、もし私自身が大きな出版社から自分の本を出版することや売上総数にこだわらないという考えを持っていれば——実際問題、新たな読者獲得のために、これらは非常に気を使っている部分なのだが——私は自費出版でもして、新書が発売になったことを支持者に連絡してまわり、実際の3〜5割増の値段で売りさばこうとするだろう。そうすれば、すべてが自分の収入となり、微々たる印税とは無縁になる。まだ本が発売される前から予約してくれた熱心な読者限定に売るという形を取れば、私の収入はもっと跳ね上がるだろうし、読者側もそれでも文句は言わないだろう。

　実際に今、この本が出版社を通して、すべての読者に向けて、平均的な値段で発売されているということは、私が新たな読者に向けての宣伝という代

償を払っていることを意味する。熱心に支持してくれる人にしてみれば、先ほどのたとえ話の場合より３〜５割もお得な買い物をしていることになる。一般読者にしてみれば、私が先ほどのたとえ話のような条件を設けていないことによって、１〜２ドル程度、高価な買い物をしていることになる。

　もうひとつ、この章の教訓となる極めて重要なたとえ話をご紹介しておこう。ある花屋が、高級住宅地の入り口に店を構え、バラを１ダース95ドルの高値で販売していたとする。店で扱っているのはそのバラだけ。きっと１本も売れないだろうし、たとえ売れたとしても数本だろう。ときおり足を止める人も、値段を見れば高すぎると判断して立ち去ってしまう。たかがバラにそんな大金を払えないと考えるに決まっている。

　ところが、ちょうど週末がバレンタインデーで、住人が皆、花屋のバラを見るまでそのことを忘れていて、しかも皆がパートナーとの離婚の危機に瀕しているという、あり得ないような条件が揃えばどうだろう。きっとべらぼうに高い値段であるにもかかわらず、アッという間にバラはひとつ残らず売り切れるだろう。

　間違えてはいけない。ここで重要なのは、バレンタインデーでも、そのことをこの花屋が皆に思い出させたことでも、住人が離婚の危機に瀕していることでもない。これらは価格と商品の鎖を断ち切る気持ちを生み出した要因の単なる一例にすぎない。つまり、**消費者に「値段はどうであれ、何がなんでもこれを手に入れたい」という気持ち、買わずにして買っている状態を引き起こさせることが大切なのだ**。

　この気持ちこそ、消費者が商品やサービスに手を伸ばす際、植えつけておきたいものなのだ。これは、どんなビジネスにも言えることだ。あなたの携わっておられるビジネスが、本章でご紹介した要因とは直接関係なくとも、それは変わらない。ひょっとすると、紹介した要因に深く結びつくビジネスに携わっている方もいるかもしれない。

　いずれにせよ、**消費者に対し、「値段にかかわらず、何がなんでもこれを**

手に入れたい」という気を起こさせることが重要であることを理解し、その目標に向かって一心不乱に突き進むことが、何より大切だ。それこそが、究極の価格戦略なのだ。

Chapter 12
価格弾力性の
ヒミツに迫る

ディーン・キリンベック

The Secret to Price Elasticity
byDean Killingback

■ 贔屓客だけを相手にする

　私はミシガン州で生まれ育った。父が経営する218エーカーの広大な農場では、トウモロコシや豆類、カリフラワーやキャベツなどが栽培されていた。16歳になると、父は私に市場の仕事をまかせた。市場（マーケティング）ではなく、市場（いちば）の仕事、つまり今携わっているようなマーケティングの仕事ではなく、マーケットに出かけて、農産物を売るという仕事だ。

　車で2時間のところにあるマーケットで、私は収穫した色とりどりの野菜に値段をつけ、似たようなものをときにもっと安い値段で売りさばくライバ

ルたちと肩を並べて商売していた。始めてすぐ、私は買い物客の中には値段しか見ていない人がいることと、そんな客を相手にしても時間のムダであることを学んだ。同時に、なかには値段よりも品質を重視する客もいることに気がついた。さらに経験を積むと、そのマーケットをよく訪れる買い物客の多くが、値段が高いにもかかわらず、私の持ってくる野菜を贔屓にしてくれていることに気がついた。

　このことがきっかけとなり、毎朝マーケットに行く前にある場所を訪れ、野菜を売るようになった。狙いをつけたのは、買い物客が毎朝、朝食を取りに訪れる食堂だった。早起きをし、農場から町まで車を走らせると、途中その食堂で車を止め、野菜を売った。そのうち、いつものマーケットに着く前に野菜が売り切れてしまうようになった。

　今現在は、農業の仕事は規模を縮小し、自分の家で食べるくらいの量しかつくっていない。ダン・ケネディが「ビジネスにおいて、時代を切り開き、新規顧客を開拓するという行為は、ちょうど農業と同じだ」と述べているように、私自身も若い頃農業で培った経験を、今のマーケティングコンサルタントとしての職業に生かし、あらゆる業界の効果的な栽培に当たっている。

　価格戦争はしない。クライアントの価格戦略と利益を優先する。クライアントにとってふさわしい顧客を引き込む。これが、私のやり方だ。

　わずか16歳にして、私は顧客にはさまざまなタイプがいることを学んだ。それなら、自分にとってふさわしい顧客に狙いを定めるのが賢いやり方ではないか。そのうえで、勝ちに行けばいい。

　本章のテーマである「価格弾力性」を理解すれば、値段に関して、直接のライバルたちよりも高い値段で勝負することができる。そのためにも、自分にとって最高の顧客を引き込むことが重要なのだ。

あなたにとって「最高の顧客」とは誰か

　実際のところ**経営者の大半が、「自分にとっての最高の顧客は誰なのか？」を分かっていない**。顧客をひきつけられたところで、きちんと操ることができないという思いからか、綿密なリサーチも怠っている。「財布を持ってさえいれば大歓迎！」とでもいうように、どんなお客も招き入れてしまっている。

　自分にとって最高の顧客がどんな人物であるか把握できていれば、具体的な人口統計データに基づいて、特定の地域から一番適した顧客をピックアップすることができるし、そのうえで、最もふさわしい顧客に狙いを定めてマーケティング費用を投資することができる。それにより、競争市場から抜け出しライバルに差をつけられると同時に、誰彼かまわずありふれた「価格最安値」を大声で叫ぶ必要もなくなる。

　ちょうど私の若い頃のマーケットでの野菜売りの経験のように、自分にとっての最高の顧客が分かれば、より高度なレベルでのビジネスが可能となる。最高の顧客だけを相手に、ビジネスができるからだ。

　価格にとらわれるあまり、いつも2番手だったり、ライバルたちと肩を並べていたりするようでは、高度なレベルのビジネスの実現には程遠い。価格でひきつけた顧客の80％は、また同じ価格という手を使わなければ戻って来ない。いつもこの手に乗って来るのは、利子生活者やインターネット中毒者など、価格にしか目がない消費者だ。

　何か具体的な方法で新規顧客を引き込もうとする際、引き込むその顧客が自分にとって最高の顧客であるという確信を得ている必要がある。価格ではなく商品に興味を持っている人物ときちんとした関係を育め、さらには新たな顧客獲得にまで発展する可能性を秘めた人物であるかどうかを見極めなければならない。

最高の顧客はどのように見つければよいのか？　私のクライアントで友人のキース・マックローンとゲリー・フランクの場合を例にして考えてみよう。

　2人は、オハイオ州クリーブランドで自動車修理工場を営んでいる。クリーブランドといえば、ここ数年景気の低迷が続いている地域だ。3年前、2人は揃って、宣伝方法をそれまでの「数打ちゃ当たる」的なものから、より的を絞ったものに切り替える決心をした。かつてのライバルたちが行き詰まる中、マックローンとフランクは順調に売り上げを伸ばしていた。それは、店を訪れる顧客の質がよかったからだ。

　2人は誰彼かまわずではなく、そんな質のよい顧客をもっと呼び寄せようと考えた。これは非常に重要な教訓である。**価格弾力性とは、商品やサービスではなく、顧客と深く結びついたもの**なのだ。

　私の場合で言えば、マーケットで野菜が飛ぶように売れたのは、質がよかったこともあるが、一番の理由は、価格に惑わされることなくそんな質のよさを見抜く目を持った顧客を引き込むことができたからこそだった。

　マックローンとフランクは、手持ちの情報を注意深く検証し、自分たちにとって最高の顧客にまつわるデータを収集した。データは、所有する車の種類、年齢、配偶者の有無、平均収入、住所、よく訪れる場所など、多岐にわたった。そして調査の結果、2人にとってまさに理想的な顧客とは、世帯所得が6万ドル以上の、店から半径3マイル圏内に住む、子どものいる家庭であることが判明した。

　この調査結果をもとに、委託を受けた仲介業者がその条件に最も見合った人物のメーリングリストを入手してくれた。仲介業者やメーリングリストの情報は、SRDS.com で見ることができる。地方の場合はタウンページをご覧になるのがよいだろう。あるいは、私に直接持ってきていただくのでもいい。そうすれば、メーリングリストからダイレクトメールのサービスにいたるまで、私がお手伝いして差し上げよう（申し訳ない。他人の本をお借りして、ちゃっかり宣伝をさせてもらった）。

メーリングリストの分析も、お望みなら委託することが可能だ。理想的な顧客に関する情報を持っていないということは、大切な資産がひとつもないのと同じことだ。ダン・ケネディは、「今までに一度でも買収の経験がある会社のうち、買収先の情報を何も持たずして踏み切った会社は、間抜けそのもの。それと同じで、顧客情報なくしてビジネスを進める会社も間抜けそのものだ」と述べている。私の言葉ではない。ケネディの言葉だ。文句のあるお方はケネディにどうぞ。

見込み客から成約する
ダイレクトメールの送り方

　マックローンとフランクの2人が私を知ったのは、何かよいダイレクトメールサービスはないかといろんな会社の実績を洗い出していたときだった。それからというもの、私たちは3人で、それまでに2人が必死で収集してきた的確な顧客情報をもとに、すでに成果を上げているダイレクトメールサービスから最適なものをピックアップした。はじめての依頼だったので、サービスは特別価格で提供した。

　忘れないでほしいのだが、**たとえ値引きや無料、サンプル提供などを行ったうえでも、価格破壊を起こすことなく、またそれっきりで終わらせることなく、初めての顧客に対して魅力的なサービスを行うのは可能**なのだ。そのためには、サービスを提供する顧客が選び抜かれた最高の顧客であることが絶対条件だ。

　マックローンとフランクの場合、私の優れた品質のメーリングサービスを、最終的に利用してもらうところまで漕ぎ着けた。これも、必要な顧客情報がすでに手元にあったため、ムダを省くことができた結果だ。

　以上のことから、やってはいけない2つの行動が見て取れる。ひとつは、「**誰にでもサービスを提供してはいけない**」ということ。もうひとつは、「**大事な顧客に対する安っぽいダイレクトメールは避けること**」だ。

既存顧客に関するさらなるマーケティングに基づき、今ご紹介した手段で新規顧客開拓にあたった結果、2人の年収は、マックローンが70万ドルから200万ドルに、フランクは50万ドルから150万ドルに跳ね上がった。2人とも、3倍以上売り上げを伸ばすことに成功した。

　だからといって、これまでの3倍働いたわけではない。そして値段も、不況の最中にもかかわらず、売り上げの上昇と比例し、数年間で5倍増となった。2人が仕事で車に触ることはもうない。「働きたい」という需要に応えられるだけの売り上げが確保できるようになり、高度な技術を持った修理工を雇うことが可能となったからだ。

　どちらの店も、近所にある競合のチェーン店や個人経営の店よりかなり高値であるにもかかわらず、お客を満足させ、ひきつけておくことができるようになった。なぜか？　サービスが優れていたから――それも一理あるだろう。最大の要素は、2人が引き込んだ顧客にある。

　お客を引き込む手段は、「安値ではない」ことがお分かりだろうか？　誰彼かまわずさまざまな興味、動機を持った顧客を引き込んでしまうと、価格戦略に影響が出て、十中八九、価格でしか勝負できなくなる。最終的に価格も利益も下げることになってしまう。正しい方法で最高の顧客を引き込むことができれば、よい意味で、価格戦略に変化をもたらすことができるのだ。

> ### ディーン・キリンベック
> マーケティングスペシャリスト。経営者向けの高度なマーケティング戦略セミナーは評判が高い。ミシガン州ハウエルを拠点に、ダイレクトメールサービス会社 New Customer Now! を設立、さまざまなビジネス分野で活用されている。また、バースデーメールやカードのサービスにも力を入れており、既存顧客をはじめ、新規顧客獲得のための効果的なツールとなっている。
>
> 記事「How to Get Good New Customers, Even in Tough Times, When Competitors Can't（最高の顧客を得る方法）」掲載サイト：www.NewCostomersNowMarketing.com

Chapter 13
効果的な5つの価格提示メソッド

ダン・ケネディ

The Making of Propositions
by Dan Kennedy

▌見た目が収入を決める？

　価格に対する客の反応は、「どうやってその価格を提示するか」に左右される。少しの間、色っぽい話にお付き合い願おう。歌手で俳優のフランク・シナトラが好んで口にするジョークに、こんなものがある。

　あるところに、1組の中年夫婦がいた。2人は田舎で農業を営んでおり、町に出ることなどめったになかったが、あるとき、貯金をはたいてラスヴェガスにやって来た。ホテルに到着し、ロビーでチェックインの手続きをしていると、ある1人の若い女性がやって来た。信じられない程高いヒールを履いた、信じられない程の美人で、セクシーなカクテルドレスに身を包んでい

た。

「彼女はきっと夜の仕事の人間だよ」

　夫は妻にそう言うと、どれくらいの値段がするのか気になり、思い切って女性の元まで行って尋ねてみた。すると女性は、デニムシャツにつなぎ姿という出で立ちの農夫をぐいっと引き寄せると、興味本位の質問と分かっていながらも、耳元でこう囁いた。

「１時間で1000ドル。１晩なら１万ドルよ」

「1000ドル？！」

　農夫はびっくりして言った。

「おいおい、お嬢さん。冗談はよしてくれよ。俺は海軍にいたけど、作戦が成功したってもらえるのは50ドルぽっきりだったぞ」

　そう言い残すと、夫は妻を引き連れ立ち去った。翌朝、夫婦はホテルのレストランに朝食を取りに現れた。夫はデニムシャツにつなぎ姿。妻は花柄のくたくたに着古したドレス。２人とも昨日とまったく同じ出で立ちだった。おまけに、妻の頭にはカーラーが巻かれ、化粧もしていなかった。すると、昨日ロビーで出会った美人が夫婦の前を通りかかった。彼女は２人をチラッと見ると、農夫に向かってこう言った。

「それじゃ、50ドルしかもらえなくて当然よ」

顧客に提示する価格をコントロールする

　次は、あなたに主人公になっていただこう。あなたは、まだ独身で時間を持て余している。自由に使えるお金もたんまりある。そして、「一晩のアバンチュールを楽しみたい」と思っていたとしよう。

　そんなとき、あるホテルのバーで１人の女性が近づいてきた。タイプじゃないけれど目が回るほど美人だ。女性はあなたの隣に座ると「このあと、２人で楽しまない？」と声をかけた。「いくら？」と聞くと、女性はきっぱりこう答えた。

「1時間300ドルよ」

さあどうしよう？　あなたが迷い、女性が化粧直しに席を立っている隙に、またもやある女性があなたの前に現れたとしよう。彼女にはものすごい営業スキルがあり、これまた目が回るほどの美人だ。「いくら？」と聞くと、こちらの女性はこんなふうに答えた。

「生涯忘れられない夜になること間違いなしよ。これまでで一番すてきな夜にしてあげる。1000ドルでね」

さあ、あなたなら最初の女性とあとから現れたこの女性、どちらを選ぶだろうか？　明らかに、最初のほうが値段は安い。それに対し、あとから登場した女性は3倍以上もの値段を要求している。もしあなたがちょっと変わった人間なら、値段で判断して最初の女性を選ぶだろう。この場合、男性の心を勝ち得るのは、より高額を提示した後者の女性に違いない。

この例と同じ結果が、あらゆる場面において圧倒的な割合で起こるのだ。もちろん、あなたの職業がご紹介した女性たちと同じようなものであると言っているわけではない。『Mayflower Madam（メイフラワー・マダム）』で自身の過去を告白したシドニー・バロウズとの共著『Uncensored Sales Strategies』（Entrepreneur Press）は、バロウズの過去の経験から学ぶべきところも多いので、ぜひご一読をおすすめする。どんなことからも学ぶべきことはあるということだ。

先ほどご紹介した例のように、もしあなたがお金に余裕のある状態なら、女性からの要求額は、ほとんど問題ではない。しかし、裏通りで見られる売春現場のような、お金に制限のある人を相手にする場合、いかに安いかが交渉成立の鍵を握る。

「いくらで商品・サービスを提供するか」と、「交渉が成立するかどうか」には、「場所」と「相手」が大きく影響してくる。そのため、**しかるべき「場所」でしかるべき「相手」に自分自身を売り込むことが大切**なのだ。そうすることで、価格は重要でなくなってくる。

競合や価格をすべてコントロールし、いつも100％の力を結集することな

ど、ほぼ不可能だ。しかし、価格をいかに提示するかに関しては、すべて自分でコントロールすることができる。これも、忘れてはならない事実だ。

これが、効果的な価格を提示する5つのメソッド

効果的に価格を提示するには、次の5つの方法がある。
1．ユニークな販売計画を立てる
2．ユニークな価値を提供する
3．思わず手が出る商品・サービスを提供する
4．絶対的な信頼を提供する
5．ユニークな経験を提供する

1．ユニークな販売計画を立てる
「多数いる同業者の中で、顧客があなたを選ぶことにどんな価値があるか？」

この質問の答えにこそ、ユニークな販売計画の秘密が隠されている。ユニークな販売計画は、ビジネスの場面では常に求められ、その計画は扱う商品・サービスによって異なる。ある意味で、これはポジショニングの縮図とも言えるだろう。計画を立てた時点で、その効果が自然と浮かび上がってくれば文句なしだ。

この点に関しては、『究極のマーケティングプラン』（ダン・ケネディ、齋藤慎子訳、東洋経済新報社）で詳しくご紹介しているので、ぜひ一読してもらいたい。**正しい価格戦略の観点に立った際に見えてきた販売計画こそ、価格戦争や競合の干渉も受けない、本物の販売計画となるだろう**。最初の質問の答えが出れば、値決めの基礎となる足固めはできたも同然だ。

2．ユニークな価値を提供する
ユニークな価値を提供することは、「価格」の提供という側面も持ってい

る。つまり、ユニークな価値の提供には、なぜその値段をつけるのか、なぜ値引きを行うのかという理由も含まれているのだ。

　たとえば、バンドリング（訳注：一括で販売すること）の場合、一括で購入してもらうので、安いという価値が生まれる。これは買い手にとっての価値だ。売り手がユニークな価値を提供すれば、商品・サービスを手に入れ実際に使用する買い手にとっては、金銭面で儲かったり節約につながったりすることを指す。

　最も優れた価値の提供とは、値段など問題ではなくなったり、あとあと元が取れたりすることを指す。後者の例としてひとつ挙げるとすれば、エネルギー効率がよく、結果的に元の取れる「省エネ窓」があるだろう。値段をはるかに上回る、信頼の置ける価値を提供することが非常に重要なのだ。

　忘れないでもらいたいのだが、**価値には、今ご紹介したお金などの目に見えるモノに加え、目に見えないモノもある**。たとえば特別にVIP待遇で1日ディズニーランドを案内してもらえることになったとしよう。アトラクションも、ショーも、レストランでの食事も、スーベニアショップに並ぶ土産物も、普段と何も変わらない。いつもと同じディズニーランドだ。目に見える部分は何ひとつ普段と変わらないかのように見える。

　1時間195ドルというVIPサービスは、利用する人にそれぞれ違った価値を生み出す。まずVIP待遇という優越感を与えてくれるし、何をするにも待たなくて済む。待ち時間のイライラや疲労感と無縁となれば、パーク自体をもっと満喫することができる。限られた同じ時間をもっと楽しむことができるので、その1日がもっと価値あるものになる。

　まだまだここに書ききれないほど、生み出される価値はたくさんあるだろう。このように、価値には目に見えない類のものもあるということを決して忘れてはいけないのだ。

3．思わず手が出る商品・サービスを提供する

　絶対に忘れないでもらいたい。顧客が思わず手を伸ばしたくなるような商

品・サービスが提供できていない限り、ダイレクトレスポンス広告やダイレクト・マーケティングが成功したことにはならない。だからといって、どこにでもあるごく平凡な商品・サービスを提供したとしても、それは何もしないこととそう変わりない。

　あなたの顧客が、どんなものになら思わず手を伸ばしたくなるか、あなたは自分の胸に手をあててしっかり聞いてみる必要がある。たとえばスプリットテストの結果、医者をある講演会に出席させようとすれば、旅費と宿泊代を無料にしたほうが、講演参加費から同料金を値引きするより、効果があることが判明した。

　このように、顧客の心理を読み取ることが欠かせない。どうにも救いがたい人の中には、値引きや賞金や特典のいずれかを──ひどい場合にはそのどれもを──提供すればなんとかなると思っている人もいるが、これは終わってみれば悪い結果しかもたらさない。

4．絶対的な信頼を提供する

　商品・サービスの信頼と言えば、保証の問題に尽きる。品質保証、契約保証、返品保証など、その内容はさまざまだ。そしてこの保証は、会社の実績や業績、世間一般や親しい人からの評判、証明書、実際にサービスを利用している人の顔触れなどによって支えられている。
「信頼関係が築けていない」「リスクが高い」「値段に対する反発が見られる」などの要素が多ければ多いほど、より確かな信頼性を、より強く打ち出していく必要がある。ときに、そうすることが最大の利益につながることもあるほどだ。

　私は最近、あるカタログで手頃な値段の宝石を買った。宝石には、もし気に入らなかった場合、購入後2週間以内なら代金を返品するという返品保証がついていた。電話での注文の際、購入後1年以内なら、破損や傷がついた場合でも無償で修理してくれるという修理保証をすすめられ、さらに49ドル追加するだけでその期間を2年に延ばせるということだったので、それもつけてもらった。私が思うに、宝石の販売自体より、2年間の保証をつけられ

るという事実のほうが、あとあとこの会社にとって有利に働くことは間違いないだろう。

この社会が不安定で不確実であるがゆえ、大半の人が無意識のうちに、安心、安全、信頼を求めている。ここ最近は、政府や銀行、絶対に安全と言われていたゼネラル・モーターズに代表される有名企業の破綻、カトリック教会の衰退などが社会全体に暗い影を落とし、人々の不安を掻き立てた。そんな社会の中で、「買ったはいいが保証が何もない」「事前に取り交わした約束が守られない」という苦い経験を誰もが嫌というほどしてきた。「絶対的な信頼を提供すること」は顧客を一気にひきつけることにつながるとともに、高値を維持する力になり得る。

　私のもとにはいつも、フェデックスから高額の請求書が届く。クライアントとのやりとりなど仕事関係の一切を、私はすべてフェデックスのサービスを利用して行っている。UPS（米国最大の小口貨物輸送会社）やUSPS（米国郵政公社）などの似たようなサービスを利用すれば、年間にしてだいたい数万ドルは節約できることは分かっている。
　なぜそうしないのか？　それは私が、指定どおりの日時にきっちり荷物を届けてくれるフェデックスの信頼性の高いサービスに、価格では勝る同業者より価値を見出しているからだ。だからこそ、私はいつでもフェデックスを選ぶ。私は**信頼をお金で買っている**のだ。

5．ユニークな経験を提供する
　5つの中では、これが一番目新しい方法だろう。なぜならこれは、経験経済から抜け出したニューエイジという今の時代がつくり出したものだからだ。私たちは今、何かに対してお金を支払う際、心の底から満足できる異体験が手に入ることを強く望んでいる。お金を払えば（無料で何かを提供される場合も同じく）すてきな体験ができると約束してほしいのだ。
　たとえばテレビをつけてみてほしい。豪華クルーズの旅や個性的なレスト

ラン、さらに私が携わってきた KennedysBarberClub.com などのユニークな経験に関するコマーシャルが飛び込んでくるだろう。そのどれもが、商品やサービス自体を売り物にしたり最重視したりしているわけではないことに、お気づきになるだろう。

消費者はあなたの商品・サービスが存在する事実を知らない

　私はコンサルタントやコピーライターとしてよくセミナーや会議を開催するのだが、参加者が心から満足する充実した内容にするため、さまざまな工夫を凝らしている。参加者をその気にさせるには、すばらしい経験を提供することが必要だ。

　たとえば私の場合、サイン会を開いたり、ゲストである著名人との写真撮影の機会を設けたり、面白い場所にフィールド・ワークに出かけたり、各種コンテストや授賞式を開催したり、車や旅行などの豪華景品を用意したりしている。

　ここ最近のグレイザー・ケネディ・インサイダーサークルの年次大会では、キッスのジーン・シモンズをはじめ、モデルで女性実業家のイヴァンカ・トランプ、ロックシンガーのジョニー・リバースなど、数多くの著名人をゲストに迎えた。

　入り口では映画のヒーローに扮した俳優たちが参加者たちを出迎え、記念撮影に快く応じるというパフォーマンスを加えた。さらに、マッサージが受けられるサービスや、VIP ルームも完備した。また、『No B.S. Wealth Attraction in The New Economy』（Dan S. Kennedy、Entrepreneur Press）の出版を記念して行ったスペシャルセミナーでは、パイレーツ、つまり海賊をテーマに、会場をパイレーツ一色にし、参加者にもパイレーツがらみのノベルティを配布した。ついでに私の愛車、ディーン・マーティンが乗っていたロールスロイスを会場に運び入れ、記念写真の機会を設けたり、真新しい DVD でのゲーム大会を行ったりもした。

価格提示の５つのメソッドをいくつか、あるいはすべて組み合わせることで、最終的にあなたは効果的な価格提示を実現することができる。最大限に活用するため、５つのうち最もご自身のビジネスに役立ちそうなひとつを特に重点的に掘り下げ、ほかのメソッドで補強していくというやり方でもいい。

　思うに、ダイレクト・マーケティングに不慣れな人にとって大切なことは、どのように商品やサービスをアピールするかをまず突き詰めて考えてみることだろう。これは、経営者の大半ができていないことだ。大半が、自分たちの会社、商品、サービスが存在するという事実だけを宣伝している。そこに商品の特長や値段が付け加えられているだけ、という場合もある。

　たとえば自動車や電気機器を扱う店の広告は多くがこのタイプだ。そんな広告から発信されるメッセージはどれも似たり寄ったりで、消費者の目にはありふれたモノにしか写らず、結局、価格戦略で失敗するという結果を招いてしまう。

　経営者の中で、ビジネスを、お金を稼ぐ手段としてではなくもっと高度なレベルでとらえているのはほんの一握りだし、なかにはその日暮らしで商売を行っているような人もいるかもしれない。顧客の興味を掻き立てるには、もっと違う方法が必要だ。その際に商品やサービスを賢くアピールすることは、非常に有効なのだ。

セールスの方法はテレビショッピングを見習え！

　もっと突き詰めて考えていこう。テレビコマーシャルの「今すぐお電話ください」を売りにする、悪徳とも言えるダイレクトレスポンス広告を行っているライバルを打ち負かすには、ご紹介した５つのメソッドを効果的に組み合わせていくことが重要だ。そこで、見習ってもらいたい例がひとつある。

　それは、ホームショッピングの司会で有名だったビリー・メイズが行って

いた、靴のインソールに関するコマーシャルだ。

　ディスカバリーチャンネルの「Pitchmen」という番組で、そのコマーシャルが誕生するまでの舞台裏が取り上げられていたので、ご存じない方は、一度DVDを借りるなどしてチェックしてもらいたい。

　まず、新型インソールの開発者たちを中心にコマーシャル内容が検討され、台本が作成されたあと、コマーシャルの撮影へと入る。ビリーたちはどうすればインソールの衝撃吸収力がアッと驚く方法で視聴者に伝わるかをとことん話し合う。その結果生まれたのが、あのお馴染みの、ビリーがインソールで包んだ自分の手をハンマーで思いっきり叩いたり、車に踏ませてみたりするコマーシャルだ。

　次にフォーカスグループが用意され、ある程度の価格がここで決定されるとともに、ビリーのコマーシャルに対するヒヤリングなども行われる。それをもとに、どのように商品の価値をアピールするのが最も効果的かが話し合われ、そうして初めて、あの思わず目を疑う、衝撃的なコマーシャルが完成するのだ。

　視聴者は皆、コマーシャルに釘づけになり、それまでまったく興味のなかったジェル製インソールに心を奪われる。その立役者となっていたものこそ、ここでご紹介している、5つの価格提示に関するメソッドだ。ビリーのコマーシャルにより、このインソールは今も飛ぶように売れ続け、数十万個完売のヒット商品となっている。

　あなたが「自分が身を置いている業界は、今の例のような業界ではない」と思ってしまえばそれまでだ。気持ちを改め、「顧客を引きつけるということでは、業界なんて関係ない」ということに気づいてもらえれば、ここで紹介したビリーのコマーシャルからは、学ぶべきことが多いだろう。

　その気持ちの変化にしっかり向き合い、どうすれば商品・サービスを効果的にアピールできるのかを全力で考え、ビジネスに生かすことができれば、高価格を維持することも、利益を上げることも、非常にたやすいものに思えてくるだろう。

たったひとつの強みを見つける

ダン・ケネディ

　道路わきに、2つの屋台がぴったり肩を並べて立っていた。どちらも果樹園から収穫してきたばかりの、新鮮なりんごを売っていた。どちらの店も、同じように駐めやすい駐車場を用意し、どちらの店も、同じように目につきやすい看板を立て、どちらの店も、同じ数の人が働き、同じような接客をしていた。

　さて、どちらの店のりんごがよく売れるだろう？　残念だがこの場合、それはきっと値段が安かったほうに違いない。

　もし、あなたがこんな状況で商売をしたいとおっしゃるなら、マーズも私も、お力にはほとんどなれない。申し訳ないが、私たちは2人とも、精神科医の免許は持っていない。

　ある年のバレンタインデー、私は妻へのプレゼントを Calyx Flowers のカタログから選んだ。実は当時、1-800-Flowers の株を所有しており、社長のジム・マッキャンとも、何度か同じ講演会のゲストスピーカーとして顔を合わせたことがあった。最終的に私が選んだのは彼らのライバルである Calyx Flowers の199.95ドルのギフトだった。それには、こんな教訓的とも言えるある理由があったからだ。

　まず、商品のカタログを、1-800-Flowers がEメールで送ってよこしたのに対し、Calyx Flowers は郵便で送ってきた。実は、私はEメールを使わない。それに、今年のプレゼントは花以外のものにしようと思っていたので、1-800-flowers での買い物を前向きに検討しなかった。そういうわけで、Calyx Flowers にとっては、このカタログ送付作戦がまず吉と出た。Eメールと違って届いたことが必ず分かるし、家にあれば必ず目につく。

　ウディ・アレンの名言にこんな言葉がある。

　「始めさえすれば、もう8割は成功したのと同じだ」

　まさに Calyx のカタログ作戦は、こんな感じだった。言うまでもなく、コスト

面で考えれば、Eメールのほうが印刷代のかかる実物のフルカラーカタログよりはるかに安い（この観点に関する私の見解は、16章でお話ししよう）。

ユニークな価値を提供する　——Calyx Flowersの場合——

私がCalyx Flowersで注文したのは、3個1組のギフトセットだった。どれも赤い絹張りの上等な箱に入れられ、バレンタインデーの3日前から、つまり12、13、14日と3日をかけて、1個ずつ商品が届くというシステムだった。

もしこのシステムがなければ、私は何かひとつしかプレゼントをするつもりはなかったので、費用ももっと安く済んだだろう。だがCalyx Flowersは、3個で1組という販売方法を提案してきた。その3個すべてが一度に配達されるシステムなら、大半の人が199.95ドルという値段に噛みつくだろう。ところが3日をかけて1個ずつ届き、しかもプレゼントの内容がだんだん豪華なものになっていくという発想は、斬新だった。そうすることで買い手の値段に対する意識をそらすとともに、付加価値を生み出したのだ。

つまり、Calyx Flowersは「配達方法」というたったひとつの小さな試みによって、それまで肩を並べていた競合たちに——冒頭の例で言えば、りんごを売る隣の屋台に——差をつけ、団子状になっていた価格競争から抜け出したのだ。3個1組という発想は、売り上げを伸ばしたり、競合との差別化を図ったりするうえではありふれた、誰もが思いつくものだ。しかしCalyx Flowersの場合は、そこからさらに一歩進んでいた。

このシステムを思いついたCalyx Flowersの人間には、大きな拍手を送りたいが、残念なことに、現場の人間がその顔に泥を塗る形となってしまった。私の電話を受けたカスタマーサポートの人間が、商品のことをよく理解していなかったうえに、態度も横柄だったのだ。

電話の途中、いつもの1-800-Flowersの接客が懐かしくなった。事実、そのカスタマーサポートの人間は、こう言ったのだ。

「参ったな。私はたまたま電話に出ただけで、どうしたらいいかよく分からないんです」

結局、注文だけで20分も取られてしまった。ひと言、「もう結構です」と言って電話を切ればよかったのだが、悔しいことに、私はどうしてもそのサービスを受けたかったのだ。言うまでもなく、あれっきり Calyx Flowers は利用していない。母や姉、娘のプレゼントも、Calyx Flowers では選ばなかった。

　また悲しいことに、199.95ドルのあの配達サービスは、229.00ドルになってしまった。値上げで儲かった分は、ぜひマナーなどの社員教育費にあててもらいたい（この点についても詳細は16章で述べている）。この話から学べることは、いかに安くではなく、いかに効果的に商品・サービスを提供するかが大切であるということだ。そしてそれが実現できる値決めをすることが重要なのだ。

　あれっきり Calyx Flowers は利用していないと述べたが、今でも私の元にはたくさんのカタログが届く。また1-800-Flowers の得意先になっている。

　そうは言いながらも、やはり、Calyx Flowers のマーケティングと価格戦略には目を見張るものがある。たったひとつの小さな試みで十分ライバルと差をつけられることを示す、完璧なお手本と言ってよいだろう。これこそがあなたの目指すべきゴールだ。ぜひたったひとつの小さな試みで、ライバルたちに差をつけてもらいたい。

> 成功はドアに手をかけることからはじまる
>
> クレメント・ストーン

　これは、実業家のストーン（1902〜2002年）が残した名言だ。クレメント・ストーンは大恐慌時代に直販型の保険会社を設立し、巨額の富を得た人物。ビジネス誌『Success Unlimited Magazine』の創設者としても有名。『思考は現実化する』の著者ナポレオン・ヒルとも親交が厚く、『心構えが奇跡を生む』を共同出版している。

ダイレクト・マーケティングをこれから始めようという方は、その前に『No B.S. DIRECT Marketing for NON-Direct Marketing Business』（Dan Kennedy 著、Entrepreneur Press）をご一読願いたい。この本では、さまざまな業界におけるダイレクト・マーケティングのルールや実例を取り上げている。より理解を深めたい方には、私の月刊ニュースレター『No B.S. Marketing Letter』をおすすめする（詳細は311ページ）。さらに、ユニークな経験を提供するといったクリエイティブな面に興味を持たれた方には、『Uncensored Sales Strategies』（Dan Kennedy／Sydney Biddle Barrows、Entrepreneur Press）がおすすめだ。この本については、内容に関連したテレビセミナーなども開催している。詳細URL：SydneyBarrows.com

Chapter 14

狙うはニッチと
サブカルチャー

ダン・ケネディ

The Place Strategy That Easily and
Automatically Supports PremiumPrices
byDan Kennedy

▎誰もが持っている属性

　社会は「ニッチ」と「サブカルチャー」の2つに分類できる。誰もが、最低でもひとつのニッチとひとつのサブカルチャーに属しているが、大半の人は、複数のニッチと複数のサブカルチャーに属している。
　私たちのニッチとサブカルチャーに対する帰属性や一体感がいかに価格弾力性の幅を広げているかを理解できれば、ともすれば失っていたお金がガッポリ転がり込んで来るきっかけになるかもしれない。誇張に聞こえるかもしれないが、本章を読むだけでも「数百万ドルの価値」はあることをお約束しよう。本章はあなたのビジネスライフの指針となり、収入をアッという間に

劇的に伸ばしてくれることだろう。

　ひと言で言うと、**ニッチとは職業上のもので、サブカルチャーとは興味、信条、活動にまつわるグループのことだ**。たとえば、保険の営業マンはニッチで、猟師はサブカルチャーだ。ニッチとサブカルチャーは、どちらもさらに細かく分類することができる。

　たとえば保険の営業マンでも、生命保険の営業マン、損害保険の営業マン、農家を対象にした営業マン、建設業者を対象にした営業マン、ビンテージカーだけを扱う営業マン、アート作品だけを扱う営業マン……など、さらに細かいニッチ（サブ・ニッチと呼ぶ）に分類できる。

　猟師も同様に、弓矢だけを使う猟師、中西部だけで猟を行う猟師など、さらに細かいサブカルチャー（サブ・サブカルチャーと呼ぶ）に分けられる。誰もが、自分が所属するニッチやサブカルチャー、さらに枝分かれしたサブ・ニッチやサブ・サブカルチャーに強い帰属意識と一体感を抱いている。これはどんなニッチやサブカルチャーにも共通することだ。

　人は、なんらかの形で自分のニッチやサブカルチャーにつながりのあるモノを買う傾向がある。その証拠に、シャーロック・ホームズも、犯人のニッチやサブカルチャーを手がかりに、複雑な事件を解決に導いている。

　私の広い書斎には、ディズニー関連の本やコレクション、記念品があふれている。さらに、広告関連の参考文献や昔の貴重な広告もずらりと並んでいる。繋駕（けいが）レース（訳注：競馬の一種。馬の後ろに二輪車をつけて行われるレースのこと）の写真や絵画が所狭しと飾られており、おまけに50を超える珍しい時計のコレクションまである。極めつけは、今では手に入れることの難しい成功哲学に関する初版や貴重な本のコレクションだ。ガレージを覗けば、ビンテージカーが3台並んでいる。

　今ご紹介した私の持ち物から、私が4つのサブカルチャーとひとつのニッチに所属していることが伺い知れる。「だから何？」とおっしゃるだろうか。

知られざる鉱脈
ニッチとサブカルチャー

　実はこれこそが、重大なのに私たちがたいてい見逃してしまっている事実なのだ。**ニッチやサブカルチャーこそ、価格戦略に直接影響をおよぼしている**と言えるのだ。

　私の場合であれば、買い物をする際、その対象がどんなモノであれ、自分が所属する4つのサブカルチャーとひとつのニッチに関係していれば、同カテゴリーの別商品よりもそちらに多額のお金をつぎ込む。その際「別の商品でも機能的には同じなんじゃないか」という思いが頭をよぎることはめったにない。言い換えれば、商品やサービスを不特定多数に向けたものから、ニッチやサブカルチャーを対象としたものに変えることができれば、製品や発送費などはそのままに、自然と値上げすることが可能なのだ。思わず読み返したくなる事実だろう。

　私が携わっている出版業界を例に取ってみよう。たとえば、私のセミナー内容を記録したワークブックつきCD6枚1セットを、『効果的なタイム・マネジメント法』というタイトルで売り出すことにしたとしよう。値段はどれくらいだろう？

　同カテゴリーのCD教材を扱っているオンラインカタログや会社を見てみると、だいたい39〜79ドルが相場のようだ。これを一冊の本に凝縮すると、相場はだいたい9〜15ドルほどになる。

　もしこのタイトルを『テリトリーセールスにおける効果的なタイム・マネジメント法』に変えて、テリトリーセールスに関わる人の目に触れる媒体で宣伝をすれば、179〜379ドルでの販売も難なくできてしまうだろう。CDの枚数も変えていないし、ワークブックの内容もそのままだ。出版にまつわる費用は前と同じであるにもかかわらず、300％以上の値上げができることになる。

　さらに、タイトルを『テリトリーセールスにおける効果的なタイム・マネ

ジメント法――ホームセンター編――』とすれば、またもや倍ほどの値段で販売することが可能だ。CDの値段の決め手になっているのは、CDそのものの価値ではなく、もちろん生産費でもなく、誰をターゲットにしているかということなのだ。

商品・サービスが「自分のニーズはユニークだ」と認識している特定の誰かに向けられたものであれば、不特定多数に向けた商品よりも、自然によい反応が返ってくる。 この「自然に」こそが、キーワードだ。

それでは、消費者心理を見てみることにしよう。愛犬家（つまりサブカルチャーのこと）向けの雑誌で、2つの広告を目にしたことがある。どちらもかわいらしい小犬のモチーフをあしらったブローチやネックレス、イヤリングを紹介したもので、一方の広告では19〜39ドルで販売されていた。

もう一方も、よく似た装飾品に関する広告だったのだが、20種類のモチーフの中から、愛犬と同じ種類を選ぶことができるしくみになっており、99〜199ドルの値段がつけられていた。その中にシュヌードルという品種があれば――わが家の愛犬、通称ミリオン犬はこのシュヌードルという品種なのだ――私は妻にプレゼントしようと思ったのだが、あいにく見当たらなかった。

結局、私はどちらの広告にも目を通したが、何も買わなかった。価格幅の極めて異なるこの2つの広告は、商品の見た目やサイズは何も変わらないし、24金が使用されていることや保証内容もなんら変わりはない。それなのに、両者に5倍以上の値段の差が生まれていた。

専門医療を覗けば、私の長年の友人でカイロプラクティショナーのグレッグ・ニールセンは、治療にわざわざひとつずつ名前をつけて宣伝している。「作業事故からのリハビリ療法」「交通事故からのリハビリ療法」「ストレス療法」など、その種類はさまざまだ。本質的には、どの治療法もカイロプラクティックに変わりはないのだが、もしあなたが仕事場で何かの作業中に怪我をしたとすれば、単なる「カイロプラクティック療法」と「作業事故から

のカイロプラクティック療法」のどちらを選ぶだろうか？　一歩進んで、自動車メーカーに「作業事故からのカイロプラクティック療法」を売り込み、ランチつきの無料セミナーを工場労働者向けに開催すれば、競合との価格競争など一切問題でなくなると言っていいだろう。

　ニッチやサブカルチャーへの帰属意識が高ければ高いほど、関連する商品を差し出された際、価格はどうでもよいものに思えてくる。**不特定多数をターゲットにした商品を、特定のニッチやサブカルチャー向けの商品として売り出せれば、価格弾力性はどんどん広がりを見せる。**

　私はスタンダードブレッドという、繋駕レース用の馬を所有している。もう一頭、通常の競馬用品種であるサラブレッドも飼っている。この2頭は品種こそ違うものの、ともに競走馬で、違う点より似ている点のほうが多い。ところが両者のオーナーとトレーナーたちはまったく異なるサブカルチャーに属しており、多くの場合、互いに「自分の品種が一番だ」と思っている。

　ここに競走馬用のマッサージオイルと栄養剤があるとしよう。スタンダードブレッドとサラブレッド、どちらの品種に使用しても、ほぼ同じ効果が得られる。

　もしあなたがこれらの商品を扱うメーカーの人間で、鈍い感覚の持ち主であったがために、2つの市場向けに同じ名前で同じ商品を売り出すことに決めたとしよう。パッケージには両品種の馬をプリントし、ありふれた同じ広告を、相反する2つのサブカルチャー向けの専門誌に流したとすれば、本来の半分の値段、いやそれ以下でしか売り出すことはできないだろう。どちらのサブカルチャーに対しても高値で売り出そうと思えば、扱う商品がそのサブカルチャー向けだけに企画された特別なものであることをアピールする必要がある。

　私なら、まずあなたに2つの商品ラインを立ち上げることをおすすめする。名前は「スタンダードブレッド・ラボラトリー」と「サラブレッド・ラボラトリー」とでもしておこう。そして、異なるパッケージの異なるネーミ

ングの商品をつくらせる。「ケンタッキー・ダービー・パワー（スタンダードブレッド向け）」「ハンブルトニアン・パワー（スタンダードブレッド向け）」──商品名はまあ、こんなところでいいだろう。それぞれの馬のトレーナーから証言を得て、それを元に異なる2つの宣伝キャンペーンを企画する。つまり、2つのサブカルチャーを混同することは何があっても避けるのだ。

価格の制約を逃れると見えない価値が生まれてくる

　7章でジェイソン・マーズが述べているように、値段ばかりにこだわりすぎると、目に見える価値しか生まれない。逆に**値段から離れることで、目に見えない価値が生み出される**。その中には商品に対する顧客の理解や感情も含まれる。論理的な思考を持った法人顧客であっても、購買するかどうか判断する際や、値段を提示された際、この感情が一番ものを言う。今ご紹介した馬の話では、異なる2つのサブカルチャー向けに異なる2つの商品が投入しようとしたが、商品自体はまったく同じものだ。ひとつ違いがあるとすれば、商品に対する消費者の感情だろう。

　この感情の違いが生まれるのは、それぞれのサブカルチャーに対し、その商品がそのサブカルチャーだけに特別に開発されたものだということをアピールできた場合だ。その結果、商品の信頼性と価値において、不特定多数に向けたものより大きな支持を得ることができるとともに、消費者は高値を自然と受け入れるようになる。

　わが家の愛犬は、通称ミリオン犬だ。専用のヒョウ柄ソファに、専用ベッド（1階にひとつ、2階にひとつ）を持ち、移動にはプライベートジェットを使う彼女だが、高級ペットフードやオーガニックフードには見向きもせず、もっぱらウォルマートで売られている格安のペットフードとおやつばかり食べている。以下は参考まで。2009年のペット業界全体の売り上げは450

億ドルで、この不況のご時世にもかかわらず、2008年から5.4％の伸び率を見せた。そのうち3億ドルが、Doggles（会社HP：Doggles.com）という、ビーチでのワンちゃん用サングラスなるものを売り出している犬用ファッションブランドにつぎ込まれている。

　私はノースフィールド・パークでの繋駕レースに参加した。大したものだろう？　何を隠そう、年間200レースに参加しているのだ。費用など関係ない。最高の馬と獣医、最高のサプリメントと馬に必要な用具が揃えられれば、値段はいとわない。
　誰でも同じような感覚を何かに対して持っているはずだ。その何かが顧客にとって何なのかを見極めたり、価格はいとわないという思いを抱かせたりするにはどうすればよいかを考えるのが、価格戦略の中でも最も重要なことのひとつだ。

▍売り手の誠意ある行動が顧客に最大の価値をもたらす

　ここで問題になってくるのは倫理観だ。本章を読んで、何か胸にひっかかるような感覚を覚えたり、私が不正や詐欺、もしくは消費者の利益に見合わない高額を要求しろと言ったりしているように思われた方はいるだろうか？ 私が言いたいのは決してそのようなことではない。
　そもそもこの問題を考える前に、あなたにはもう一度、経営者やビジネスパーソンとしての責任を思い出してもらいたい。法の下で、許される限りの最大限の利益を生み出すこと。これこそが、あなたのビジネスパーソンとしての最大の責任だ。この時点で、直感的に何か嫌だなという思いを抱かれた方に、利害の対立を生むだけだから、経営者や会社の代表を名乗る資格はない。この点に関してお困りの方は、『億万長者のお金を生み出す26の行動原則』（ダイレクト出版）をご一読願いたい。

私の言っていることが不正や詐欺にあたるかを考えてみよう。結論から言うと、私の言っていることはそのようなものには該当しない。

　先ほどの馬の話を例に取ると、ネーミング、パッケージ、宣伝キャンペーンのどれをとってもその目的は、競走馬のレースでのパフォーマンスを上げることにある。商品は、それだけを目的に、その効果だけを目標に開発されたものだ。結果として、同じ製造方法の同じ商品が他品種の馬にも一番効果があるとしても、そこに何か問題はあるだろうか？

　買い手である馬のオーナーやトレーナーも、売り手であるメーカー側も、それで困ることは何もない。それどころか、仮に、消費者がそんな価値ある商品を入手しにくい環境をつくり出しているとすれば、そちらのほうが罪に当たる行為であり、疑惑を生むだろう。

　売り手の最も誠意ある行動とは、価値ある商品を消費者が一番入手しやすい手段で販売することだ。逆に、最も誠意のない行動とは、怠惰や臆病、判断力のなさにより、顧客から価値ある商品を遠ざけ、質の悪い別の品を選ばせてしまうことだ。同じ理由から、私が消費者の利益に見合わない高額を要求しているのでは決してないということも理解してもらえるだろう。

　消費者に提供すべき利益は2種類ある。まず、価値ある商品を一番簡単な方法で入手できるようにするということ。もうひとつは、**商品の価値を最大限にアピールし、その結果、信頼や強い興味を生む**ということだ。これこそが、**本来の価値**なのだ。これでこそ、**お金を支払う価値**があるのだ。

　たとえ売り込むときに多少のごまかしがあっても、結果的にそのごまかしにより価値ある商品が生み出されたのなら、そのごまかしさえ価値あるものであり、お金を得るに値するものなのだ。

価格を自由に設定する「流通路線戦略」

　頭で思い込んでいる商品の価値を、原材料やそのコストから切り離して考

える。さらに、蓋を開けてみれば同じ原材料を使用している商品でも、一方では高値で、もう一方では安値で販売されているという事実を頭に入れておく。それが大切だ。価値と製品が深く結びついているという思い込みによって、あなたは価格戦略において厳しい制約を自ら課し、価値の本質を見逃している。

本来、価値とは、消費者が商品・サービスを利用したり体験したりすることによって、あるいは消費者の感情がもととなって生み出されるものだ。このような価値が生み出せれば、商品の周りには自然に多くの消費者が集まって来る。それは消費者が、その商品が自分や自分の属するニッチやサブカルチャーだけを対象にした特別なものであることを経験済みだからだ。その結果、売り手側には高値をつける権利が与えられる。あなたは商品ではなく価値に値段をつけているのだ。

　私はこれを「流通路線戦略」と呼んでいる。ここで言う流通とは地理的なもの（それも多少はあるが）ではなく、ニッチやサブカルチャー、さらにそれらに属する消費者心理のことを指す。
　どう考えても、流通路線は価格と深い関わりがある。流通路線を地理学的にとらえるとすれば、たとえば、同じサービスでもマンハッタンとボイシ（訳注：アイダホ州の州都）では、前者でのほうが後者より高い料金を請求される。同じ商品でも、高級住宅街のショッピングモールと田舎のショッピングモールでは、前者に対してより高い値がつけられている。
　実際、同じセーターが、オハイオ州のアクロンとビーチウッドの同系列の店で、違う値段で売られていた。2つの町は、車でわずか30分の距離だ。理由は、アクロンに対し、ビーチウッドのほうが富裕層の多く住む町だからだ。たとえば市民向けバザーを、値引きで有名なディスカウントショップと一般スーパーの両方の向かいで開催する場合、前者のほうが後者の場合より値段を下げる必要があるだろう。

　今ご紹介したのは地理的な流通路線戦略だが、もうひとつ「メディア・ジ

オグラフィー」と呼ばれる戦略もある。たとえばある人が1960年代のシボレー（燃費は悪いが新車同様）を売りに出そうとした場合、シボレーファンのサイトや愛読誌に広告を掲載したほうが、不特定多数に向けた情報誌や掲示板に掲載したり、インターネットオークションに出展したりするより高く売ることができる。多くの場合、流通路線戦略には価格を飛躍的に伸ばす効果があり、そのためには不特定多数ではなく、特定のニッチやサブカルチャー向けに商品・サービスを売り出すことが不可欠なのだ。

サブカルチャー向けに特化した ある家具メーカーの戦略

　私はいつでも、価格をものともせず商品・サービスを売り出している起業家にひきつけられてしまう。MOTO-ART（www.motoart.com）という会社は、そのよい例だ。MOTO-ARTは家具メーカーなのだが、なんと実際の航空機のパーツから家具をつくってしまう。

　いくつか商品を紹介すると、ダグラスDC-9（訳注：1965年に初飛行した双発のジェット機）の翼デスク（9600ドル。プラス1400ドルでガラス張りにもできる）。TBMアヴェンジャー（訳注：第二次世界大戦におけるアメリカの主力雷撃機）の会議用デスク（1万2500ドル）。ボーイング727のエンジンカバー製デスクと2人かけソファ（共に6800ドル）。さらに、B-52（訳注：ボーイング社が開発したアメリカ空軍の戦略爆撃機。別名ストラトフォートレス）の射出座席（4900ドル）。

　この射出座席に至っては、こんなアナウンスまで内蔵されている。オフィスでの噂話はもうこりごり？　それならこのレバーを引いて、脱出だ！――4900ドルの価値はあるのではなかろうか？

　MOTO-ARTの売り上げは、ケーブルテレビで放映されているショッピング番組『Wingnuts（奇人の意味）』と、無数の雑誌への無料広告によって支えられている。本来そんなことをしなくても、顧客リスト、つまりパイロットや航空機のオーナー、空港オペレーターなどのリストは、航空専門誌を見

れば、一発で手に入ってしまうのだ。

MOTO-ARTに学ぶ価格戦略の5つのステップ

1．誰をターゲットにするかがまず大切。適切に選ばれたターゲットなら、商品を見れば必ず「何が何でも手に入れなければ」という思いを抱くもの。

2．商品は、ピンポイントの特定の顧客に向けたもので勝負する。

3．MOTO-ARTの場合、商品は無料のモノではなく、パーティーで話題になるような、持っていることを自慢できるような代物だ。つまり、消費者が愛着を感じる商品を販売することが大切。そうすれば……（4．に続く）

4．価格は問題ではなくなる。MOTO-ARTの場合であれば、そこらへんによくあるコーヒーテーブルや会議用テーブル、椅子の値段はまったく足元にもおよばない存在になる。つまり、消費者にとって唯一無二の商品を提供することが重要。

5．ひとつの市場で生き残ろうと思うべからず。MOTO-ARTを見てみると、B to B（空港、チャーター専門会社、航空機メーカー、旅行会社、商業施設、インテリアデザイナー等）とBtoC（定年後のパイロット、航空機のオーナー、航空機ファンやマニア等）両方の市場を開拓していることが分かる。

　MOTO-ARTは大変うらやましい類のビジネスをしている。競合の参入を拒むことなく受け入れるが、同じような専門性の高いビジネスをすることは競合には到底不可能だ。
　MOTO-ARTの戦略は見逃せない。見逃してしまえば、あなたはまたもや価格にしか目のない消費者を相手に、価格競争の中で競合と肩を並べて商売をする羽目になってしまう。

億万長者になるためのヒケツその5

　価格と製品は、売り手と買い手の思い込みという2つの鎖でつながれている。これを断ち切ることが大切。2つのうち、厄介なのはあなたイコール売り手側の鎖。買い手側の鎖が、きちんとした理由を聞かされればたいてい簡単に切り離せてしまうのに対し、あなたの鎖は皮肉にも、より強固で切り離しにくい。しかしこの強固な鎖をすっぱり切り離せてこそ、億万長者への道が初めて見えてくる。

※この文章は「億万長者になるためのヒケツその4」と同じですが、原書のこの箇所にも同じ記述があるので、原書を尊重しあえてその5として同じように掲載にしてあります。

Chapter 15

「連想の原理」が成功を生む

ダン・ケネディ

How "The Company You Keep" Can Impact Price
by Dan Kennedy

▍価格における連想の原理

　価格の面白い点は、なんと言ってもその幅広さだろう。どんな商品・サービスも、非常に安いものから非常に高いものまで、つまりピンからキリまでさまざまな価格があり、それぞれに顧客がついているように見受けられる。同じ商品でも価格に幅がある最大の理由のひとつは、価格が商品ではなく、いくつかのある要因に大きく左右されているからだ。

　このある要因のひとつは、**「連想の原理」**と呼ばれている。これは、どんな業界にも応用できる戦略のひとつだ。

　おそらくあなたもお気づきだと思うが、今日、テレビや映画は「プロダク

ト・プレイスメント」（訳注：テレビや映画などの小道具として目立つように商品を配置することで商品の露出を高める広告戦略）として大きな役割を担っている。**映画の中で、シュレックがある特定のメーカーのジュースを飲んだり、ジェームズ・ボンドがある特定のメーカーの車に乗ったりすれば、視聴者のその商品への関心が高まり、結果売り上げが伸びる。**

　100％とは言い切れないが、その傾向があるのは事実だ。実際、プロダクト・プレイスメントには数億ドルという莫大な費用が費やされている。たとえば、有名人がある特定のブランドの服を身につけたり、たかがリップ１本でも、ある特定のメーカーの商品を愛用すれば、同様に売り上げが伸びる。

　実際、2008年の大統領選の際には、サラ・ペイリンの愛用していた靴とサングラスが話題となり、人気に火がついた。連想の原理が売り上げを伸ばすということはよく知られている。連想の原理が、実は価格にも大きな影響をおよぼすということをご存じだろうか？

同じ品質の肉をほかより高い値段で売るステーキ屋

　これに気づき、うまく利用している会社がある。Allen Brothers という、主に高級ステーキ肉を販売する通販会社だ。注文はメールかカタログ、ホームページで受けつけている。ステーキ自体は、ご存じのとおりありふれたモノだ。どこのスーパーでもステーキ肉は売られているし、食べたいと思えばいつでも手に入れることができる。肉屋に行っても買うことができる。ダイレクト・マーケティングの成功者で、Allen Brothers と同様、肉の通販会社として有名なのは Omaha Steaks だ。

　Omaha Steaks のステーキは、スーパーのものより値は張るが、Allen Brothers と比べれば約半額だ。また、近所の大型ディスカウントストアに行けば、肉は非常に安値で手に入れることができる。ホームショッピングをよくご覧になる方なら、QVCでもステーキが売られていることはご存じだろう。極めつけはトランプ・ステーキなる、ドナルド・トランプがプロ

デュースするステーキだ。これは、QVCやカタログで購入することができる。

このようにざっと例を挙げてみても、ステーキには、破格のもの、お手頃価格のもの、そしてAllen Brothersのような超高額のものと、価格に幅広い差がある。ひょっとするとAllen Brothersよりもさらに高額でステーキを販売している会社もあるかもしれないが、今のところ私は巡り合っていない。

私の妻はかなりの倹約家なので、普段、わが家の食卓に並ぶステーキなどの肉類は、Omaha Steaksのものだ。Allen Brothersの肉にありつけるのは何か特別なことがあったときだけで、ほとんどが友人をディナーに招待するときだ。いつだって自分はさておき、まずはお客様——いつも思うのだが、この発想は本当におかしくて笑えてしまう。

それはさておき、どのようにしてAllen Brothersはステーキを非常に高い値段で売ることに成功しているのだろうか？　その理由としてまず挙げられるのが「連想の原理」だ。

Allen Brothersのカタログでは、毎回、全米各地の有名ステーキ専門店の特集が組まれており、その有名店から取り寄せた肉を購入することができる。私が参考用に保管している同社のカタログを見ると、どのページも一流ステーキ専門店のロゴが目につくように掲載してある。

こうすることで、Allen Brothersは顧客に「Allen Brothersで注文すれば、超高級（かつ超高額）レストランのステーキが家に居ながらにして楽しめるのか」という連想を抱かせる。「店に出向いて食べるのと比べれば、値段もお得だな」と思わせるのだ（この点については「第12章：たったひとつの強みを見つける」でも述べている）。

さらに、Allen Brothersのステーキを買えば周囲に自慢できるし、金持ち連中が好きそうなパーティーでの話題づくりにもなる。招待客がステーキを誉めれば、あなたはこう言うことができる。

「Allen Brothers から取り寄せたんです。ご存じですか？　あの一流ステーキハウス○○御用達の店なんですよ」

では、Allen Brothers が顧客に一流ステーキハウスを連想させることでどんなメリットが生まれているか見てみよう。

・競合との「差別化」が図れる。
・一流ステーキ店の値段と比較し「店で食べるよりはお得」という印象を顧客に与えることで、高い値段を維持できる。
・顧客に「外食ではないので節約できている」という印象を与えられる。
・競合がいないため、自由な値決めが可能。
・一流店の一流シェフが選んだ味ということで、顧客に優越感を与えられる。
・購入することで、顧客は周囲に自慢ができる。

言うまでもなく、レストランに卸す際には別ルートがあり、一般消費者向けとはかなり異なる額、つまり卸売価格で販売されている。あくまで仮の話だが、Allen Brothers が有名ステーキ店に対し、名前とロゴを使用させてもらう代わりに、一般消費者向け価格よりさらに安くステーキを提供していたとしても、なんら不思議はないだろう。必要とあらば、それくらいの労は惜しまないはずだ。

地域ナンバーワンになる「価格戦略」の中身

「連想の原理」は、ビジネスの規模にかかわらず使える戦略だ。Allen Brother はこの戦略により、一流レストラン御用達の店として名が通っている。

巧みな広告戦略で有名なオグルヴィ＆メイサーの創設者デイヴィッド・オグルヴィは、ロールスロイスが得意先であることをフル活用し、会社の宣伝

に役立てた。私に関して言えば、長年にわたり、さまざまな業界に身を置くクライアントたちが、お金のことは二の次に相談にやって来た。その理由は、ダイレクト・マーケティング分野では、私があのガシー・レンカー（訳注：有名人御用達の主に化粧品を扱う通販会社）御用達のマーケティングコンサルタントであることが知れ渡っていたからだ。誰にすすめられたわけでもなく、クライアントたちは「あのガシー・レンカーと同じコンサルタントに相談したい」と思い、私の元を訪れるのだ。

　ここで忘れてはいけないのは、「連想の原理」は顧客を呼び込むだけではなく、自由な価格づけという面でも非常に効果があることだ。たとえば私はこの9年間、大規模な市民向けセミナーツアーを全米で開催している。参加者は年間1万〜3万5000人で、開催都市は25以上に上るのだが、このセミナーに出向くと、あちこちの法人や民間企業から講演会の依頼が舞い込む。つまり、このセミナーは顧客を呼び込むだけではなく、ツアー全体の費用の埋め合わせができるだけの儲けをもたらしてくれているのだ。

　地元密着型のビジネスの場合、周囲に影響力のある顧客を捕まえるのはもっと簡単だ。たとえば「あのブティック、おしゃれで有名な○○さんがよく来るんだって」という噂が立てば、彼女にあこがれる女性たちは「彼女が知っている」というだけで、その店に押し寄せるだろう。

　カナダにダイアナ・クーチュラという女性がオーナーの Diana's Gourmet Pizzeria（http://dianasgourmetpizzeria.ca/）という通販ピザ屋がある。この店は地元一のピザ屋を目指し、人気のホッケーチームのスポンサーを務めるとともに、糖尿病の人でも食べられるヘルシーなピザを売り出し、地元一の病院の医師からも太鼓判を押されている。また、国際的なピザ選手権で度々優勝の経験もある。

　これを書いている今現在、ダイアナの店ではLサイズのスペシャルピザが22〜38ドルで販売されている。不景気の最中にもかかわらず、売り上げは2008〜2009年の1年間で倍になった。これらの事実があってこその、この高値なのだ。

地域密着型のビジネスの場合、全国的に名の通った団体や人物からの後押しが驚くべき効果をもたらす。友人のマイク・ストームズは、ニューオーリンズ近郊で人気の武術スクールのオーナーだ。経営者や起業家向けには、個人レッスンや、武術を通してのメンタル面のケアやトレーニングを行っている。

　そんな彼は、NFL（全米フットボール連盟）やトップクラスの大学フットボールチームのコーチを勤め、NFLの有名選手の中には、彼のプライベートレッスンを受けている者もいる。ここに書いても差支えなければいいのだが、今挙げたような選手たちに対して、ストームズはやむを得ず通常の費用以下でレッスンを提供している。なぜならコーチを務めたい者はほかにもたくさんいて、そんな連中はただ名声が欲しいがために無料でコーチを買って出たがっているからだ。

　それにストームズにとっても、有名選手のコーチを勤めることが「連想の原理」を生み、本来の仕事である地元の武術スクールにも有利に働くことになる。こういう背景があってこそ、ストームズの武術スクールは半径100マイル以内のどの武術スクールよりレッスン料が高く、個人レッスンに至ってはそのレッスン料が数千ドルにもおよぶのだ。

　武術スクールの詳細：www.stormskarate.com。

「連想の原理」を顧客に呼び起こさせるにはさまざまな方法があるが、本書では割愛させてもらう。必ずやあなたも影響力のある顧客やクライアントを捕まえることができる。

　まずは、**地元の有名人、尊敬する会社の経営者、影響力を持つ市民団体のリーダーなどの名前を書き出して、トップ50をリストにまとめてみよう。それをもとにメーリングリストを作成し、自分が主催またはスポンサーを務めるイベントに招待し、興味をひきそうな広告を送ってみよう。**

　つまり、ご自身とご自身のビジネスをこれでもかというほど、しつこくアピールするのだ。地元密着型という点を生かして、団体やチャリティー、イ

ベントなどのサポートを申し出てもよいだろう。そうすることで、自分の会社の存在をアピールし有益な人脈を手に入れるチャンスが生まれる。

セレブをうまく利用してビジネスを拡大させる

　とにかく、絶対にチャンスを見逃さない。ある年、先ほどお話しした市民向けセミナーである町を訪れた際、参加者の中に１人の若い女性がいた。彼女は地元でリムジンサービスの会社を経営しており、セミナー後、参加者やスピーカーに宛てて「次回セミナーの際には、無料でリムジンサービスをご提供します」という内容の手紙を送った。私のクライアントであるある会社オーナーがその話に乗った。

　翌年、町を訪れてみると、私と壇上で肩を並べる数多くの有名人が、彼女のリムジンサービスを利用するようになっていた。顔触れははっきり覚えていないが、その中には確か、女優のメアリー・タイラー・ムーアや、テレビやラジオのパーソナリティーを務めるラリー・キング、有名弁護士のゲーリー・スペンス、ビジネス界からはジグ・ジグラー、ブライアン・トレーシー、トム・ホプキンスもいたと記憶している。女性オーナーは、リムジンをバックに――車のドアに貼られた会社ロゴがばっちり写る形で――私たち１人ひとりと記念撮影をした。

　この写真をすぐさまさまざまな形の宣伝に利用した。地元紙では特集が組まれ、地元で一番人気のラジオ番組からの取材も受けた。また、写真はリムジン会社のウェブサイトやパンフレットにも掲載された。

　アッという間に、女性は「スター御用達のリムジン会社」のオーナーとして地元で知らない人はいない存在となった。そして私のアドバイスを受け、サービス料を競合より値上げすることに成功した。

　私の友人のジョーダン・マコーリーは、起業家や企業と有名人とを結びつける仲介サービスのプロだ。傑作『Celebrity Leverage（セレブを利用し

ろ！）』（Jordan McCauley、Mega Niche Media）の中で、マコーリーは、「どんなに小さな規模の会社であっても、手頃な値段の商品をアカデミー賞などの授賞式のギフトバッグの商品として提供することは可能だし、その方法に限らず、有名人に届けることは可能だ」と述べている。この戦略により、無名のファッション・デザイナーをはじめスィーツ店、玩具メーカーなど、たくさんの会社が表舞台に躍り出た。

　忘れてはいけないのは、この戦略は需要だけではなく、価格面でも効果があることだ。ジョーダンの話によると、デザイナーのエイミー・ピーターズはこの戦略により、『ワイルド・スピード X2』のプレミア試写会で、出演女優に自身がデザインした宝石を身につけてもらうことに成功した。また、同じように『サバイバー』や、さらには人気テレビドラマ『The OC』でも出演者に自身の宝石を身につけてもらうことに成功した。

　これもすべて、本でマコーリーが述べていたとおりに、有名人の自宅に直接プレゼントという形で宝石を送っていたからだ。ピーターズは、多くの有名人が自身の宝石をスクリーン上で身につけていたことをカタログやウェブ、ブログなどに掲載し、宝石を取り扱ってくれそうな会社にアピールした。すると、この宝石は注目を集め人気が出たのはもちろん、同時に価格は問題ではなくなったのだ。

　ほぼいかなる場面でも、名が知れているということは注目を集め需要を促進するだけではなく、価格の問題を消費者の頭から消し去るという効果も持っている。自分自身が有名になるか、あるいはすでに名の知れている人や会社、団体、ブランドなどと結びつきを持つことで、あなたもぜひこの戦略を成功させてもらいたい。

億万長者になるためのヒケツ その6

　商品、宣伝方法、値段など、価格戦略にはさまざまな重要な要素がある。顧客の「連想の原理」を絶対に無視してはいけない。顧客はあなたに知識があるか、地位はどんなものか、本当に信頼できる人物なのかを見ている。まったく同じ商品を同じ説明をして顧客に売ろうとしても、難なく売れる人とまったく相手にされない人が出てくる。この「連想の原理」がものを言うことを決して忘れてはならない。

ジョーダン・マコーリーのHP：CelebrityLeverage.com
どうすれば有名人のもとに商品を届けることができるのか、どうやってビジネスを成功に導くのか……。具体的な戦略が見られる。

Chapter 16
不況という落とし穴から抜け出すために

ダン・ケネディ

The Deadly Trap of Bad Economics
by Dan Kennedy

■ ビジネスは価格をめぐる戦場

　私は、いわばビジネス界における従軍医師だ。戦場では傷ついたビジネスマンという名の兵士たちが次々に運び込まれ、急患を知らせるサイレンが止むことはない。

　私にかかればどうにかなるだろうという思いから、クライアントの多くはただボーッと事態を見守り、手に負えなくなって初めて私の元を訪れる。そして何を言い出すのかと思えば「一刻も早く、ガタガタになった会社と落ち込んでいく利益のために、効果抜群の広告やキャンペーンを企画してほしい」とねだるのだ。

その望みに応えられることはめったにない。なぜなら——どこかに大きくメモでもしておいてもらいたいのだが——**どんなに優れたマーケティングも、不況を打ち負かすことはできない**からだ。

　クライアントたちがそんな状況に追い込まれる理由のひとつが、不必要なまでの値下げと、その値下げでしか客をひきつけてこなかったことにある。スズメの涙ほどの利益しか上げられない状況に追い込まれると、大胆で効果のある宣伝やマーケティングに乗り出すための資金が不足し、お客をアッと言わせるような魅力が事業になくなるとともに、経営を続けていくことも難しくなる。

　切羽詰まった状況に立たされると、せっかく市場競争の際の強み、差別化、力になるような提案をしてもらっても、経営者の口からは、この言葉しか出てこなくなる。「**そんな余裕はない**」
「誰か有名人を広告塔にしてみたら？」
「そんな余裕はない」
「影響力のあるラジオ番組で宣伝して見たらどうだい？」
「そんな余裕はない」
「え、効果抜群のキャッチコピーを書いてくれるの？……でも、そんな余裕はないんだ」
「いっそ、もっと頭の切れる営業を雇って、実践的なスキルを身につけさせて、覆面調査で効果を測ってみれば？」
「ありがとう。でも、そんな余裕はどこにもないんだよ」
　スズメの涙ほどの儲けでも経営は細々となら続けていける。だが、そのままでは成功は見込めない。

不況下の生き残りは価格のココで差をつける！

「でも、現にウォルマートは破格を打ち出してうまくいっているじゃない

か」

　そんな声が聞こえてきそうだ。そもそも、ウォルマートが力を誇示しているのにはいくつもの要因があり、その中にはずば抜けた流通システムの存在がある。また、規模の大きさを生かすと同時に、サプライヤーや国内外のメーカーにウォルマートの規格に沿った安物の商品をつくらせ、ブランド名を汚すことで、破格でのビジネスを実現している。

　過去の例を見ても、規模が大きくなればなるほど、事業は傾きにくくなる。現に、以前ウォルマートを真似ていた店は、今や影も形もない。ウォルマートがこの体制を今後も維持していけるかどうかはさておき、もしあなたがビジネスを真似るとなれば、徹底的に真似ることだ。

　ただ単に自分が携わる商品・サービスに関しての価格破りの存在だからという理由だけで、ご自身のビジネスの規模を考えずに──また、取引先にそんな仕打ちをするだけの能力が果たしてあるのか、そもそもしたいのかどうかを考えずに、真似をしようとしてはいけない。真似るときは、そもそも自分は同じことができる器なのかを慎重に考える必要がある（ウォルマートに関してはマーズが第7章で詳しく語っている。小さな鉄道専門店が、ウォルマート参入を逆手にとってビジネスを発展させた様子も紹介されている。併せて『Up Against the Walmarts（『ウォルマートへの挑戦』＜Dan Taylor、Jeanne Smalling Archer、Amacom Books＞もおすすめする）。

利益が出なければ
価格競争に対抗できない

　あなたのビジネスが不況に見舞われても、すぐに救急車を呼んで私の元に搬送されるのは待ってもらいたい。その前に広告戦略だけでなく、価格戦略を見直す必要がある。

　そもそも不況とは何かと言えば、売り上げや利益が、宣伝・市場開拓・販売に必要なコストと釣り合わないことを指す。またそのせいで、ターゲットの顧客をひきつけられなかったり、提供したい商品やサービスが提供できな

かったりすることを指す。ひと言で言えば、ビジネスにおいて必要な行動を起こすための資金が不足していることを言う。

　あるイタリア料理店のオーナーが、一流シェフを雇うことに決めたとしよう。一流シェフに来てもらうためには、べらぼうに高い給料を払い、毎日獲れたての魚を用意し、チーズはわざわざ本場イタリアから取り寄せるなど、儲けはさておき、まずはシェフにその気になってもらえる環境を整えなければならない。そのおかげで提供する料理はすばらしいものになるだろうが、豪華すぎるメニューはそのうち、一般的なレストランチェーンよりも高い料金を顧客に要求することになる。価格を維持しようにも引き上げようにも、踏み切るだけの資金を用意することができなくなってしまう。

　逆に競合が一般的なレストランチェーンで、ターゲットの客層が平均的な所得の中流家庭であれば、最高級の食材を使いたがる一流シェフを雇うのは不可能だ。そんなことをすれば、たちまち経営は立ち行かなくなる。火を見るより明らかなように思えるが、実際、思いつく限りのあらゆる業界の経営者の多くが、自らの戦略とは釣り合わないような経済環境をつくり出してしまっている。

　たとえば、あなたがある商品を、メールやテレビショッピングを通して販売することにしたとしよう。すると、ある分野を取り巻く経済環境が浮き彫りになってくる。まず、コマーシャルだけで相当な費用がかかり、ひょっとするとコスト全体の70〜90%を占めるかもしれない。そうなると、原材料費から300〜500%増しで売り出さなければならない。原材料費が3ドルだとすれば、販売価格は9〜15ドルだ。

　ところが、原材料費が20ドルもかかったのに、その300〜500%増しで買うだけの価値をアピールする手段がない場合は、そもそもコマーシャルでの宣伝は不可能だ。あなたを取り巻く経済環境がそうさせてはくれない。その時点で、もう行き止まりだ。

　もし、カタログやウェブへの掲載で商品を売り込めば、資金があまりなくても問題はない。同じマスコミでも、媒体が違えば、それを取り巻く経済環

境も異なる。

　一般的に、利益が少なければ少ないほど売り込み手段は限られ、ビジネスの成長も緩やかになる。そして経営の安定した規模の大きい競合に目をつけられいざ勝負となると、事業は立ち行かなくなり、立て直しにさらにお金をつぎ込むことになる。

　本書は、あなたを取り巻く経済環境を好転させるためのさまざまな手段を紹介したものだ。先ほどのテレビショッピングの場合だと、「今すぐお電話いただいた方には……」という条件をつけたり、商品の発送費用を多めに取ったりする方法が考えられる。あるいは、資本にまだ余裕がある場合や投資の意志がある場合は、多少の犠牲を払ってでもこの先のことを考えて顧客を獲得するのも手だろう。

　何から手をつけるかはあなたの自由だが、最終的に行きつくところはいつも価格戦略でなくてはならない。ダイレクト・マーケティングにおいて、全商品を対象に行う値決めのためのテスト・マーケティングの結果を見て、私が動揺することはめったにない。

　たとえその結果が、予想よりはるかに高い価格であっても同じだ。売値と売り出すまでにかかるお金にはギャップがある。私はマーケティングのプロとして、このギャップを埋める使命を持っている。

出版ビジネスで確実に利益を出すユニークな方法

　たとえば、これは実話に基づく話なのだが（会社情報にあたるので、一部内容を変更する）ある会社が『100歳まで元気で暮らす100の方法』というタイトルの本を、ダイレクトメールという宣伝方法を用い、慎重にピックアップされた読者層に売り込もうとしているとしよう。テスト・マーケティングの結果、その本は49ドルで売るのがベストだという結果が出た。それより高ければ反応はほとんど得られないし、それより低くてもいまいちだ。

49ドルという売値をつけるとなると、売り出すまでに70ドルのコストがかかる。売値と売り出すまでにかかるコストの差は21ドル、原材料費が4ドルで目標利益が5ドルだとすると、その差は30ドルになる。
　この差を埋めることができれば3カ月で10万人の顧客を確保し、4000部を売り上げるとこにつながる。つまり、2万ドルの収益が出るという計算だ。
　さらに確保した顧客は今後につながる顧客ばかりだ。このシナリオでは、売値と売り出すまでのコストの差を埋めることができれば、大儲けが可能ということになる。ちなみに、このギャップを埋める問題は、地方の零細企業などが新規顧客獲得にいざ乗り出そうとした際にいつもぶつかる問題だ。

　この例の場合、ギャップを埋めるにはこんな方法が考えられる。
　まず、本のスポンサーになってくれる企業を5社探す。5社に対しては、本の付録ページで自社商品の宣伝ができるという条件で、1冊につき1ドルずつ請求する。30ドルの差の、まずは5ドルが埋まった。
　次に、売り出し方を本＋αにしてみる。著者へのインタビューつきで59ドルと仮定しよう（上乗せ額：10ドル／DVDの原価：2ドル／純利益：8ドル）。購入者の20％がこのDVDとのセットを選んだとすると、8ドル×20％＝1.6ドル。これで30ドルの差のうち、1.6ドルが埋まった。先ほどのスポンサーからの収入と併せれば、これで差は6.6ドル埋まったことになる。
　これにアンチ・エイジング効果のある健康ドリンク3カ月分をつけて、99ドルで売り出してみる（上乗せ額：50ドル／DVD＋健康ドリンクの原価：12ドル／純利益：38ドル）。全体の10％の顧客がこれを選んだとすると、38ドル×10％＝3.8ドル。これで3.8ドル分の埋め合わせになり、純利益は、DVDでの埋め合わせ額と合わせると、1.6ドル＋3.8ドル＝5.4ドル。ここまでで埋め合わせられた合計は、30ドルのうち、12ドルとなる。

　ここで化粧品メーカーが共同事業のパートナーとして参入し、DVDに自社商品のコマーシャルを全額自社負担で盛り込んだとしよう。紹介される商品は、アンチ・エイジング効果のあるスキンケア化粧品セットで、値段は

300ドル。1個売り上げるごとに100ドルを出版社に支払うという条件で、購入者全体の6％がこの化粧品を買い求めたとする。100ドル×6％＝6ドル。これで、さらに6ドルの埋め合わせができた。

　ここまでを振り返ってみると、埋められた差額は、4ドル＋5.4ドル＋6ドル＝15.4ドル。残る差額は14.6ドルだ。あと半分だ。ここで価格戦略に立ち返り、今度は本だけで売る場合に関し、「29ドルの2回分割払い」というオプションを設けてみる。この戦略をとっても売り上げは落ち込むことはないだろうし、不払いや集金問題などもほぼ起こらないだろう。この戦略で7ドルの純利益が得られたとしよう。これで残る差額は8ドル。この戦略を本＋αの2つの販売法（本＋DVD、本＋DVD＋健康ドリンク）にも適応し、それぞれにおいて微々たる値上げを行い、純利益が2ドル上乗せされたとする。これで残る差額は6ドルだ。

　ここまで順調に来ると出版社側も安心し、「誰か有名人を広告塔に使おう」という話になる。有名人の起用により、年間2万5000ドルのコストで1万6000個の商品が売り上がるとしよう。これで差額は1.56ドルにまで縮まるが、商品1個につき純利益は5ドルカットされるので、純利益は3.44ドル。つまり本来の差額は2.56ドルになる。

　さあ、あともうひと息だ。ここで最後の力を振り絞って、送料と手数料を1.2ドル値上げする。また、速達の場合はさらにそれに1.6ドル上乗せする。

　フーッ。お疲れさまでした。

純利益を稼ぎ続ける仕組みをこうしてつくる

　これで商品の売り上げは年間1万6000個、ひとつ売り上がるごとに5ドルの純利益が得られるので、純利益は総額8万ドルとなる。また、これは商品と同じ数の1万6000人の顧客を獲得したことも意味し、今後、健康関連の本やDVD、商品を売り出した際の購買も期待できる。つまり、1万6000人の

顧客をつなぎとめるためのコストはゼロなのだ。本を出せば売れる。本を出せば売れる……。あとはその繰り返しだ。

たとえば出版したその年に関して、顧客1人あたりからの純利益がたった10ドルだったとしよう。すると、年間の純利益は総額16万ドルになる。2年目になって、顧客が倍の3万2000人に増えたとすると、年間の純利益も倍の32万ドル。3年目にはさらに4万8000人まで増えたとすると、純利益は48万ドル。儲けたお金をほかのところで使い込んだりしなければ、5年以内に億万長者になれてしまうのだ。

実際、出版業界のヘルスケア分野ではもっと大規模に、よく似た方法で（具体的な戦略としてはここに紹介した限りではないが）ビジネスを行っている会社がある。それがRodale Booksだ。実際どのような戦略が取られているか興味を持たれた方は、ぜひネットでRodale Booksを検索してもらいたい。また、この類のマーケティングに興味を持たれた方は、Information Marketing Association（www.info-marketing.org）を見てもらいたい。

「キレイゴトはよしてくれ」と言われるかもしれないが、あえて言わせてもらうと、**ビジネスの成功を左右する大きな要因は、なんと言っても経営者に熱いハートがあるかどうかだ**。この場合であれば「このギャップを何がなんでも埋めてやる」という強い気持ちを持てるかどうかだ。

この熱い想いなしに、ビジネスの成長はあり得ない。たいがいのビジネスにおいて、このギャップを埋めるというのは、それほど複雑でも、困難なものでもない。たとえそうであったとしても、後々のことを考えれば、多少の犠牲を払う価値はあるだろう。

ぜひ次のことを覚えておいてもらいたい。**あなたを取り巻く経済環境は、犠牲を払う価値があると判断すれば、知恵と努力を振り絞ることによってあなたの手で変えられるチャンスがある。**

誤って、必要以上に純利益や収益を落として自らを追い込むような結果を招いてしまってはならない。それさえ気をつけていれば、マーケティング戦略により、積極的にビジネスを行うために必要なお金がもたらされるのだ。

> **億万長者になるためのヒケツその7**
> どんなに優れたマーケティング戦略、営業手腕、商品で立ち向かっても、それだけで不況を打ち負かすことは絶対に不可能。

10%の値上げで利益を倍にする賢い方法

　さあ、楽しい授業の始まりだ。あなたにはしっかり頭と体を動かしてもらおう。何をするのかと言えば数学だ。でも、ただの数学ではない。ここでご紹介するのはお金にまつわる数学だ。きっと受けてよかったと思える有意義な授業になるだろう。

　想像してもらいたい。今、あなたは100ドルの商品を販売しようとしている。諸経費は以下のとおりだ。

・原価：50ドル
・フルフィルメント：10ドル
（訳注：商品の受注から入金管理に至るまでの一連の作業コストのこと）
・宣伝・マーケティング：20ドル
・その他：16ドル

すると、純利益は差し引き4ドルになる。
　では、次に商品を10ドル値上げの110ドルで販売することにし、それに伴い以下のとおり諸経費を見直したとしよう。

・原価：55ドル（＋5ドル）
・フルフィルメント：11ドル（＋1ドル）
・宣伝・マーケティング：20ドル（変更なし）
・その他：16ドル（変更なし）

すると、純利益は8ドルまで跳ね上がる。つまり、10％の値上げで利益が倍になったのだ。「たかが4ドルと8ドルの差じゃないか」と思われるかもしれない。では、そこにゼロを付け足してほしい。400ドルが800ドルに、4000ドルが8000ドルになるとしたら、どうだろうか？

▍売上数の増加がもたらす怖い罠

　BtoBビジネスの第一人者ラリー・シュタインメッツと、今は亡き友人のビル・ブルクスの著書に『How To Sell at Margins Higher Than Your Competitors（ライバルに差をつける儲け術）』（Larry Steinmetz／Bill Brooks、Wiley）がある。その中で、2人はこう語っている。

「企業の多くが破綻に追い込まれるタイミングというのは、売上数が増えたときだ。これは、あなたにとって信じられない事実だろう。きっと「逆に売上数が減るから破綻するのではないか」とお考えだと思う。だが、ビジネスというのは数取りゲームではない。ビジネスは常にどれだけ利益を上げられるかを競う利益のゲームなのだ。いかに多くの売上数を誇ろうとも、適切な水準で利益が上げられていなければ、経営は立ち行かなくなる」

　その例として、2人は次の3つの場合を挙げている。

その1：売値を5％値引きした場合

	ドル	％	ドル	％
売値	100ドル	100％	95ドル（−5ドル）	100％
原価	65ドル	65％	65ドル	68％
粗利	35ドル	35％	30ドル（−3％）	32％

その2：原価のみ値上げした場合

	ドル	%	ドル	%
売値	100ドル	100%	100ドル	100%
原価	65ドル	65%	70ドル（＋5ドル）	70%
粗利	35ドル	35%	30ドル（－5%）	30%

その3：原価の値上げに伴い、売値もそれと同額値上げした場合

	ドル	%	ドル	%
売値	100ドル	100%	105ドル（＋5ドル）	100%
原価	65ドル	65%	70ドル（＋5ドル）	67%
粗利	35ドル	35%	35ドル（－2%）	33%

結果：その3の粗利を見ると、金額的には値引き前と同様だが、％で見てみると35％だったものが33％まで落ち込むことが分かる。原価が上がったからといって売値に対しても同額の値上げを行えば、それは事実上の値下げを行っているのと同じことなのだ。言い換えれば、**これまでと同じだけの粗利率を確保しようと思えば、原価を上げた分と同率の値上げを売値に対しても行わなければならない。**

先ほどの図を一目見ただけでは、「粗利が2、3％あるいは5％減ったところでどうってことない」と思われるかもしれない。これが大きな問題なのだ。

企業の多くの税前率は、5％～20％といったところだ。仮に税前率が20％だったとすると、2％粗利が減るということは、手取りが10％カットされることを意味する。もし、粗利率の重要性が見過ごされたままでいると、そこからさらに2％、さらに2％……と6％くらいは平気で落ちていく。仮に20％の粗利が6％ダウンすると、手取りは30％もカットされてしまう計算になる。

少ない売上数が今と同じか
今以上の利益を生む

　ラリー・シュタインメッツは講演会の際、このテーマの例を挙げるのにたくさんの時間を割いた。ビジネスマンにとって、このテーマはそれだけ恐ろしく理解に苦しむ概念で、浸透させにくかったからだ。

　だが言っておこう。たとえ売上数がゾッとするくらい減少しても、少しの値上げと少ない顧客で、税前を維持することは可能だ。シュタインメッツがよく例に挙げていた実話の中に、総売上が27％も落ち込んでしまった会社の話がある。この会社は、売り上げが100万ドルから72万9927ドルにまで落ち込み、売上数は34％減少したが、10％の値上げを行っただけで、これまでどおりの税前を維持することに成功した。

　残念だが、この場で具体的なシュタインメッツの戦略をご紹介することはできない。ここでは要点をかいつまんで、私の言葉に変えてお話しするので、あなたにはその意味するところを慎重に考えてもらいたい。

　設備や人材が少なかろうと、営業時間が短かろうと、顧客が大幅に減ろうと大丈夫だ。不要なものは捨て必要なものだけを残し、もっと楽にもっと効率的にすばらしい商品やサービスを提供しよう。

　それでも、今までどおりさらには今以上の利益や手取りを生むことは可能なのだ。価格戦略が単なる経営上の数字をあらわすのではなく、私たちの生活と強く結びついていることが、これでお分かりいただけただろうか？

　9章でご紹介したキース・リーとトラヴィス・リーを覚えておられるだろうか？　3Dメールサービスを通して法人向けに販促品を販売する会社のオーナーだ。2人の扱っている商品は、日常品から珍しいものまでさまざまで、その販促戦略は実にすばらしい。2人は、自分たちの販促戦略についてこう述べている。

「売り手の大半が、ただ単に20％オフや50％オフといった％での値引きしかしていません。私たちも、かつてはそうでした。でも、あるときから注文の

量によって値引き額を変えるという方法に変えたんです。本書でもあとで詳しく紹介されますが、一言で言うと、購入量が増えるにつれ値引き率を下げていくという戦略です。でも、この戦略がまさか今まで以上の利益を生む結果をもたらすとは思いもしませんでした。具体的には、注文が200ドル以内なら40ドルの値引きをし、500ドル以内なら80ドルの値引きを行いました。％であらわせば、前者なら最大20％、後者なら最大16％の値引きになります。つまりたくさんの量を購入した際の値引きに関して、金額にすれば40ドルお得だけれども、％で見れば4％損をしていることになるのです。このキャンペーンの結果、47人の顧客が80ドルの値引きを平均2026.26ドル分の注文に関して選びました。値引き率で言えば、たった3.39％。総売上は9万5234.22ドルでした。一方、78人の顧客が40ドルの値引きを、平均278.47ドル分の注文に関して選びました。平均値引き率は14.37％で、総売上は2万1720.66ドルでした。もし、何も考えず20％オフのキャンペーンをしていたとすれば、1万6507.97ドル分の利益を取りこぼしていたことになります。『でも、20％の値引きを行ったほうがその利益分を埋めるだけの売り上げを上げられていたんじゃないか』と思われたでしょうか？　私の経験上、これに関しては細部まで検証を行いましたがその可能性はあり得ません。ただ20％の値引きを行うだけでは、利益の埋め合わせをしてくれるどころか、せっかくの収益を台なしにしてしまう結果になります。注文の個数に応じて単に金額のみの値引きを行っても、その効果は反応と売上量として、ちょうど％での値引きを行った場合となんら変わりはないということを、私たちは長年の経験から知っているのです」

売り手も買い手も両方喜ぶ「値引き戦略」

　これは、聞くに値するすばらしいアドバイスだろう。実際、キースとトラヴィスはこの戦略をクライアントにすすめるとともに、地元のグレイザー・ケネディ・インサイダーサークル支部にも、フリーコンサルタントとして紹

介している。

　変わり映えのしないアイデアの下、似たり寄ったりの戦略が実施されている現状を理解してもらえただろうか？　だからこそ、ここでお話しした戦略が大切になってくるのだ。目の前に積まれた大金をつかむのも見逃すのも、ほんのわずかな戦略ひとつなのだ。

「値上げを行うと売上数が落ちてしまう恐れがある」とシュタインメッツは述べている。さあ、困った。では、一体いくらまでなら値上げをしても大丈夫なのだろうか。

　値引きを行うときには、値引き分を相殺するには売り上げをさらにいくら上げなければならないかを把握しておく必要がある。それを怠ると、あなたの予想をはるかに超えて利益は削られていく。

　そこで頼りになるのがパソコンのエクセル機能だ。ExcelSolutions.com や ExcelUser.com にアクセスすれば「価格戦略に応用しよう」といったテーマなどで、活用法が複数紹介されている。また、電子書籍の Dashboard Reporting with Excel（チャールズ・キッド著）も一見の価値ありだ。このようなところで紹介されている便利なツールを活用すれば、数字を入力するだけで、売値や売上数、利益に関してさまざまな条件でのシミュレーションをグラフ化して把握することができる。

数字嫌いのための正しい価格設定法

　実は、私もそうだ。30年以上マーケティングのプロとして数多くの経営者と接するうちに、あることに気がついた。それは、ビジネスを成功させる人と言うのは——とりわけ、小さな会社を大企業へと成長させた人というのは——自分の会社の経営にまつわる数字を知りつくしている。そして、数字にまったく臆することがない。

　逆に数字を前にあたふたしてしまう人は、経営もうまくいかず、最後には行き詰まってしまう。ここで紹介したシュタインメッツの戦略とエクセルな

どの便利なツールを活用するのと併せて、ぜひ、私の著書『ダン・S・ケネディの世界一シビアな「社長力」養成講座』(ダイレクト出版)も一読してもらいたい。この本の43章で最も気をつけるべき13の数字というものをご紹介している。これは、会社の経理部門など数字に強い人にもあまり知られていない内容だ。普段当たり前のように扱っている数字が、実は最も気をつけないといけない数字だということがお分かりいただけると思う。

| マーケティングニュース AMERICAN RETAIL SUPPLY
| 第17巻6号　2009年12月

キース・リー
American Retail Supply 代表

ワシントン・ケント／コロラド・デンバー／ハワイ・ホノルル
TEL：1-800-46-5708
FAX：1-253-859-7300
www.AmericanRetailSupply.com

40周年大感謝祭

長年のご愛顧に感謝を込めて
40ドル還元セール！
※200ドル以上お買い上げのお客様が対象です。
※500ドル以上お買い上げのお客様には、80ドルを還元いたします。
※セール期間：2009年1月7日まで
電話でのご注文の場合：
TEL：1-800-46-5708までお電話ください。
40ドルのお値引きをご希望の方：音声案内に従い「97774」を押してください。
80ドルのお値引きをご希望の方：音声案内に従い「97775」を押してください。
インターネットでご注文の場合：
www.AmericanRetailSupply.com にアクセスください。
40ドルのお値引きをご希望の方：「97774」を入力ください。
80ドルのお値引きをご希望の方：「97775」を入力ください。

「お客様は自分を写し出す鏡だ」——こう教えてくれたのは、創設者のディッ

ク・トンプソンでした。あれは1978年。当時、営業として働き始めた私にとっての最初の教訓となりました。そう、この教えのとおり、私たち America Retail Supply 全社員にとって一番大切な存在とは、ほかでもないお客様なのです。

　皆様のおかげで、私たちはこうしてビジネスをしています。そしてこれからも、皆様のおかげで、ビジネスを続けていくことができます。家族との時間が持てること、子どもに服を買ってやれること、今年もクリスマスのプレゼントを選べること……そんな幸せはすべて、皆さんが与えてくださっているものです。だからこそ、私たちはこれからも全力で、皆様に恩返しをしていきたいと思っています。

　これからも、American Retail Supply をどうぞよろしくお願い申し上げます。

キース・リー
American Retail Supply 代表

思わず人が話したくなるような、そんなことをする人になりなさい。

──ウォルト・ディズニー

＊＊＊＊＊＊＊＊＊＊＊＊＊＊＊＊＊＊＊＊＊＊＊＊＊＊＊＊＊

1970年はこんな年でした

・アポロ13号が月から無事帰還。
・ニクソン政権の下、18歳以上の男女に対して選挙権が与えられる。
・映画ではラブストーリーが興行収入のトップを占める。
・ビートルズの『The Long and Winding Road』が全米ナンバー1に輝く。
・ディック・トンプソンが American Retail Supply の前身、トンプソン・マーケティングを設立する。

＊＊＊＊＊＊＊＊＊＊＊＊＊＊＊＊＊＊＊＊＊＊＊＊＊＊＊＊＊

教えることは、学ぶこと

　ご存じのとおり、私はマーケティングコンサルタントとしても活動しています。「教えることは学ぶこと」とよく言いますが、まさにこの言葉どおり、私は自らもクライアントから学ぶためにこの活動を始めました。そしてまず、グレイザー・ケネディ・インサイダーサークルにおいて、アドバイザーとコンサルタントとしての活動をスタートさせました。

　「もっとマーケティングの知識を身につけて、成長したい」

　そんなやる気が私を後押ししました。

　先日、あるクライアントが私の元を訪れました。あるキャンペーンの相談に乗ってほしいというのです。聞けばそのキャンペーンは「お帰りなさいキャンペーン」と言い、店から離れてしまった（目安として1年半店を訪れていない客を対象に）顧客を取り戻すことを目的としていました。

　一緒になって構想を練った結果、キャンペーンは大成功を収めました。そのクライアントは、顧客の心を今度こそしっかりつかめたようです。そして同時に、私はこのクライアントからたくさんのことを学びました。

　参考：40ドルと80ドル値引きに関する価格戦略について

Part 2

世界一ずる賢い価格戦略
実践編

Chapter 17

さあ、実際に値決めをしてみよう

ジェイソン・マーズ

How Do You Set Your Prices?
By Jason Marrs

▎適正価格をつけられる人はいない！

　さあ、ここからが勝負だ。正しい戦略で、実際に値決めを行ってみよう。
　ここでちょっとご自身の店を見回してもらいたい。あるいはご自身の会社のカタログやホームページ、それにこっそり営業マンの働きぶりを見てもらいたい。数百とまではいかないまでも、そこには必ず、あなたが決断を下した値段が数多く存在するはずだ。
　その値段は、一定のルールに則って生み出されたものだろうか？　しっかりと吟味された価格戦略がもとになっているだろうか？　多くの顧客の心をつかむ、高すぎもせず低すぎもしない絶妙な値決めができているだろうか？

さあ、考えてみてほしい。売り出す際、値段に関して十分な検証は行われただろうか？ 今、目の前にある商品をなぜその値段にしたのか、その根拠を説明することができるだろうか？

悲しいことに、世の中のどんなビジネスをとってみても「どうしてこの値段をつけたんですか？」と聞いたところで、答えられる経営者や社長は少ない。彼らの多くは、まるでトラックを前に身動きがとれなくなっている小鹿のような目で、ただぽかんとあなたを見つめ返してくるだけだ。
「こういう価格戦略でもってこの値段にしました」と、なんとか具体的に答えられたとしても、多くの人が陥りやすい初歩的な5つの落とし穴にはまってしまっているのはほぼ確実だ。その5つをこれからご紹介していこう。

> 失敗する5つの価格戦略
> 1．思い込み
> 2．業界の常識
> 3．顧客の言い値に振り回される
> 4．コストプラス方式
> 5．目標価格設定

価格設定の落とし穴
その1：思いつき

最も陥りやすい初歩的な落とし穴がこれだ。その名のとおり、値決めの材料であるマニュアルに沿った検証や、有力な情報、過去の事例などを無視し、直感だけで値決めを行うことを指す。「売ろう」と思い立ったが最後、あとは「いくらまでなら値段を上げられるか」「いくらでなら客は財布のひもを緩めるか」を考えるだけだ。

最終的に最善の結果が得られればそれでよしと、自分の手腕を顧みず、いくらで売りたいという売り手側の希望を捨ててしまう。運がよければこの方

法でも儲けることは可能だし、行き詰まることはないだろうが、もしかするともっとたくさんの利益を生む値段のつけ方があったかもしれない。たいがいの場合、思いつきによる値決めは、大惨事が起こるのを手をこまねいて見ているのと同じなのだ。

価格設定の落とし穴
その２：業界の常識

　これは最もよく見られる落とし穴だ。「あっ、皆はそうするのか。じゃあ自分も同じようにしておこう」という「郷に入っては郷に従え」の発想を指す。業界の多くが、値段や値決めの基準をはじめとする常識一覧なるものを発刊しており、それに背こうものなら、同業者からは非難が浴びせられる。とりわけ、基準とされている値段より高値をつけようものなら、風当たりは一層強くなる。

　この傾向は、特に医療や法律分野で顕著だが、その限りではない。それ以外の分野にも多く見られる落とし穴だ。だからこそ、ここでは時間を多めに割いて見ていきたいと思う。

　業界の常識は、それを手本にする人のコストや採算性を無視し、あたかも「こうすればうまくいくんですよ」と、目をつむってでも儲かるように見せかけている。この根拠のない手本があるがゆえに、どこの業界でも、成功を収めている経営者は全体のたった５％ほどで、残りの95％はもがき苦しみ、力尽きていく。

　成功から一転、破綻に追い込まれる最大の理由は、誤った価格戦略により利益が蝕まれてしまうからだ。決して、新たな競合の出現や資本の不足などといった、一般的に信じられたり、言い訳として用いられたりする理由によるものではない。

　さらに悪いことに、経営者たちが業界の常識を手本とするとき、採用する価格は最も平均的なものだ。「なんでも平均なら安心」と思い込んでいるか

らだ。

　それは間違いだ。平均的な価格を採用したところで、競争上の強みはまったくない。もたらされるのは平凡さだけだ。商品・サービスの改善や開発を行おうとしても、ビジネスをもっと成長させようとしても、さらには緊急事態に対処しようとしても、利益が少なすぎてどうにもならないという状況に追い込まれる可能性がある。最悪の事態は免れるかもしれないが、最高のビジネスをするには程遠い。

　仮にあなたが業界の常識に従っているとしたら、それは顧客が本当は何に価値を見出しているのか見抜けていないことを意味する。「なんのことだかさっぱり分からない」という方は気をつけたほうがいい。私のような者がライバルとして現れれば、「一発でおしまい」だ。私なら、まずあなたの顧客の中でキーマンとなる人物に目をつけ、その後、あなたから顧客を根こそぎ奪い取りアッと驚く高値での取引を成功させてみせる。

　とにもかくにも、人間は誰しも特別な存在でありたいものなのだ。顧客だって同じで、何か誇りを持てるようなモノを買って、その価値に自分を重ね合わせている。あなたを常識に縛りつけ、当たり障りのない月並みな発想や似たような考え方をさせているものに対しては、大いに疑問を抱くべきだ。そしてその何かの正体のひとつが、値決めなのだ。

　多くの人が、業界の常識を、まるで法律か何かのように大変恐ろしいものとしてとらえている。規制機関などが実際に定めている法律でない限り、業界の常識は、身の回りにあふれているさまざまな情報と同じように、ただの業界関連の豆知識くらいにとらえるべきなのだ。その情報はあくまで顧客の声であって、同業者や専門機関による調査の結果ではないということも頭に留めておくべきだ。

　私はいつだって業界の常識を破って来たし、クライアントやセミナー参加者などにも、そうすることをすすめている。

　「ほかの経営者が皆賛成しているから自分も賛成しなければいけないなんて

ことはない」

これが、私のモットーだ。

価格に関する業界の常識が、あなたを待ち構える最初の落とし穴かもしれない。その落とし穴から這い出すことは可能だ。

もうひとつ覚えておいてもらいたいのは、今日、各業界の常識として広く浸透している価格戦略の多くをたどってみると、どれも当時の常識を覆す革新的なもので、最初は非難の対象だったということだ。

たとえば、**〇万円ポッキリという全額込みの旅行代金**や、**不動産**などの**分割所有**、**カイロプラティック療法での据え置き料金**や**プリペイド式の支払い**、**２つでもお値段変わらず〇〇円といった割引**や**スポーツなどの観客席の会員制割引**などがそれにあたる。これが何を意味するのかと言えば、たとえ今は型破りのバカらしい価格戦略だと思われようとも、最終的にその戦略が業界の常識となる日が来る可能性は十分にあるということだ。

価格設定の落とし穴
その３：顧客の言い値に振り回される

これも、よくある落とし穴だ。顧客の言い値がビジネス成功の鍵となることもあるにはある。たとえば、オークションがよい例だ。eBayなどのオークション会社は、出展者がいくら売り上げようと関係なく、出展に関する手数料や一定のサービス料を設けることで利益を得ている。

大半の企業にとって、顧客の言い値で値決めをするのは、かなりバカげた行為だ。「いつだって顧客の言うことは正しい」という神話に振り回され、経営者たちはいくらだったら商品・サービスを買ってもらえるかを焦点に、顧客に探りを入れる。そしてその結果をもとに、価格を設定する。

顧客には賢い顧客とそうでない顧客がいることや、その調査がしかるべき場所でしかるべきときにされたものかということは問題にはならない。さらに、価格というのは、商品を売り込む人がどんな人物かに左右される事実も無視される。そんなことはさておき、基本的には価格実験のみが行われるの

だ。

　さらに、顧客の言い値に従うことで「最高いくらまでなら出してもいい」と思っているかを顧客があなたに伝える機会も奪ってしまう。たとえば、私の商品を気に入ったあなたが、何がなんでもそれを手に入れたいと思って、「100ドルまでなら出してもいい」と考えていたとしよう。

　そんなとき、私が「いくらだったら買いますか？」と聞いても、本当のことをバカ正直に答えるだろうか？　そんなはずないだろう。できるだけ得をしたいと思うはずだ。きっと、希望どおりの額で売ってもらえることを期待し、あえて低めの値段を言うだろう。口を突いて出る言葉と、心の中で思っていることには、大きな差がある。顧客の「この値段なら買います」「この値段なら買いません」という言葉に振り回されていては、バカを見るだけだ。

　人間というのは、実に面白い。真実よりも、「相手はこう答えてほしいんだろうな」「こうすれば自分が一番得をするな」という答えが口を突いて出るようになっているのだ。たいていの場合、必要に迫られるまで、自分が本当はどう思っているのか、自分自身気づいていないものなのだ。

　顧客に意見を求めたくなる気持ちはよく分かる。聞き出した情報を踏まえて値決めを行いたい気持ちも分かる。顧客に対する調査やフォーカスグループ、さらには顧客との他愛もない世間話だって、価値あるものには違いない。だが、あなたの利益についてなんの関心もない顧客の声を値決めの基準にするのは、お門違いというものだ。

価格設定の落とし穴
その４：コストプラス方式

　これは、今ご紹介した２つの価格戦略より高度なもので、成功を収めている企業の大半で採用されている。今では時代遅れだが、昔から広く受け入れられている戦略だ。何しろ、この戦略に関する参考書も出ているくらいなの

だから。会計士に値決めについて相談しても、コストプラス方式を持ち出す可能性は十分あり得る。

コストプラス方式の値決めは、まず商品を売り出すのに必要な全コストを割り出し、それから得たい利益の額を上乗せするという方法だ。何を隠そうこれこそ、本章の冒頭で合理的だとして最初に取り上げた価格戦略だ。真っ先に考えなければならないのはこの戦略の要であるコストと利益。これはもちろんそのとおりだ。

コストプラス方式が、思い込みや顧客の言い値による値決めよりはるかに高度な戦略だとしても、問題点はたくさんある。まず挙げられるのは、この戦略が「顧客はどんなときでも売り手が負担するコストを考慮に入れてくれるもの」という前提のもとに成り立っている点だ。

実際、**顧客にとってはその商品がいくらでつくられたかなんてどうでもいい問題**だ。商品を売り出すためにあなたが莫大なコストをつぎ込んだからといって、顧客がちょっとでも興味を示してくれるとは限らない。コストがかかったからといって、顧客にとっても価値ある商品であるとは限らないのだ。

消費者の間では、コストがいくらかかったかはこれっぽっちも問題にされない。たとえあなたが画期的な電気自動車を開発し、開発費として20万ドルものコストがかかったとしても、「そういうわけで20万1000ドル(もしくは30万ドル)で買ってください」と言ったところで、買い手は納得しない。「そんなの知ったこっちゃない。それは君にとっての問題だろう」と言われてしまうのが関の山だ。

同様に、消費者はあなたがいくら儲けようが関係ない。あくまで仮の話だが、さっきの電気自動車がたった500ドルのコストで売り出せたとしても、「2万5000ドルで売ってくれ」と言う人もいれば、なかには「4万ドル払わせてくれ」と言う人もいるだろう。あなたが大儲けしようがしなかろうが、損をしようがしなかろうが、そんなことは、消費者にはどうでもいい話なのだ。

「どれだけ価値ある商品を手に入れられるか」

　消費者にとって重要なのはそれだけだ（ここでの価値とは、その人にとって価値あるものという意味の極めて個人的な価値を指す）。

　もうひとつ、コストプラス方式には、買い手が負担する商品の発送コストを考慮に入れていないという矛盾点がある。顧客が住んでいる場所を最初から特定しておくことなど不可能だ。

　たとえば、Aさんは店から30マイル離れたところに住んでいて、Bさんは店の目と鼻の先に住んでいるとすれば、発送コストはAさんのほうが高くつく。それならこれも考慮に入れてしかるべきではないだろうか？　そうしないのは、発送コストがお客負担だからだ。これではあまりにも自分勝手だ。

顧客にとって売り手の
コストと利益は関心外

　さらにコストプラス方式には、もっと大きな弱点がある。それは、あなたの価格に対する考え方を凝り固まったものにしてしまうことだ。この戦略は、コストと利益にしか重きを置いていない。利益を上げることを目的とした戦略ではあるのだが、提供する価値や得る利益の可能性を最大限まで高めることは不可能だ。いつまでたっても、最初の一歩で足踏みをして、同じ結果しか生み出せない。そしてコストばかりを気にかけるあまり、顧客のことなどそっちのけになってしまう。

　極めつけは、コストプラス方式では、正しくコストが認識されていないという致命的な問題点がある。量の概念がまるっきりないのだ。ご存じのとおり、コストは取引される量に左右される。ほとんどの場合、量が多くなるにつれコストは下がるものだが、業界によっては、設備投資や棚卸資産、増員、資本の強化を目的に、一定期間コストを上げる必要性が生じることがある。コストプラス方式では、この現実が無視される。

さらに、価格が販売量を左右するという現実も無視されてしまう。それにより、またもや正確なコストの割り出しに失敗してしまうのだ。
　仮にXとYという商品があって、XがYより多く売れたとしよう。でも、実はYを売るほうが利益は大きいとしたら？　もしそうなら、Yの損失分をXのコストとして考慮に入れなければならない。

　最後に、この戦略では、同じ商品・サービスでも売る人や手段によってかかるコストが変わってくるという事実が見逃されがちだ。たとえば小児医療の分野では、医者の多くが直接、患者の家庭を訪問するサービス形態が取られている。そのうち、往診だからという理由で治療費を多く請求する医者はごく稀だ。ほとんどが、外来患者と同じ治療費を請求している。つまり、患者の家に行くためのガソリン代は考慮されていない。
　外来の診察なら次々と患者を診られるので、時間のムダは生まれない。しかし往診となると、最低でも15分は患者の家と家の間の移動に取られてしまう。着替えたり車を走らせたりする時間や、そのほかもろもろの時間的な手間を考えると、1件往診するごとに、最低でも125ドルの利益が失われている計算になる。つまり、甘く見積もっても、相当のコストがかかっているのだ。
　コストプラス方式を採用する、または、あくまで参考にする。どちらの場合にせよ、現実的なコストが見積もれているかという点に関して、いつでも細心の注意を払う必要がある。

価格設定の落とし穴
その5：目標価格設定

　最後の落とし穴は「目標価格設定」だ。これは、ビジネスと価格戦略を投資ととらえたものだ。ある事業に対して投資した際の見返り額を算出することで、たとえば100ドルの投資を行い200ドルの見返りを期待する場合、目標価格は300ドルということになる。

現実的には、時間的なコストなどの要因に影響され、この価格は310ドルや323.62ドルに変わることもある。先ほどのコストプラス方式に比べ、目標価格設定はより利益に焦点をあてたものだが、似たような課題をたくさん抱えている。また、卓上の利益ばかりに注目するあまり、市場の現実を無視してしまっている。投資に対する見返りを考える際は、弾き出された数字を細心の注意をもって見る必要がある。

　目標価格設定の最大の危険性は、売上原価と製造原価を混同してしまうことにある。たとえば、ある商品の宣伝とマーケティングに月5万ドルのコストがかかっているとしよう。その結果、月に1000ドルの利益が生まれ、各商品に50ドルずつ投資を行うとすると、その金額もコストに組み込まないといけない。また、その宣伝が新たな顧客と共に昔の客も引き戻すことにつながったり、多数の商品の販売を促進したりした場合、どの商品にどれだけのコストがかかったか正確に割り出すのは、極めて困難だ。

　驚くことに、目標価格を正しい順序で——まずは確保したい利益の額を決め、それをもとに目標の利益に届くだけの取引数や販売数を設定する——行っている経営者は少ない。正しい方法で行えば、自分たちの行っている目標価格の設定では望む利益が得られないことは一目瞭然だろう。まずはそこから考え直さなければならない。

価格設定の目的は利益を確定させること

　効果的な価格戦略はどこへやら、経営者の大半は価格を決めた傍から忘れていく。思い込みや業界の常識で値決めを行う人が、まさにそうだろう。もし、ご自身に思い当たる節があるという方がいれば聞いてみたい。最後に競合の価格をチェックしたのはいつだろう？　きっと、思い出せないくらい前の方もいるのではないだろうか？

　断言してもいい。あなたをはじめ、あなたを取り巻く競合の大半の資金運

用は、現実を無視したものだ。そして誤った運用をする一方で、利益は最後まで得られることなく終わっていく。

インフレや価格の変動は、あなたが対処を怠ったことが原因で起こるものではない。あなたの取る行動とは一切関係なく起こるものだ。それゆえ、売り手側に価格を変える意思がなくても、価格を維持することはできないのだ。あなたが頑なに維持しようとしたところで、インフレの影響を受けているから、価格は勝手に変化していく。

インフレが起きれば、つまり物価が少しでも上昇すれば、コストもつられて上昇する。ということはつまり、それに合わせて利益は下がっていくということだ。

ここ最近のアメリカを取り巻く消費景気を考えると、この先インフレが引き起こされるのは避けられないように思える。ニュースでどのように報道されていようが、その影響を受けずしてビジネスを続けることは不可能だろう。

あなたにとって、利鞘や手取り、そして価格が満足のいくものであっても、インフレに伴い失われた本来の価値が埋め合わされなければ、そしてその利益でコストの埋め合わせができなければ、意味がないのだ。

高価格商品を提供するスキミング戦略にする

ここまでで、いかに多くの経営者が値決め戦略を軽視しているかお分かりいただけたなら、値決めの意義を理解している経営者がいかに少ないかということも、簡単に想像がつくだろう。価格とは単に、金額で表される商品・サービスの価値ではない。それを設定する意味は「いかに多くの利益を生むか」を探るということにある。

明日のために今日の利益を犠牲にすることがあっても、いつだって最後は利益を生むという目標が達成されなければ意味がない。一歩踏み込むと、**あ**

なたが「これがこの商品に最もふさわしい価格だ」と思うとき、そこには確固たる戦略に基づく理由がなくてはならない。

　高値で勝負している企業では、多くの場合「スキミング」という戦略が採用されている。これは、牛乳を濾す作業に似ていることからつけられた名前だ。絞った牛乳をしばらくそのままにしておくと、クリームの層が上のほうに浮き上がってくる。ビジネスでいうスキミングとは、この上澄みの部分、つまり快く高値を支払ってくれる顧客に向けて価格を設定するという戦略だ。つまり上澄みの消費者に対して商売を行うのだ。
　スキミングを使って集めた顧客で、まず値段のことを持ち出す者はいない。彼らが気にするのは、欲しい商品・サービスの価値に関することだ。「どれだけレアなモノなの？」「本当に質はよいの？」など疑問はさまざまだが、何かしら必ず疑問は出てくる。

　私自身、ヘルスケア業界でこのスキミング戦略を採用しているが、実際、一般的な競合とは比べものにならない高値でサービスを提供している。訪れるや否や価格を聞いてくるクライアントはごく稀で、そんな連中はこちらが価格を提示する際、不安気に息を飲んで見守っている。私自身、あらゆる手を尽くして、そんなクライアントとは関わらないようにすると同時に、高値を了承してくれるクライアントだけを引き寄せるよう努めている。
「よそでやっている治療は行わない。うちでしかできない治療を提供する」
　これが私の理念だ。この理念に基づき、すべての業務にあたっている。そして輝かしい実績もある。実績もまた、価値として認識されているもののひとつだ。面白いことに、何も私が自分自身で実績をアピールしたわけではない。
「あそこは高いけれど、高いだけのことはあるわよ」
　こんな評判を広めてくれたのは、ほかでもないクライアントなのだ。

　ほかにスキミングを活用している例と言えば、ロールスロイスやブカッ

ティなどの名高い自動車メーカーだ。念のため説明しておくと、ブカッティで車を買おうと思えば、最低でも100万ドルないと無理だ。お分かりのとおり、この2社が価格を売りにしているのでないことは一目瞭然だ。

「アメリカンアイドル」（訳注：全米で大人気のアイドルオーディション番組）の審査員サイモン・コーウェルの愛車は、スーパーカーのブカッティ・ヴェイロンだ。ブカッティの調査によると、世界の見込み客6000人のうち、この車に手が届くのは、なんとコーウェルただ1人だったという。

「たった6000人しか見込み客がいないのか」なんて思った方、6000人という数字をあなどってはいけない。「その6000人って誰なんだろう」「どうしてそんな高い車を買う必要があるんだろう」と思った方も、目のつけ所を間違わないでもらいたい。ここで重要なのは、たった1人に売るだけで1億200万ドルの利益を生むという事実だ。

あなたに、ブカッティと同じくらい高値で勝負しろと言っているわけではない。あなたがすべきなのは、上澄みの顧客に焦点をあて、売上数ばかりを追い求めないでいることだ。

そもそもスキミングとは、一握りの顧客に対して行われる価格戦略である。市場のほんの一握りの顧客しか、上澄みになることは不可能なのだ。クリームの層が浮き上がって来たな、と思ったらそれがあなたのターゲットだ。

共著者のダン・ケネディも私同様、スキミングを自身のコンサルタントとコピーライターとしての仕事に活用している。まずコンサルティングの分野では、ライバルたちの1日あたりのサービス料は数千ドルが相場だ。そして多くが出張、つまり自らクライアントのもとに出向くというスタイルを取っている（どうりでコストが跳ね上がるはずだ。1日の儲けが2、3日の旅費で飛んでいってしまう）。

一方ケネディは、1日のサービス料が1万8800ドル、さらに顧客にオフィスまで足を運んでもらうスタイルを取っている。コピーライターとしては、ライバルたちが5万～1万5000ドルで広告キャンペーンにコピーを書いてい

るのに対し、ケネディの相場は5万〜10万ドルだ。そこに著書などの印税が加わる。コンサルタント、コピーライター、どちらの場合も、ケネディの見込み客はライバルに比べてごくわずかだ。

ケネディは顧客がどんな人物か承知しているし、顧客もまた、それ以上にケネディがどんな人物かを承知している。この点に関して興味を持たれた方は、ケネディの『No B.S. Marketing to the Affluent』(Entrepreneur Press)を一読してもらいたい。

買い控えに対処する
シーケンシャル・スキミング戦略

スキミングのひとつに、「シーケンシャル・スキミング」と呼ばれるものがある。この戦略は、今ご紹介したスキミング同様、まずは上澄みの顧客に向けた価格設定を行うところからスタートする。ここからが違う点だ。

シーケンシャル・スキミングは、その上澄みに対する販売が終了した際、今度は設定価格を落としにかかるのだ。つまり、**より多くの需要を求めて、上澄みのひとつ下の層の顧客をターゲットにする**のだ。そしてまたそこでの**需要がなくなると、さらに下の層の顧客に狙いを定め、価格を設定する**。これが、各層の需要がまったくなくなるまで繰り返される。

シーケンシャル・スキミングの最も分かりやすい例が、電機メーカーだ。プラズマテレビを例に考えてみよう。

市場に初めてお目見えした際、プラズマテレビには高額の値段がつけられ、上澄みの顧客たちを魅了した。そしてプラズマテレビが一般的に普及すると、上澄みの顧客の次なる興味は、壁かけ式のテレビとなった。テレビは消耗品で、画質もどんどん悪くなるということに消費者は気づき、ショックを受ける。それゆえ、新型のテレビが出る度、顧客は買い替えに走らされる。

それでは旧式のテレビたちはどのような運命をたどるのかといえば、需要

がまだある次の市場に売り出されることになる。この傾向は今日でも同じだ。プラズマテレビも、旧式の厚ぼったいブラウン管のテレビがたどった道と同じような価格の変化を見せている。次はどうやら３Ｄの時代のようだ。３Ｄもまた、数々の旧式のテレビと同じような価格の変化をたどることだろう。

シーケンシャル・スキミングのデメリットは、消費者の購買意欲に悪い影響をおよぼすということだ。賢い顧客は、待てば価格が下がることを心得ているので、買い控えが起こる。

買い控えには２つの対処法が有効だ。まず、**価格を下げるまでにできる限りの時間を設ける**。そうすれば顧客は我慢できなくなり、商品に手を伸ばす。あとは「価格なんて下げませんよ」と言って、ポーカーフェイスを決め込むことだ。

浸透価格戦略は巨大なスケールメリットを追求する

この戦略は、ある商品・サービスを市場に売り込む際、できる限り多く、かつできる限り速くその商品・サービスの認知度を上げて広く浸透させることを目的としている。

浸透価格戦略は、「消費者は安ければ安いほど喜ぶ」という前提の下に成り立っている。論理的にもこれは正しいことのように思えるし、事実そうかもしれない。

目の前に見たこともない同じ商品が２つ並んでいて、異なる値段がつけられていたとすると、安いほうを選ぶ顧客もいれば、高いほうを選ぶ顧客もいる。これは、安値に安心を見出す顧客もいれば、高値に安心を見出す顧客もいるということだ。

高い値段をあえて選んだ人は、高値のほうが品質面でのリスクが少ないと判断したのだ。ことわざでいう「安物買いの銭失い」という心理が働くのだ。

もし、誰もが「安ければ安いほどうれしい」と思っていたなら、高級ファッションブランドもブルガリのサングラスもロールスロイスも、カリーヌ・ジルソンもこの世に存在しない。まだまだ例を挙げればキリがない。もし誰もが「安値万歳」と思っていて、値引き価格にしか手を出さないようなら、市場に多様性などというものは存在していないはずだ。どの分野においても、高級と呼ばれる商品は存在しないはずだ。
　アップル社は新製品をすさまじいスピードで大量に市場に投入しているが、用いられている戦略は浸透価格戦略ではなく、スキミングだ。

　浸透価格戦略の恐ろしさは、「市場でのシェアが利益に直結する」という概念がもとになっていることだ。この概念は1960年代後半に突如叫ばれるようになったもので、多くの経営者が現在まで崇拝してきており、あのゼネラル・エレクトリック社の元会長ジャック・ウェルチに「ゼネラル・エレクトリック社はトップあるいは2番目のシェアが見込めない市場には参入しない」と言わしめたほどだ。その結果、市場の頂点に立つことばかりを夢見て、経営がガタガタになるという状況が現在まで続いている。
　この戦略は、ある意味失敗への近道と言えるかもしれない。この戦略を活用している例はアマゾンだ。アマゾンは電子辞書を、損をすることを承知で売り出している。電子書籍端末の市場を、自社の「キンドル」で独占するためだ。つまりその裏には、その行為が行く行くは利益に直結するという考え方があるのだ。

　公平のために言っておくと、この戦略にも正しい点はある。確かに市場でトップシェアを獲得できれば、スケールメリットが生まれる。つまり、競合よりも安く商品・サービスを売り出すことができるのだ。また、早い段階で競合を一掃することで、直接対決を避けることもできる。
　ダン・ケネディはかつてある会社を、実際の価値以上の値段で競合他社に買収させたことがあるという。「これからはこの会社と競争しなくてもいい」

という心理をうまく利用したのだ。

　浸透価格戦略は、市場でナンバーワンになってこそ意味を持つ戦略だ。市場でその地位を得るのは並大抵のことではない。規模の小さいビジネスの場合、まず利益を得ることが最優先事項で、市場でのシェアは二の次だろう。
　もしシェアを利益より優先してしまえば、いつまで経っても採算が取れず、さらにあと一歩というところでエネルギーを使い果たし、栄光を得ることはできないだろう。**市場でトップシェアを獲得するのはすばらしいことだ。それ以上に利益を生むことのほうが大切**だ。
　トップシェアを誇る企業の経営者だからといって、儲けもトップであることはめったにない。浸透価格戦略の主張するトップシェアが得られないからと言って、弱気になったり、資本をすり減らしたりしてはいけない。

　浸透価格戦略は、安いことに魅力を見出す顧客に焦点を当てたものだが、だからといって安っぽい商品やサービスが提供されているとは限らない。そのよい例が、高級志向の車レクサスだ。
　トヨタ自動車は、高級車市場と普通車市場の間にポッカリできた空白の市場に目をつけた。その市場を開拓すべく、普通車市場と高級車市場どちらに属する消費者も取り込めるような車、レクサスを開発したのだ。

　ご覧いただいたとおり、ひと言で値決めと言っても、その戦略は数えきれないほどある。あなたが選んだ戦略が反映された価格が、最終的に市場に出る。そうなると、商品、サービス、投入市場、投入時期によって、価格戦略をうまく使い分ける必要性が出てくる。
　たとえば浸透価格戦略であれば、タイミングが重要だ。一時的に効果を発揮するが、あくまでほかの戦略に変わるまでのつなぎ的戦略だ。一方のスキミングとシーケンシャル・スキミングを用いれば、コストやシーズン、市場競争の状況をベースに値上げや値下げを行うだけで、長期に渡り大きな利益を生むことができる。

どのような価格戦略を採用するかは、あなたのビジネスを左右する最も大きな要因のひとつだ。ぜひ、立ち止まってじっくり考えてみるべきだろう。

> 32の価格戦略と、さらに効果の見込める7つの価格戦略を紹介したサイト：www.SimplePricingSystem.com

9や7のつく価格は消費者にアピールする？

　99セントは、よく値決めに用いられる数字だ。だが、それはなぜだかご存じだろうか？「1ドルよりもお得な印象を与えるので、売り上げが伸びる」という人もいれば、「（わざわざ99セントを出すのは面倒という理由から）1ドルを置いていってくれれば、儲けが増えるから」という人もいる。

　99セントの始まりには、さまざまな説がある。たとえば故ポール・ハーベイ（訳注：アメリカで人気のコメンテーター）が言うには、『シカゴ・デイリー・ニュース』の創刊者メルヴィル・E・ストーンが、キリの悪い数字を価格戦略として取り入れた最初の人だそうだ。

　ストーンはもっと儲けを得るために、ニューススタンドに頼み込み、当時1セントで売っていた新聞をキリの悪い奇数の値段で売るという戦略を取ったという。そうすればお客はキリのよいお金を、つまり支払いやすい実際の額より多い1コインを置いていってくれるとにらんだのだ。

　レジに関するトラブルを避けるためだったという説もある。レジは1883年に誕生し、当時画期的な発明として脚光を浴びた。そして今日でも、私たちはそのお世話になっている。レジの発明により、売り上げをすべて残さず記録し、あとで見直すという作業が可能となった。しかし、悪い奴もいるものである。モラルのないレジ打ちの中には、売り上げをこっそり自分のポケットにネコババしてしまう連中もいた。これを見かねた経営者が商品を99セン

トにし、必ずお客に釣銭を渡す必要があるようにしたというのが、一説だ。

　ほかにも、売り手にとっても一目見て値引き価格だと分かるように統一した数字が99セントだった、という説もある。そう言われてみれば、ワイン専門店ではセール対象品に7で終わる数字がつけられているのをよく目にする。

　99セントの始まりがなんであったにせよ、今でも活用されているということは、なんらかの効果があるからだ。不思議なことに、私たちは9.99ドルと10ドルでは、なぜだか9.99ドルのほうを買おうという気になってしまう。その理由はよく分かっておらず、今も研究が続けられている。

　99セントのようなキリの悪い数字が、どんな場面でも効果的に働くとは限らない。20ドル、50ドル、100ドルなどの値段よりお得な印象を与えるからこそ、この戦略は有効だとして用いられてきたし、さまざまな業界で用いられてきた。ただ、私が携わるヘルスケア分野では、逆にキリのよい数字を採用することが多い。

　長年の経験から、この分野では末尾が0の数字が大きな効果を発揮することを心得ているからだ。もちろん、ターゲットにしている顧客がお金に余裕のある人たちだということもある。
「不自然な数字は顧客にケチな印象を与える」
　これが、ヘルスケアビジネスにおける私の見解だ。自分でもなぜだかよく分からない。はっきりしているのは、これまでのところこの分野では、事実としてキリのよい数字が一番効果を発揮しているということだ。

　とはいうものの、先日こんなことがあった。私も携わったヘルスケア関連の商品セットが家に届いたのだが、本来の値段は末尾が0のキリのよい数字である一方で、値引きされた価格を見ると、なんとすべて末尾が7だったのだ。今、どの数字をつけるのがベストなのか、あれこれテストを行っているところなのだが、これを書いている段階では、まだなんとも言えない。

ほかの価格戦略と同様、実際にいろいろ試してみることが必要だ。ある業界ではキリの悪い、末尾が9や7の価格が絶大な効果を発揮したからといって、ほかの業界でも同じかと言えば、そうとは限らない。

　ちょうど3という数字を不吉ととらえる人もいれば、ラッキーナンバーだととらえる人もいるのと同じことだ。実際テストしてみるまで、本当のところは分からない。

Chapter 18

前払い制のすすめ

ダン・ケネディ

Why Not Charge People to Buy From You?
by Dan Kennedy

▎金持ちが必ずしている習慣

　金持ちとそうでない人の違いは何か。
　その秘密をご存じだろうか？
　私は著書の中で、金持ちになるための28のヒケツを紹介しているのだが、その中のひとつに「行動一致の法則」というものがある。
　この法則は、ひと言で言えば、「金持ちになりたければ、金持ちの行動を真似ろ」というものだ。凡人とは違う、金持ちだけが取る行動を真似ない限り、金持ちになることはあまり期待できない。凡人とは違う、金持ちだけのビジネスのやり方を真似ない限り、ビジネスが驚くような成功を収めること

はない。これが、行動一致の法則だ。

あなたの行動は、あなたの野望と常に一致したものでなければならない。そうやって行動することで、野望は見事叶えられるのだ。

金持ちは前払いで報酬を懐に入れていく

さあ、金持ちの人々の秘密を探っていこう。

金持ちの人々は、ビジネスにおいて前払い制を取っている。儲からない人々はその逆だ。

たとえば2週間ぶっ続けで働いて、初めて報酬を手にする。金持ちの人々は、ビジネスに取りかかる前に報酬がもたらされている。

ドナルド・トランプの不動産事業でも、この前払い制が採用されている。建設予定地がまだ新地でレンガのひとつも運び込まれていないのに、トランプの開発業者は資本家獲得のため、最初に報酬を得る。トランプの建築家も、まだ設計図に線の1本も引いていないのに、最初に報酬を得る。しかし、工事現場で働く作業者たちは別だ。現場の人間は2週間必死に働いて初めて報酬を手にする。

前払い制には、後払い制とは比べものにならないほどの、実際に役立つ要素がたくさんある。だからこそ採用されているのだ。同時に形而上学的な意味でも、すさまじい効果を発揮する。

前払い制を採用するだけで、儲かる企業の仲間入りができるのだ。金持ちの行動を真似して、金持ちの仲間入りをした気分を味わうことで、現実はあとからついてくる。

ぜひ、この前払い制をあなたの価格戦略の一手に加えてもらいたい。**顧客には、これから価値ある商品・サービスが受けられるという特典があるのだから、先にお金を請求してしまえばいいのだ。**そのワクワクに対するお金を、先に頂戴させてもらおう！

「私にはできません」だって？　果たして本当にそうだろうか？

　カントリークラブはこの前払い制を採用している。ナイトクラブはカバーチャージ制だ。

　ディズニーワールドを見てほしい。パーク内のスーベニアショップと連携したウェブサイトを開設し、豊富な種類の商品をネット特別価格で販売している。そのサイトを見ようと思えば、先に料金を払って会員にならなければならない。

　競馬だってそうだ。駐車料金、入場料金を、馬券（つまり競馬ファンにとっての利益）と場内でのレストランや売店での食事という特典を手に入れるために、先に支払わなければならない。

　レンタカー会社、たとえばハーツも例に漏れずだ。一番よいサービスが受けたいとなれば、先に年間1500ドルの会費を払い、会員にならなければならない。

　何を隠そうこの私も、前払い制を採用している１人だ。これを書いている今現在、新規クライアントに対する初回のコンサルタント料は１日１万8800ドルだ。１回目の打ち合わせでは、主に今後の方針と費用を決めるのだが、同業者であるコンサルタントやコピーライターの中には、この類の初回打ち合わせなら無料で行うという人もいる。そうすれば、クライアントは喜んで契約に応じると思っているからだ。

　私は違う。ランチだって無料ではない。クライアントにはピザ屋、レストラン、小売店、専門的治療など、幅広い分野の経営者がいるが、私は誰に対しても「会員制にすることで商品・サービスにアクセスするための費用を先に請求しろ」と指導している。

会員制ビジネスで顧客に特別な付加価値を提供する

　会員制にはいくつかのメリットがある。まず、会費という形で最初にお金が入るため、たとえその後商品を購入してもらえなくても、必ずどの顧客からも最低限のお金を得ることができる。会費として回収したお金は、広告宣伝費やマーケティング費として運用することができるし、もちろんそのまま収益とすることもできる。

　もうひとつ、会費には顧客が競合に乗り換えたり、浮気したりするのを防ぎ、自分の店を贔屓にさせるというメリットもある。たとえば、すでにあるレンタカー会社に年間1500ドルの会費を払っているのに、わざわざほかで車を借りようと思うだろうか？

　私はオーランドにあるウォルト・ディズニー・ワールド・リゾートの「バケーション・オーナーシップ」（訳注：不動産を複数の所有者で利用できる不動産所有権の形態。この場合は、会員になることで、ディズニーが世界に展開する各種リゾートを利用する権利が与えられる）の会員だ。そのため、休暇となれば「そうだ、ディズニー・リゾートに行こう」という気に（半ば強制的に）なる。

　ホテルを利用する頻度は、ほかで宿を取るときと比べ年間で言うと２、３倍になる。だって、ほかのホテルに泊まってしまっては損ではないか。すでにディズニー・リゾートの会員で、毎年更新されるお得なポイント制度もあるのに、わざわざほかのリゾートに出かけてお金を払う必要はどこにもない。そしてこのお得なポイントにより、ほとんどいつ行っても、お土産やキャラクターの洋服がもらえたり、レストランやスーベニアショップでの割引が受けられたりする。

　ほかにも**会費制には、顧客がそのサービスを十分に活用しなかった場合、その差額が儲けになるというメリットがある**。一番身近な例はスポーツクラ

ブだろう。もしくは、私が携わる会員制の床屋（KennedyBarberClub.com）のサイトを覗いてもらってもいい。会費別に各種多彩なメニューが用意されており、会費は毎月クレジットカードから引き落とされるシステムになっている。会員のうち数％は、毎月の会費に見合うだけのサービスを利用しない。つまりそれは、ビジネス全体としてとらえたときに、利益になるのだ。

　もちろん、固定客として長く付き合ってくれる可能性が高いのは、会費分だけのサービスを毎月きちんと利用して元を取る客だ。そんな客は、次第により内容の充実したサービスが受けられる会員メニューを利用するようになる。反対に、せっかくの差額による利益はこれでチャラになってしまうこともある。つまり、会費にはメリットとデメリットの両方があるのだ。

　運がよければ、差額がそのまま利益となり、多額の儲けがもたらされる。床屋を例として頭に入れておいてもらえれば、分かりやすいだろう。ゴルフクラブでも、バーでも、レストランでも、ゲームセンターでもなく、床屋だ。付け加えると、床屋の会員たちは髪を切るだけでなく、その店オリジナルのヘアケア商品を買い求めることができる。その料金は、会費には含まれていない。ということはつまり、会員たちは、特別なヘアケア商品を買うことができるという特権に対してお金を支払っていると言えるのだ。

保険証を持っているのに治療してもらえない患者たち

　医療業界に関して言うと、今、閉ざされた医療が物議を醸している。何に対して閉ざされたなのかと言えば、オバマ大統領が推し進める医療保険制度改革、通称「オバマケア」に対してだ。

　2010年に成立したこの医療保険制度改革法は、「現実の見たくないところには目をつむる」という発想の下、議会を通過してしまった。その結果、ますます多くの医師たちの間で、従来の開かれた医療から閉ざされた医療への乗り換えが起こっている。これにより、メディケアやメディケードをはじめとする低所得者向けの保険に加入している人たちが、医療現場から締め出さ

れている。

　これは、「保険証は持っているのに病院に行っても治療を断られる」ということが現実として起こり得ることを意味している。医師たちにとって、儲けを確保することが最優先事項になってしまっているのだ。

　この傾向は今に始まったことではないが、ここに来て加速している。米国医師会と連邦政府は、これを災いの前兆ととらえ、オバマケアに背く閉ざされた低所得者を排除する医療をこぞって非難してはいる。実際にオバマケアが法律として成立しない限り、いくら非難したところで、閉ざされた医療はますます増えていくだけだろう。

　今、医療現場の現実はこんなふうだ。仮に、ある病院を利用している患者が4000人いたとしよう。医師たちは、より充実した会員制の医療をスタートすることを患者に告げ、400人分しかその枠がないことを説明する。つまり10人に1人しか、今までと同様の医療を受けることができないのだ。これは、10人でひとつの椅子を争うような椅子取りゲームと同じだ。

　400人は年間1000～5000ドルの会費を支払うことで、高級専門医療を受けることができるかもしれないが、医療内容は従来と変わらない。定期検診やいわゆる風邪の治療に限られ、それ以外の特別な検査や治療などには、別途別料金が発生する。

　400人の患者が年間にして平均2000ドルの治療費を払ったとすれば、医者の懐には80万ドルが転がり込む。その大半が会費として最初に支払われているものなので、保険会社に横取りをされる心配もない。税前を見ても、その額は後払い制と保険会社の介入を受ける従来のシステムより額は相当大きくなる。また大半の場合、やって来る患者も扱いやすい人が増え、仕事も進めやすくなるだろう。

　今現在、全米でこの会員制の医療制度を採用している医師は約5000人に上り、その中には高級医療サービス機関 Pinnacle Care Health Advisory (http://www.pinnaclecare.com/memberships/live_well) も含まれる。会員数はこの2年間で10倍に急増し、その数はますます増える傾向にある。この

背景には、先ほど述べたオバマケアへの反発がある。私が思うに、同じような高級専門医療は、歯科やカイロプラクティック、その他専門医療でも増えていくだろう。（出典：ウィキペディア「Concierge Medicine（高級専門医療）」2010年7月時点の記事）

高額VIPカード発行で優良顧客を買い込む

　この高級志向の会員制度は、ほかの業界でも以前からよく採用されているものだ。とりわけ会計や金融、資産運用などのサービス業は、依頼料や年会費という形で、クライアントから「高額のサービス料を前払い」という形で得てきた。

　ここで、あなたが人気の──特に週末となれば行列のできる──町一番のレストランのオーナーだったとしよう。レストランでも、先ほどご紹介した会員制は通用する。

　たとえばVIP会員向けに、特に混雑する週末の予約を受けつけるというサービスが考えられる。VIP会員たちにはワンランク上の特等席が用意されると共に、選んだメニューごとにウエイターによる高級感あふれるサービスが受けられる。

　ワインのテイスティングなどの会員限定イベントも楽しめる。これが仮に495ドルだとしよう。あるいは、2カ月に1度のVIP限定スペシャルディナーを設け、2000ドルの前払い制で売り出してもいい。

　VIPサービスを受けられるのが限定100人だとすると、その枠はすぐ埋まるだろう。必ず4万9500ドルか20万ドルの儲けが転がり込むことになる。

　だいぶ前のことになるが、私がフェニックスに住んでいたころ、人気のナイトクラブやレストランは、同様に500ドルでVIPカードを売り出していた。それを使えば、平日ならすぐに、週末なら少し待てば席に通してもらえるという優遇が受けられた。私が聞いたところでは、500人以上がそのカー

ドを利用していたという。

　ということはつまり、店側の儲けにすれば25万ドルだ。確かに実際、週末ともなると店は客で溢れかえっていたので、それくらい儲かっていたとしても不思議ではない（ちなみに私もこのＶＩＰカードを持っていた）。

　では、この店の売り上げを考えてみよう。仮に、ある客が１週間に２回店を訪れるとすると、年間で店に足を運ぶ回数は合計104回になる。しっかり食事をするときもあれば飲み物だけということもあるだろうから、一度にする食事は平均50ドルとしておこう。すると、年間5200ドルを落としていってくれることになる。

　なんてできた客だろう。そんな客が先ほどの500ドルでＶＩＰ会員になったとしよう。これは本質的に、毎回10％多く払ってもらっていることと同じ計算になる。もしこの客の足が店から遠のいたとしても、実際には20％か30％多く客に支払ってもらっていることを意味する。

　客は、そんなこと思いもしないだろう。お金とは何かを購入して初めて発生するものだと思っているからだ。会員になってしまえば、年に１度か２年に１度の更新手続きの際くらいしか、会員だったということを再認識する機会はない。知らず知らずのうちに、クレジットカードからは毎月お金だけが落ちていく。

　これでお分かりいただけただろうか？　会員制は、売り手も買い手も見過ごしがちな、思いもよらない価格戦略の一手なのだ。

Chapter 19

悪徳まがいの儲け術
──こんなのあり？

ダン・ケネディ

When Is Abusive Pricing Smart?
by Dan Kennedy

■ セルフビジネスで儲ける！

「絶対になし！」
　本章のタイトルを見て、そう思われたかもしれない。だが、そうは言っていられない時代が来ているのだ。
　私が思うに、あなたがボーッとしているがゆえに、売り手にいいように使われすぎている気がする。あなたは見返りがあるわけでもないのに、あまりに簡単に働きすぎだ。
　ガスリンスタンドでは自分で給油し、レストランでは自分で料理を取りに行き、スーパーでは自分でレジを打つ。私は、最後までセルフのガソリンス

タンドには手を出さなかった。ちょっとしかお金がもらえないのに働かされるなんて、私はごめんだ。まったくお金がもらえないなんてことなら、話にならない。セルフ＝便利なんてよく言ったものだ。

このセルフサービスという概念は、どんどんさまざまな場面で受け入れられるようになってきている。そう、これも価格戦略のひとつなのだ。つまり、何も与えずしてお金を請求するという戦略だ。

私が最も度肝を抜かれたひとつが、セルフの洗車場だ。洗車や車内の掃除は、今までならどこのガソリンスタンドでも、給油をすればついてくるサービスだった。それが今ではどうだろうか。

まず、自分で機械のところまで歩いていって、自分でお金を入れ、決められた時間内に自分で洗車をする。私が最後に利用した洗車場は、全自動なら19ドル、セルフなら4分で1ドルだったと記憶している。洗車場には下品なジョークの落書きがあったが、本書は品行方正なビジネス書なので、ここでは割愛する。興味があれば、近所の洗車場に行ってみるといい。

話がそれてしまったが、つまり私が言いたいのは、**顧客は提供されていないサービスにお金を払っている**ということだ。言い換えれば、自分で自分にお金を支払って働いているのだ。このまま行けば、給油の際、いつも車を拭いてくれるあのサービスはどうなるのだろう？　そのうち、洗車と同じように自販機からタオルを受け取り、自分で窓ガラスを擦る日が来るのだろうか？

オプションの追加サービスで顧客から金を巻き上げろ！

今やホテルでは、新聞や、挙句の果てにはミネラルウォーターにまで追加料金が課されているのに、その支払いを拒む人はいない。ここ最近では、アメリカン航空がブランケットと枕に8ドルの追加料金を設けた。

ヨーロッパのある航空会社では、有料のトイレが設置された。いっそのこ

と、座席もなくしてそのまま客を床に座らせばいいのではないかと思ってしまう。必要な客には座布団くらい用意してやればいい。そうすればガソリン代も浮くし、二酸化炭素の排出量も抑えられるし、航空会社の意図にぴったりではないか。まあ、客に請求できる追加料金は、せいぜい座布団代と尻が痛くなった客への塗り薬代くらいかもしれないが。

　もうひとつ、思わずあきれてしまった例をご紹介しよう。先日、あるカタログ会社の注文書を記入していたときのことだ。チェック欄にこんなことが書かれていて思わず目を疑った。

「□弊社社員の保険料の一部負担（１ドル）を負担する」

　きっと、言われるままにチェックを入れてしまった人もたくさんいるのだろう。またあるときは、各銀行からFDIC（米連邦預金保険公社）の保険料の値上げに伴い、預金からその額を支払わせてもらった旨を知らせる手紙が相次いで届いた（私たち納税者のことを何だと思っているのだろう？）。それには続けて、オバマ大統領の金融制度改革に伴い、応諾コストとして、「新たな追加料金が発生する」旨も述べられていた。勘づいた方もいると思うが、「改革を進める」＝「税金をよこせ」と言われているようなものなのだ。

　このような、悪徳とも呼べる手法は、かつては世間の非難を浴びていた。ビジネスをするうえで大変汚いやり方として見られていたのだ。しかし今は必ずしもそうではないらしい。

　もちろん、私はこのやり方に腹が立って仕方がないのだが、実際、銀行に反抗して預金を移す（でも、どこの銀行なら安全なのだろう？）顧客が出なかったことを思えば、どうも私が少数派らしい。

　私だって、ミネラルウォーターの代金を請求されたホテルをそれから一度も利用していないかと言われると、記憶が怪しい。それ以前に、追加料金という形で客を食い物にしていないホテルを探すことのほうが難しいだろう。

　ここでご紹介したような戦略のことを、私は**悪徳まがいの儲け術**と呼んで

いるのだ。ひょっとすると、私に賛成してくださる方もいるかもしれない。顧客の立場で考えてみると、この戦略はすでに受け入れられた、別段腹を立てるものではなくなっているようだ。だからこそこの戦略がまかり通っているのだろう。

悪徳商法と健全な商売の
グレーゾーンはどこ？

　この戦略は、「消費者の興味を価格からそらす」という意味では優れた戦略かもしれないし、何も真新しいものでもない。現に、車の広告に記載されている値段には、税金や権利書、ディーラープレパレーション費、お届け費などは含まれていない。カタログでの注文も、注文し終わって初めて、発送料金が判明する。

疑問その１：悪徳まがいの儲け術はどこまでなら許されるか？
　これは実際に試してみて、消費者の反応を探るのが早い。10人の消費者から月に3.25ドルの追加料金をとってみようか？　いや、まだまだ生ぬるい。では、思い切って1000人なら？　そう、それくらいしなくては！
　私のクライアントは、大変よくできた通信教育教材を販売しているのだが、あるとき提供方法を紙媒体の郵送から、ウェブ上でのPDFダウンロードに変えてみた。値段は従来どおり495ドルのままで、特別オプションとして、テキストとしてまとめた印刷版を200ドルで売り出した。
　３カ月の実験の結果、300人のうち約65％が特別オプションを購入し、この試みはわずかだが効果を見せた。なんてことだろう。彼は、取り立てて特別でも何でもないオプションをつけただけなのに、誰もそれでお金を取られることに異議を唱えなかった。

疑問その２：○○円ポッキリは本当に効果があるか？
　サウスウェスト航空は、2010年に託送手荷物込みの航空料金を打ち出し

た。この全額込みという○○円ポッキリの発想は、リゾートやクルージングなどの旅行業界でも採用されている。私としてはあまり「この戦略に頼りすぎるな」と言いたい。

　先ほどご紹介したとおり、医療現場ではメディケアやメディケードの患者たちが治療を受けられない状況に追い込まれている（年々その数は上昇中。以下、メディケア患者が適切な治療を受けられるまでの平均日数。2007年：9日　2009年：21日　2012年：60日　2012年に関しては著者予測）。そんな患者たちは、会費と医療費が発生する高級専門医療を受けることもできなければ、医療費が月額で一定料金に定められている全額込みの医療を受けることもできない。

　ディズニーは「アトラクションごとに料金を支払う」という従来の遊園地の料金設定の方法を改め、「入園料にパーク内のすべてのアトラクション料金も含める」という新しい方法を編み出した。最近では、短い待ち時間でアトラクションが楽しめる「エクスプレス・パス」や、待たなくてもいい「ＶＩＰパス」なるものまで特別価格で販売されている。そのようなパスにはさらなる特典や、通常時間外でもパークを利用できる優遇などがついていて、パーク内の高級リゾート宿泊者たちが対象となっている。

　今ご紹介した例はすべて、現在よく見られる価格戦略とは一線を画するものだ。つまり、安いと思わせておいてあとから思いがけなくたくさんの追加料金を請求するような戦略には逆行する、シンプルで分かりやすい戦略だ。「全額込みの○○円ポッキリ」という戦略を採用するときには、市場競争の場面で有利に働く可能性があるかを吟味する必要がある。

　<u>疑問その３：ディズニーのような○○円ポッキリ戦略を成功させるには？</u>
　ディズニーでは入園料を払うだけですべての乗り物やアトラクションが楽しめる。それでも先ほどご紹介したとおり、「エクスプレス・パス」や「ＶＩＰパス」には、追加料金が発生する。追加料金がかからないと思いきや、本当のところはそうでもないのだ。

その戦略が本当に悪徳かどうかを判断するのは、もちろん顧客だ。あなた方経営者側がどう思おうと、まったく問題ではない。顧客の受け止め方だけが重要になってくるのだ。

通販の「送料・手数料込み」は誰の利益になっているのか

　ダイレクト・マーケティングの分野では、「送料・手数料込み」という甘い言葉が戦略としてよく採用されている。「キッチン用品のテレビショッピングと言えばあの人」というほど有名なとある司会者も（ここでは名前は伏せておく）、この戦略で稼ぎまくってきた。

　消費者が負担するのは商品と実際に発生する送料のみと見せかけておいて、実際にはほかの消費者の送料・手数料も割り振り、負担させているのだ。しかし、テレビで私たちが目にするのは送料・手数料が込みになった値段だけなので、その実態は明るみに出ない。似たような戦略は、少しひねりを加えて、便利グッズなどを扱う１分間コマーシャルなどでも多く見ることができる。

「今なら無料でもう１つおつけします」
「今ならお値段そのままで、便利な○○もおつけします」

　このようなコマーシャルでは「ただし、送料・手数料は別々とさせていただきます」ということしか、消費者には伝えられない。蓋を開けてみると、すべての商品の原価と、送料・手数料を消費者が負担していることになる。

　どれだけ否定しようとも、**実際のところ、広告、通販をはじめとするあらゆる業界において、実際発生する送料や人件費は現実よりも上乗せされている**。これは、少しでも余計に利益を確保するためだ。

　仮に今まで29.95ドルだった商品が送料・手数料の４ドルアップにより33.95ドルに値上げされたとしても、それに文句をつける消費者はほとんどいない。その結果、この架空の４ドルは売り手側の臨時収入となる。

通販会社では、通常より早く商品を届けるお急ぎ便や、発送の際に商品に欠陥が生じた場合は無料で取り換えたり、追加商品をプレゼントしたりするなどのサービスが取られている。だが、通販会社自身が損害保険に入っているので、損害コストは会社側で負担しなくてもよいのが現状だ。注文はどれも当日か翌日には処理されるので、お急ぎ便にしようがしまいが、届く日は同じであることが多い。

　つい最近小切手の追加注文をしたときにはこんなことがあった。注文自体は、銀行のカウンターに行くまでもなく、機械に口座の暗証番号を打ちこんで、すべて自動でできてしまったのだが、最後にこんな質問が画面に映し出された。
「安心パックにて、小切手をご自宅に直接郵送しますか？」
　言うまでもなく、安心パックなど存在しない。小切手だからと言って何か特別な郵送方法があるわけではない。違いと言えば表に「親展」と記載されているかどうかくらいだ。
　万が一郵送中に紛失されてしまっても、私の当座勘定約定証や住宅所有者保険でカバーされる仕組みになっている。このサービスはどう考えてもボッタクリだ。きっと、これに対してはほとんどの方が同感だと思う。

　追加料金という形で転がり込んだお金は、すべて残らず企業側の利益になる。このような戦略はどれも顧客にとっては悪徳だと見なされるのだろうか？　それとも、なかには悪徳と見なされてしかるべき戦略が紛れているのだろうか？
　銀行の例に関して言えば、これは悪徳商法にあたる気がするが、はっきり「そうだ」とは言い切れない。いずれにせよ、私の意見はそんなに重要ではないのだ。
　顧客が気にも留めず、商品以上に送料や手数料にお金を支払っている事実に対しても「別に構わない」と言うのなら、それでいいのだ。現に今、そうやって商品の多くが消費者の手に渡っている。

だが、これだけは忘れないでもらいたい。この戦略を使うときにも、あなたには最大限の利益を確保するというビジネスマンとしての使命があるのだ。それこそがあなたの仕事だ。それだけ、しっかりと胸に刻んでいただけたことを祈って、本章の締めくくりとして拙著『No B.S. Wealth Attraction in the New Economy』の一部分を掲載させてもらう（できれば、全部を通して読むことをおすすめする）。

請求書には不当利益がちゃんと計上されている

　悪徳と見なされかねない戦略は、業界ごとにその種類もさまざまだ。たとえば映画のチケットを購入する際、広告で目にした料金に手数料が含まれていなかったことが、注文する段階になって初めて分かるかもしれない。弁護士は費用に関して「1時間○○円です」とは言ってくれるかもしれないが、端数は切り上げますとまでは言ってくれない。つまり、電話で12分話せば費用は20分間分、46分話せば1時間分請求される。

　こんなふうに、毎日の買い物、請求書、明細書、クレジットカードの引き落とし額を、目を皿のようにして見直してみれば、消費者としての私たちの生活の中にどれほどたくさんの悪徳とも取れる戦略が、涼しい顔で忍び込んでいるかお気づき願えるに違いない。

　繰り返すが、その戦略が悪徳かどうかを判断するのは、「顧客」だ。このような戦略が今や社会の常識であり、信頼の置ける会社も採用しているという事実があっても、私はあなたに大きな声で「さあ、あなたもやってみましょう」とは言えない。

　送料や手数料に関する戦略は実際のところ、法に触れるかどうかギリギリの、グレーゾーンに位置する行為だと言えるだろう。これが本当に悪徳商法に当たらないのかどうかは、今一度議論してみる必要がある。必要とあら

ば、問い詰めるべきだろう。しかし少なくとも、「じゃあどうやってそんな悪徳まがいのことをせずに、より大きな価値や利益が生めるか」については、あなたも折に触れて頭を悩ませてみる必要がある。

　先日、ある眼科検査技師と話をする機会があった。彼が言うには、診察料や眼鏡の費用を引き上げたところ、特に年配の患者から抗議の声が上がったそうだ。数カ月してほとぼりが冷めたころに、今度は別のやり方でレンズ費用に関する値段を打ち立ててみると、今度はまったく反発が起きなかったという。

　どういう方法を取ったのかと言えば、患者にレンズ費用として提示する価格の中に、検査料、送料・手数料、レンズが破損した場合の１年保証費を組み込んだのだ。これらすべてが組み込まれたレンズ費用を見て疑問を抱いたり、不満を言ったりする客は１人もいなかった。結果、この戦略は眼鏡の売り上げを７％も伸ばすことにつながった。

　同様に検査費用に関しても、記録管理費と費用還元の際に必要な保険書類作成費を含めた７ドルアップの金額を検査費として提示するようにすると、年間で純利益は３万ドル増加した。彼は言う。

「これだけじゃ大したことないように聞こえるかもしれないけれど、これをあと10年続けたら……と考えてみてください。なんと30万ドルも得をする計算になるんですよ！」

金持ちになるための28のヒケツ
その4：自分の使命と責任をはっきりさせる

ダン・ケネディ

「おや、君、独立したのか。そんなに金儲けがしたかったのかい？」

あなたもご存じのとおり、世間には起業家に対してこんな感想を抱く人がいる。

スーパーカーを乗り回し、1等地にお城のような家を建てる。そんな贅沢三昧の起業家に、世間の大半がいただけないという顔をする。だが、考えてみるといい。もし、宝くじで数億円でも当たろうものなら、まったく同じことを誰もがするはずだ。現に、当選者の多くがそんな生活をしている。ということは、「いただけない」という反応の裏にあるのは、金儲けに対する嫌悪感ではなく、金持ちに対するただの妬みなのだ。

ビジネスにおいて目標を達成することや業績を上げること、野望を持つことが、あまりに単純に儲け主義と結びつけて考えられてはいないだろうか？

私が思う儲け主義とは、何も与えずして、お金を奪おうとする行為だ。

商品やサービスを売りさばいて、できるだけ多くのお金を得ようとするのは儲け主義か、それとも賢いやり方か、はたまた野心があるか……どう呼べばいいだろう？　実際の価値より低い値段で商品・サービスを進んで提供したからといって、それはいい人になるのだろうか？　そんなはずはない。それは、ビジネスマンとしての責務を怠っていると言うのだ。あなたには、自分をはじめ、家族、投資家、取引先、株主、銀行、サプライヤーに対しての責任がある。そしてその責任とは何かと言うと、最大限の努力で以て最大限の利益を上げることだ。そうすることで初めてビジネスをうまく回し、支えてくれるすべての人との約束を果たすことができるのだ。逆に「ここまでできればまあよしとしよう」と妥協してしまうことこそ、経営者や会社の代表としての責任を放棄することにあたる。そして責任を放棄してしまえば経営は立ち行かなくなり、場合によってはもろくも崩

れ去ってしまう。

　ここで、あなたにひとつ聞きたいことがある。あなたの起業家としての責任とは何だろう？　起業家として、あなたはどんな使命を持っているとお考えだろうか？　起業家として、自分が果たすべき役割とは何なのか、ぜひお聞かせ願いたいのだ。資産を増やすこと？　会社を大きくすること？　ビジネスを安定させること？　それとも、富を築くことだろうか？
　大半の人が、起業家としての自分の使命とは、社会に雇用を生むことだと思っている。世間を見れば、それにまつわる法律を成立させようという動きも見えるし、時に雇用確保の問題をめぐっては法廷で争われもする。なぜなら、皆、それが企業の使命だと思っているからだ。
　雇用を生むことが起業家の使命？　まさか、あなたそうはお思いではないだろう？
　仮に、雇用を生むことでビジネスがうまくいき、さらにその雇用を増やせば増やすだけ利益も増えていくとなれば異論はない。しかし、少ない雇用でより大きな利益を生むこともあるとすれば、あなたの認識は間違っていることになる。

　起業家の使命とは、税金を納めることだ——こう言う人も多い。
　個人的なことだが、IRS（国税庁）にひとつお願いがある。どうか、私の莫大な税金がどこでどう使われているかを、写真で知らせてはくれないだろうか？　そうすれば、少しは気持ちも収まる。たとえば、支援先の国民、アメリカ国内なら生活保護を受けている人の様子を写真で知らせてほしいのだ。民間の非営利団体を通して、恵まれない国の子どもたちに寄付を行えば、1度や2度は、元気な様子を知らせる手紙が届く。政府の方でもそんなふうにしてもらえるとありがたいのだが……。私が思うに、納税者1人ひとりに支援する人を割り当て、なんらかの形で彼らの様子が分かるようにするべきだ。イラクまたはアフガニスタン17人を担当する人なら、写真が届けば「あ、私の税金は、道路や学校、食糧に姿を変えて、彼らを支えているんだな」と、思える。私たちの税金は、北朝鮮をはじめとするアメリカに敵意むき出しの国にも使われている。ちなみに、あのゼネラ

ル・モーターズの誰かさんのためにも……。でも写真が届けば、冷蔵庫にでも貼って、いつでも眺めることができる。そうなった場合はぜひ、支援先のあなたには——毎回とは言わないので——1度や2度は手紙でも書いてもらえると大変ありがたい。ありがとうございます、元気でやってます。そう言われて嫌な気分になる人はいない。そうだろう？

　もちろん、法律に逆らうわけにはいかないから、定められた額の税金はちゃんと納めなければならない。

　でもだからと言って、法で定められた以上の額の税金を納めることが起業家の使命ではない。逆にあなたが納税額を減らそうと事業を縮小したりするなら、それはあなたが打ち立てた勝手な目標に対する使命だ。

　では、消費者の生活に貢献すること——これが、起業家の使命だろうか？　いや、違う。もちろん、そんな商品・サービスを提供できるに越したことはない。そしてあなたが意図したとおりに消費者が商品・サービスを使用してくれれば、もう言うことはない。しかし、消費者が購入したモノをどのように使用しているか見守るのは、あなたの使命ではない。もしそれを見届けて初めて使命が果たされるとすれば、心配で夜も眠れないではないか。

　これは、私が起業してすぐに直面した問題でもあった。もしこの問題に直面していなかったら、儲けることに対しての私の意欲は激減していただろう。私の儲けは、宣伝文句を考え、講演を行い、執筆に携わることで成り立っている。そしてそのどれもが、ビジネスにおけるあなたのモチベーション、考え方、スキル、利益を向上させることを目的としている。そして正直言って、今まで一度も、私の与えた情報を、私の意図しない形で活用しているクライアントはいない。仮にあなたが私の立場だとして、自分の発信する情報が適切に受け取られているかいちいち気にしていたら、身が持たない。本も売れなくなるし、アイデアだって湧いてこないだろう。私のクライアントたちは、誰もが見逃しているありふれたモノにヒントを得て、すばらしい商品を販売したり、それまで誰も注目しなかった薬に目をつけて成功したりしている。なかには、荒れ果てたコテージを生まれ変わらせた人もいる。

せっかくお金を払って商品・サービスを買い求めたのにうまく活用できていない人に対して、私は「申し訳ない」と罪悪感を抱くべきだろうか？　家まで行って、お金をお返しするべきだろうか？　クルージングや一流リゾートでの時間を満喫したり、次はどの馬を飼おうか思いをめぐらせたりしているときに、私はそんなふうに罪悪感を抱いたことはない。だって、それは私の使命ではないからだ。それは、消費者側の責任だ。

　私が望んでいることは、私の本を余すことなく読んだ読者が、自分のビジネスに生かせそうなことをピックアップし、実行に移してくれることだ。しかし正直言って、それはあなたの利益のためであると同時に、私の利益のためでもあるのだ。なぜなら、そんな行動を起こしてくれた顧客こそが、長い付き合いをしてくれるお得意様になるからだ。

　本書の冒頭で、びっくりするほど高価な物置を開発したクライアントの話をしたことを覚えておられるだろうか。もし、客がその物置を購入して、裏庭にばっちりセットしたのに、ガレージの中のがらくたを物置に移さなかったらどうだろう？　それにもかかわらず「せっかく物置を買ったのになぜだかガレージが片づかない。せっかくガレージに車を置けるようになると思ったのに」とでも言っていたらどうだろう？　極めつけに、物置のおかげできれいになったガレージに、またもやがらくたを置き始めたらどうだろう？　そんな客にも、私のクライアントは頭を下げてお金を返しに行かないといけないのだろうか？

　そんなバカなことあるはずない。そんな客には、物置をもうひとつ売りつけてやればいい。もしくは、掃除の代理サービスでもいいだろう。『ガレージが片づく魔法の掃除術』なんて本を売りつけるのも面白そうだ。とにかく、もっと何か売りつけてやればいい。

　起業家の使命とはこれだ——「株主のために、最大限の利益を上げ最大限の富をもたらすこと」。これこそが、私たち起業家の使命だ。「株主、1人もいません……」なんていう方がもしいらっしゃれば、心配することはない。あなた自身がほかでもない株主だ。その使命のためには、いつも公平な立場で、嘘をつかず、人を欺かず、不正を働かずにビジネスを行わなければならない。そして起業家にとっての誠意とは、自らが舵を取る企業において、売り上げ、利益、価値を最大

限に利用することだ。

　逆に起業家にとっての誠意のない行動とは何だろう？　試合で手加減するボクサー。大事な試合に万全の体調で臨まないプロスポーツ選手。法廷に準備不足でやって来る弁護士。2日酔いでメスを握る医者──これらはみんな、それぞれの持ち場、立場での誠実さに欠く。つまり、起業家にとっての誠実さに欠く行為とは、試合で手加減するボクサーのように妥協してしまうことなのだ。

Chapter 20

値下げ中毒社員に気をつけろ！

ジェイソン・マーズ

Beware of Staff Sabotage of Price Starategy
by Jason Marrs

▍社員は従順は大ウソ

　想像してもらいたい。あるアメフトのチームで、ヘッドコーチはクォーターバックに自ら積極的にランを仕かけるよう指示している。オフェンスコーディネーターはラインマンたちにパスプレイの配置戦略を指示している。ディフェンスコーディネーターとその選手たちはそんな両者にはさまれ、もううんざり顔……。果たして、こんなチームが試合で勝利を収めることができるだろうか？

　本書の執筆にあたり、ふとこんなことを思い出した。ダン・ケネディが言うには、実際、シカゴ・ベアーズのディフェンスコーディネーターだったバ

ディ・ライアンが、日曜の超満員の試合の際、観客の目の前で同じチームのオフェンスコーディネーターをぶん殴るという事件があったそうだ。

　経営陣の大半は、社員は皆、「従順な兵士のように、自分たちの戦略に沿って動いてくれるものだ」と思い込んでいる。実際のところ、どんな軍隊にも反逆者がいて、「下剋上を突きつけられることがある」ことを忘れている……。

　暴力行為ではないにしても、つい最近であれば、アフガニスタンでの米軍の活動をめぐり、軍内部で最高司令官と将官の意見が対立しているという事実が『ローリングストーン』誌を通して伝えられた。社員は兵士のように会社に忠誠を誓ってくれるもの。実はそれは、非常に危険な思い込みなのだ。

頼んでもいないのに勝手に値引きしてくれるカラクリ

　「家の大きさに見合う庭を」という思いから、私は裏庭の改造費に想像を絶する額のお金をつぎ込んだ。一番力を入れたのは納屋で、家と見間違うくらいの立派なものをオーダーメイドでつくらせ、裏庭の木々を取っ払って設置した。防犯上の理由から、金網だったフェンスは侵入者を防ぐ頑丈なものに取り換えた。

　側庭と2階の中庭を取り壊し、見事な敷石の中庭を新たに2カ所設けた。改造前と改造後の庭をご覧になれば、あなたはそのあまりの違いに、アッと驚くはずだ。ご近所の庭を何個集めたって、うちの家の庭をつくった費用には届かないだろう。

　わが家の庭のすばらしさとそれに懸ける私の熱い想いは少し置いておいて、納屋にしてもフェンスにしても敷石にしても、庭の改造をするうえでどの業者にも共通していたことがあった。それは、どの業者も、交渉次第で値段を安くしてくれたということだ。

　私が少しでも不満を言おうものなら、彼らの口からはすぐ「安くしますか

ら」という言葉が出てきた。おかげでずいぶん費用は浮いたが、業者にしてみれば災難だっただろう。

　あるとき、庭を扱う仕事をしている知り合いがうちの庭を見た際、費用のことを言うと「このできのよさでその値段？！」と言って驚いた。普通に考えて、「その値段でこんなすばらしい庭をつくるのは無理だ」と言うのだ。実際、庭のできには私も大満足だった。
　私自身、この庭には「もっとお金を払って当然だ」と感じてはいたが、請求されてもいないお金を支払う気などサラサラなかった。だって、私にはその責任はない。
　しかしながら、この庭をつくった会社は、その労力と時間を考えれば、もっとお金を取ることができたはずだ。買い手は喜んでもっとお金を出してもいいと思っているのに、売り手がそれを拒む——これはよくあることだ。

　私がもっとお金を出してもいいと思っているのに、この庭会社がそれを要求しなかったのは「安くなければ工事を断られる」という思い込みが常に頭にあったからだ。「値段が原因でせっかくのお客を逃がしてしまったらどうしよう」という不安を抱くあまり、値下げをしなければと勝手に思い込み、せっかくの利益をムダにしてしまったのだ。本来の価値でサービスを提供することなく、よく考えもせずに値下げに踏み切ってしまったと言える。
　悲しいことだが、これが大半の経営者にあてはまる現状だ。経営者というより、販売を任されている営業マンの現状だ。**営業マンたちは、儲けをムダにするような行為を平気でしている。**あなたがご自身の会社の営業メンバーに全幅の信頼を寄せているとしたら、この点に関しては、気をつけたほうがいい。

値引きをすれば客は喜ぶと誤解している人たち

　私がこんなふうに客の立場を利用して売り手をからかうことはあまりない。そんなことをしても時間のムダだ。スーパーで買い物するときだって、私の頭には「○○ドルまでしか買わないでおこう」という発想はまったくない。それどころか値段なんて見ない。欲しいものを欲しいだけ買うまでだ。「いくらだろうと言われた額をちゃんと支払いますよ」という気持ちで買い物している。

　それにもかかわらず、どこのスーパーに行っても、頼みもしないのに値引きがこれでもかというほど用意されている。ときどき足を運ぶあるスーパーでは、会計の際にレジで「こちらの割引券が使えますのでお値段引いておきますね」と言って、わざわざ値引きしてくれた。今日がセール日であることを知らずのこのこやってきた、私のような客に対しても……。

　あるとき娘を連れて花屋に行くと、「かわいいお嬢ちゃんだから特別」といって、レジの人がおまけをしてくれた。どこのパブに行ってもバーテンはおまけの1杯をすすめてくれるし、ウエイターは「○○ドルでいいですよ」と言ってくれる。どこに行っても値引き、サンプル品、優待の嵐。私が何かよいことでもしたのだろうか？
「ひょっとして、このルックスのせい？」と思って鏡を見れば、しわだらけの顔に、メタボ気味のお腹……。冗談はホドホドにして、私だってこれはうれしいことに変わりはないのだが、このような現場の判断で行われる値引きで会社が得をすることはひとつもないだろう。こんなよい待遇を受けているのは何も私だけではないはずだ。きっと多くの人が同じような経験をお持ちだろう。これこそが、社員自体が会社の利益を蝕んでいる例のひとつなのだ。

「社員がそんなことをするのは、会社に対して不満があるからだ」
　そうおっしゃる方もいるだろう。それも一理あるが、ほとんどの場合がそ

うではない。自分で自分の会社を痛めつけてやろうなどとは思っていない。

それどころかむしろ、そんな社員たちは「会社のために正しいことをしている」と思っている。社員たちは、自分の行いが間違っていることに気づくどころか、正しいと思っているのだ。なぜならたいていの場合、社員たちは経営陣がつけた値段に対して「ちょっと高いんじゃない」という感情を抱いている。だからこそ、値引きをしたり無料サンプルを配ったりでもしないと「顧客に申し訳ない」と思っているのだ。

勝手に値引きする社員が利益を食い潰している！

自分の給料がどこから支払われているのか。果たして社員たちは分かっているのだろうか？ そんなことを疑いたくなるくらい、現場の判断での値引きは日常的に行われている。ビジネスとは何かということさえ分かっていない人もいるのだ。実際、分かっている人のほうが少ないだろう。

またもや文句になってしまうのだが、これに関しては学校教育に問題があると思う。「儲けることはやましいことではない」ということをきちんと学校で教えるべきだ。ビジネスなくして、この社会は成り立たない。

誰だって、社会の一端を担っている。雇用する側であろうがなかろうが、そんなことは関係ない。教授、社長、自営業……誰だってそうだ。何かを生み出したその報酬によって生活していることに変わりはない。政府だって例に漏れず、利益なくしてやっていくことは不可能だ。

1人の社員の勝手な判断により、最終的には会社全体が被害をこうむる。儲けることは、やましいことではない。生きていくうえで必要不可欠なことだ。儲けなしには、社会に貢献することもできない。

あなたは経営者として、ここで私が述べていることをご自身の社員にしっかり理解させる責任がある。

「**儲けがなければ君たちの給料を支払うこともできない。君の行いは、その**

儲けを台なしにする行為なんだよ」

　そう、しっかり言って聞かせるべきだ。理解を促すためには、具体的に説明してやる必要があるだろう。たとえば、顧客が何に価値を見出すのか、顧客を1人獲得するのにいくらコストがかかっているのか、などを分かりやすい形で説明する必要がある。

　たとえば社員に、会社で働くにあたり重要だと思うことを10個、書き出させてみるといい。利益を守り最大限に高めること、価格弾力性を保つこと、会社の方針に沿って仕事をすること。こんな答えがまったくと言っていいほど出てこないのを見て、驚かれることだろう。誰も、そんなことは重要だとは思っていないのだ。つまり、社員たちは無意識のうちに、会社の利益を妨害しているのだ。

　同時に、「自分が売り上げたお金がどれほど会社の役に立っているか」「高値で商品を購入することで顧客はどれほど得をしているか」を実感させることも重要だ。価格ばかりを気にして営業するような社員こそ、値引きしがちな傾向にある。なぜなら、自分が販売している商品・サービスを買うことで、顧客も得をしているということに気づいていないからだ。得をするのは自分たち売り手だけだと思い込んでいる。

　この発想は、言うまでもなく間違いだ。なんの得もなければ、買い手はお金を払ったりしない。もっと言えば、**買い手は一度でも買い求めたものが役に立たないと判断すれば、二度と同じモノには手を出さない**。これは、紛れもない事実だ。

　もちろん、買い手にとっての得とは金銭的なものではない。満足のいく優れた商品・サービスや購入によってもたらされる経験、さらには売り手側の態度などがそれにあたる。そんなことをまったく理解せず、「ほかはどこも安くしているのに……」なんてことばかり考えている社員が、あなたのつけた価格に高いという感想を抱くのだ。

社員が値決めと儲けについてどう考えているかによって、やる気や行動に

大きな差が出てくる。自分勝手な判断で値引きに走る社員は、たとえそんな気はなくとも、あなたの価格戦略の方針に沿って働く営業やほかの社員にも大きな影響をおよぼす。

　全社員があなたの価格戦略を同じくらいよく理解しているわけではない。自分勝手な判断基準に基づき値引きを行う社員がいれば、あなたの経営基盤と価格戦略はぐらつき、商品・サービスが持つ本来の価値が発揮されない。これに関連した内容は、ケネディの著書『ダン・S・ケネディの世界一シビアな「社長力」養成講座』（ダイレクト出版）の5〜7章、9章、13〜16章、21章、22章、41章で詳しく紹介されているので、こちらも併せてご一読願いたい。

あなたの会社から値下げ中毒を根絶する方法

「課題を認識している」のと「解決に乗り出す」のでは雲泥の差がある。これは価格戦略に関しても言えることだ。

　いつでも値下げをしてしまうというのは、ある種の依存症と同じだ。儲けとは何かが分かっただけでは、またこの依存症は再発してしまう。値下げを持ち出してしまう癖を根本から断ち切ることが重要だ。
「ちょっとほかの方法を試してみて、ダメならまた値下げをすればいいや」という生半可な気持ちではダメだ。**これまでとは比べものにならない程の高い価値を提供するための、まったく新しい価格に関する認識を持たなければならない。**そうすれば、儲けを自ら捨てるなどという発想は湧いてこないはずだ。ひと言で言えば、販売戦略と同様に価格に関しても揺るぎない戦略を持って仕事にあたるべきだということだ。

　社員に対し、「値引きに対して前向きなのは君だけだよ」というだけでは、不十分だ。それだけでは、忘れたころにまた予期せぬ結果を招くだけだ。一時的に値引き中毒は抑えられても、しばらく経つと、そんな社員はまた口を

開けば「安くしますよ」と言うようになる。気づいたころには、会社はディスカウントショップに変貌を遂げてしまう。

　だからこそ、値決め中毒は根本から断ち切る必要がある。10人の顧客がいれば10とおりの価値が商品には見出されることを理解させるためにも、それしか道はない。

　値下げでは顧客の心をつかむことはできない。値引きに頼る社員の悪い癖を失くすには、根絶という方法しか残されていない。それくらいの徹底的な対策を取らなければ、社員をあなたの価格戦略の下で動かすことはできないのだ。一度再発すればまた依存状態に陥ってしまう――。それが値引き依存症の恐ろしさだ。

　少しでも手を緩めようものなら、すぐまた元どおりだ。実際、あなたの価格戦略に泣きわめいて反抗してくるような社員を見ると、ドキュメンタリー番組などで取り上げられる自傷行為を止めることができない患者を思い起こされるかもしれない。

　それでも、利益を取り戻し守っていくためには、心を鬼にしなければならない。怯んでいる暇はない。あなたの価格戦略がいかにすばらしいものであっても、それに反抗する社員がいては元も子もない。

　値下げ中毒を根本から断ち切るのと並行してもうひとつ行わなければならないことがある。それが、**社員へ支払うボーナスの額を、粗利ベースから純利益ベースにする**ことだ。もしかしたら、お互いに今までそんなことを一度だって考えたことはなかったのではないだろうか？

　それもそのはず。そんな制度を取っている会社は、ほとんどない。実際のところ、私もまだクライアントにこの話を持ちかけたことはない。でも、考えてみれば筋の通った試みではなかろうか？　こうでもしなければ、いつ社員は目を覚ましてくれるというのだろう？

　社員の給料を粗利ベースで支払っていれば、社員は黒字なのに会社は赤字なんて事態も発生する。笑いごとではない。

　実際、こんな会社は探せばいくらだってある。私自身、一時期そんな状況

に追い込まれたことがあった。原価が徐々に上昇する一方、セット販売をしていたので、個別の商品の純利益まで目が行き届かなかったのだ。結果、パッケージの原価の上昇と売り上げの釣り合いが取れず、損失が利益を上回ってしまうことになった。言うまでもなく、社員への給与は粗利ベースで支払われるから、社員の給与を見ただけではそんな状況は見えてこない。

もし、あなたの会社の社員で値決めと価格が何であるか、値下げがいかに危険なものか、高価格戦略がいかに大切かを、口をすっぱくして言い聞かせたにもかかわらず、まだあなたの価格戦略にケチをつけたり、反抗したり、さらには経営方針自体に逆らおうとしたり、ほかの社員に悪影響をおよぼすようなことがあれば、残された道はひとつしかない——会社を去ってもらうのだ。

利益と価格戦略を守る一番手っ取り早い方法

値下げ中毒の社員に利益と価格戦略を台なしにされたくなければ、それらを社員の手の届かないところに置いてしまうのが一番手っ取り早い方法だ。これは、場合によっては経営者のあなたにもあてはまることかもしれない。

もし、あなた自身が値下げ中毒者なら、社員と一緒に利益の手の届かないところに配置換えをされることになる！　すでに値下げをしている場合、お客に迫られても「ノー」というのは至難の業だ。とりわけ、味をしめてしまった客ならなおさらだ。

人の心は変わりやすい。共感もすれば同情もするし、怖くなったり不安になったり、欠点はたくさんある。いったん価格を私たちの感情でどうすることもできないところに置いてしまえば、もう安心だ。つまり、感情に左右されないプロセスで価格を処理してしまうのが、最善の策なのだ。

そのプロセスとは具体的にどのようなものを指すのだろうか？　企業の中

にはこのプロセスを取り入れているところもあり、たとえばネット販売や交渉する隙を与えない固定価格での販売などがこれにあたる。

なかには、「取引先が決めたことなので私たちにはどうすることも……」と言って、うまく顧客を納得させているところもある。そんなわけで、レストランのメニュー表を見て値段に文句をつける人はほとんどいない。

車の販売業者のチラシに掲載されている価格を真に受ける人はいない。かつてゼネラル・モーターズが新ブランド「サターン」を売り出した際、車の価格提示のやり方に対する顧客の信頼は回復したように思えた。ところが、いったん打ち出した価格を維持することに対する同社の意志の弱さと、販売業者や営業にもその価格を何がなんでも守らせようという気がなかったことが災いし、失敗に終わった。

使用するプロセスは、少なくとも冷やかしの客や値段にしか興味のない客があなたや営業の前に現れ、直接対応する手間が生じることのないよう事前に食い止められるようなものでなければならない。そんな客が店に足を運ぶ前に、広告、ウェブサイト、オンラインビデオ、パンフレットなどを通して、商品・サービスの価値や高級感、専門性、威厳を印象づける必要がある。これに関しては、グレイザー・ケネディ・インサイダーサークルの会員である私の友人たちが大変詳しく、さまざまな業界で成功を収めているので、ぜひ234ページをご覧いただき、アクセスしてもらえればと思う。

この、感情に左右されないプロセスで価格を処理するという戦略は、誰もが心からそうしたいと願う戦略だ。ただ、私たちは人間だ。感情から逃れるのは至難の業で、大半の人が流されてしまうだろう。経営者、営業部長、営業マン、接客係、どんなに営業の手腕が優れた人でも、顧客を前にすれば、シナリオどおりにはいかないものなのだ。

値下げ根絶のために
残された最後の選択肢

　結論から言って、利益と価格戦略を守ろうとすれば、値下げ中毒の社員を教育し、諭し、やる気を引き出すしか道はない。それでもダメなら……辞めてもらうしか道は残されていない。
　本書を読み終わった頃には、あなたはご自身のビジネスに変革をもたらしたいと思われるだろう。とりわけ「価格戦略」を変えたいとお考えになると思う。自分が変わろうと思うとき、そこにはいつもそれを喜ばしく思わない人の存在がある。そんな人にかけられる言葉はこれしかない。
「賛成できないなら、去ってくれ」
　もし、あなたの会社にも変化を受け入れられない社員がいるなら、告げる言葉はこの言葉しかない。この点に関しては、誰がなんと言おうと譲れない。「朱に交われば赤くなる」ということわざのとおり、流れに逆らう社員が１人でもいれば、必ずほかの社員にも影響が出てくる。あなたがこの点に関して我慢したり忍耐を発揮したりする必要はまったくない。

　そんな予備軍をどのようにして見つけ出せばよいのだろうか？　真っ先にブラックリストに名前が上がりそうなのは、ノルマ達成のために頻繁に値下げを実行しているような社員だ。ひょっとするとその社員は、あなたが将来有望だと思っているようなできのいい社員かもしれない。
　きっとその社員は、「値下げ」という最大の武器を取り上げられたとたん、あなたの脅威になり得る。十分に用心して、その社員をつまみ出さなければならない。常にアンテナを張り、不平不満を聞き逃さないことだ。

　あなたの方針を一番冷ややかな眼で見ているのは誰だろう？　あなたに真っ向から対立したり、顧客の不満をこれみよがしにぶつけてきたりするのは誰だろう？
　単に高値や固定価格で売ることの大切さを心得ていないだけの社員。裕福

な顧客に不快感を覚えている社員。値段以外に価値を見出す顧客もいることが信じられない社員。儲けが自分の利益に直結していることに気づいていない社員……。

いろいろな社員がいるだろう。生産性の高いトップセールスマンになるか、それとも利益は上げられないのに文句ばかりこぼすトラブルメーカーになるかは、紙一重だ。あなたは経営者として常に社員たちを注視し、問題が起こった際には迅速に対応しなくてはならない。

会社の利益を守るのは経営者の一人だけ

かつて、大変優秀だという推薦を受けて、1人の女性を私の会社に迎え入れたことがある。履歴書からは、確かに輝かしい学歴・経歴が伺い知れた。私は、彼女をあるプログラムの明暗を大きく左右する、非常に重要な役職に就かせることにした。

なんと彼女は、うちのあるサービスの提供価格を見て「信じられない」と言ったのだ。その価格が実際のところはうまく機能していることを、どうしても理解することができなかったらしい。

私たちはまず、そのサービスを提供するためにかかっているコストを説明した。サービスを受けるクライアントの平均的な収入に関しても説明した。高価格戦略であるがゆえに、ほかでは受けられないサービスや、新しいサービスを生み出すことができているということを、徹底的に説明した。参考になると思って、うちを訪れるクライアントがよく読む『ロブ・レポート』（訳注：富裕層を対象に、ラグジュアリーなライフスタイルを提案する高級志向の雑誌）を手渡しもした。こんな世界が本当にあるんだということを理解する手助けになればと思ったのだ。

しばらくすると、彼女の行動は改善され、私たちの方針を理解してくれたように思えたのだが、実際のところそうではなかった。蓋を開けてみると、彼女は私たちの価格戦略に大きな損失を与えていた。それだけならまだし

も、ある日忽然と、本当になんの前触れもなく、会社を辞めてしまったのだ。

その後のドタバタ劇といったらなかった。彼女は私たちに、後任者を一刻も早く決めなければないという置き土産を残していったのだ。あんなことになるなら、早い段階で辞めてもらったほうがまだマシだった。

結局のところ、会社の方針に異議があり、その方針をどうしても受け入れることができないと言うのなら、「辞めてもらう」しかないのだ。そんな社員をいつまでも雇っていては、会社にとって損失になる。出て行ってもらわなければ、会社の利益を守れない。

価格弾力性と利益は、ほんの些細なことでアッという間に崩れ去ってしまう。しっかり支えてやらなければ維持することはできない。揺るぎない信念を持った誰かが。そしてその誰かこそ、ほかでもない経営者である「あなた」なのだ。

億万長者になるためのヒケツ その8

価格戦略を考えるうえで「でも……」は禁句！
言い訳を考える時間があれば、有効な価格戦略を考える時間にあてるべし。
「うちの場合は違うから……」も禁句！　いかなる状況でも対応してやろうという気持ちが成功を生む。ここまで読んでみて、まだ何かひっかかるという方は、ぜひもう一度最初から読み直してみてもらいたい。だが、従来の戦略にこだわっていては、幸運は決して訪れない。

Chapter 21

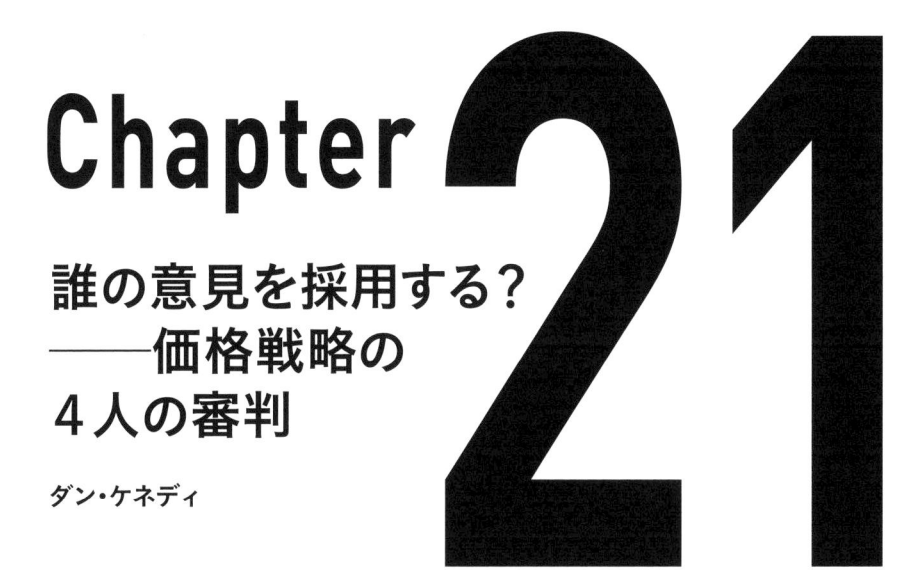

誰の意見を採用する?
——価格戦略の
4人の審判

ダン・ケネディ

A Jury of Four But Only One Decides Fate
by Dan Kennedy

■ 価格戦略に影響力があるのは誰?

あなたの値決めや価格戦略が正しいかどうかを判断するのは、以下の4人の審判だ。
1. あなた自身
2. 会社の人間(幹部を含む社員)、家族、友人
3. 取引先
4. 顧客

ただし、この中で最終的にあなたが聞き入れなければいけないのは、たった1人の意見だ。

2．会社の人間（幹部を含む社員）、家族、友人

　この人たちは、あなたの価格戦略に関して、たくさんの印象や意見を持っている。あなたが高価格戦略を打ち出した場合、大半が「高すぎる」と思うだろうし、実際にそんなに高くない場合でも、「商品に見合わない」「理不尽だ」「ぼったくりじゃないの？」「あり得ない」なんて感想を持つ者も現れるだろう。

　こんな人たちの意見を真に受けて値段を下げるのは、バカげている。しかしながら、価格戦略に変革をもたらそうと思えば、この人たちを避けては通れない。この人たちの高価格に対する消極的で批判的な意見は、次の４つの原因によって引き起こされている。

> ①経営者や売り手に対する不信感
> ②起業家や富裕層に対する不信感
> ③価格、ひいてはビジネス全体に対する不信感
> ④企業、経営にまつわる数字、経済（言い換えれば本書に書かれていることすべて）に関する知識の欠如

価格戦略の相関関係
敵は敵、味方も敵

　断言しよう。もし、あなたが「好きな値段をつけてください」と言えば、この人たちはあなたの商品・サービスに対して、真っ青になるような安値をつけ始めるだろう。

　その値段と言ったら、あなたが本書を読む前につけたかもしれない価格をもはるかに下回るに違いない。だからこそ、何があっても、この人たちの意見に流されてしまってはいけないのだ。

　あなたの価格戦略、値決め、値段に対する考え方は、何があっても曲げてはならない。この人たちの意見を採用したところで、もたらされるのは毒だけだ。決して富や利益はもたらされない。表向きは分かったふりをして聞き

流すのも手だ。しかしいかなる場合でも、その意見を真に受けてはならない。

3．取引先
　これは競合を含む、同業者や同じ事業者団体に属する企業を指す。なかには、頭が空っぽの無能な経営者も存在するだろう。このような取引先も、2の人たちと同じく、あなたの価格戦略に関してたくさんの印象や意見を持っている。
　あなたが高価格戦略を打ち出した場合、同じように大半が「高すぎる」と思うだろうし、実際にそんなに高くない場合でも、これまた同じように「商品に見合わない」「理不尽だ」「ぼったくりじゃないの？」「あり得ない」なんて感想を持つだろう。
　先ほどの場合と同じく、こんな人たちの意見を真に受けて値下げに踏み切る必要はない。「取引先だし、おとなしく従っておいたほうがいいんじゃないか……」という思いが頭をよぎるかもしれないが、考えてみてほしい。言ってみればあなたとは赤の他人であるこの人たちが、本気であなたのためを思って意見を出してくれるとお考えだろうか？

　なかには執拗に値下げを要求してくる者もいれば、いじめのような態度を取る者もいるだろう。その度合いが増すにつれ、陰湿さも増してくる。これは「こんなにがんばっているのに、なんであそこだけ成功してうちはうまく行かないんだ」という感情の裏返しだ。
　実はジェイソン・マーズと彼の妻も、政府機関の下請けや、今日生活するのでやっとという状況に追い込まれているフリーのセラピストたちからは、利益を略奪するという意味で「海賊呼ばわり」されている。私自身、同じ立場の人間——講演者やコピーライター、コンサルタントなどの情報を売りにする立場の人たち——からは、以前からずっと、同じように「海賊扱い」されてきた。
　私は全然気にしない。むしろ仕返しとばかりに、海賊をテーマにしたイベ

ントまで開いてやった。海賊モノの映画を観て、ドクロ印の福袋と海賊ハットを用意し、大きな海賊船の写真とドクロの旗で会場を飾ってやったのだ。

取引先の意見を取り入れたところで、待っているのは彼ら以上に悲惨な状況だ。

1．あなた自身

　価格戦略、もっと言えばお金や成功、富に関して、経営者であるあなたの考えや感情は非常に重要なウェイトを占める。何を隠そう、価格戦略を反映した給料を受け取るのはあなた自身だし、経営の舵を取るのもあなただ。

　だからこそ、どのような経営哲学を持つかが重要になってくるのだし、ビジネスを成功に導くうえでも、あなたの意見は非常に重要だ。しかし、4人の審判のうち1人だけの判断を採用するとなると、その1人とはあなたのことではない。

4．顧客

　顧客こそ、実はあなたがその意見を聞き入れなければいけないたった1人の審判だ。あなたのつけた価格に対し、顧客がどう反応し、どう考え、感じるかで、あなたが管理する預金やボーナスの額、赤字になるかどうかまでが左右される。

　あなたの値づけを、社員をはじめ家族、友人、取引先が寄ってたかって非難しようが、顧客の支持さえ得ていれば、成功したも同然だ。逆に、顧客を除く全員が賛成しているのに、顧客だけが首を縦に振らない場合は、失敗することのほうが多い。

　もちろん、今ご紹介したことが正しく機能するかどうかは、あなたにかかっている。商品やサービスの価値、そしてその価格をあらゆる手を尽くし、獲得した質のよい顧客に向けてアピールすることができて初めて、高価格戦略は成功する。何もかも顧客任せでよいというわけではない。

　すべては、あなたが経営者としての責任を果たしてこその話だ。とはいう

ものの、やはり「顧客」は、4人の中で最大の権力を持つ審判なのだ。ほかの3人の審判の意見に耳を貸しすぎてしまっては、最後にバカを見るだけだ。

Chapter 22

不況下での価格戦略

ダン・ケネディ

Price in Recessions
by Dan Kennedy

▎不況だから値下げは大間違い

　不況に怯え、慌てふためき、弱気になってしまうと、値段を下げられるところまで下げるという価格戦略を取ってしまい、結果として、商品・サービスの価値やそれを手にする顧客の満足度まで下げてしまうことになる。

　価格に関して、決して変わることのない、忘れてはいけないことがある。それは、どんな商品・サービスに対しても、圧倒的多数の顧客は、値段ではなく独自の「判断基準」に基づいて購入したいと思っていることだ。そして自分が買い求めたいモノに対して、きちんと納得のいく説明やアピールが行われれば、ついている価格以上の額を支払っても構わないと思っている。

大半の顧客に共通するこの考えは、不況下においても大きく変わるものではない。仮に不況に伴い、それまで４％だった失業率が12％まで上昇したとしても、「たった８％しか経済状況の悪化から従来どおりの基準でモノが買えなくなった人はいない」と考えることもできる。

　ウォルマートによれば、ここ数年で、不況のあおりを受けた顧客——収入が減ったり、投資に失敗したり、今後のことを考えて質素倹約に励んだりする顧客——が増加傾向にあるという。ウォルマートの気分を害することになるかもしれないが、そのような客の大半は、ただ単に日常品の切り詰めに入っただけだ。トイレットペーパーや掃除用品、スナック菓子、ペットフードなどにかけるお金は確かに減ったかもしれないが、ほかの場面ではちゃんと、いろいろなモノに対して、今までどおりお金を使っている。

　言うまでもなく、ウォルマートは不況以前から破格と大量販売で成功を収めてきた会社だ。だが、B to B、B to Cにかかわらず、不況になってから多数の企業がウォルマートと同じ低価格戦線に参入してきた。それは、必ずしも安全策であるとは言えない。そんな企業の大半が、これまで以上、場合によってはこれまでと同じだけの販売量を確保できないにもかかわらず、利益を後回しに低価格に踏み切ってしまっているのだ。

■消費者の節約志向に気づいた人、気づけない人

　つまりこういうことだ。**圧倒的多数の顧客は、不況下においてもこれまでどおり、値段の安いものではなく自分の欲しいものを、贔屓にしてきた店で買っている**のだ。何を基準に購入しているかと言えば値段ではなく、やはりこれまでどおりの価値に関する独自の判断基準なのだ。

　ひとつ例を挙げると、IBMインスティテュート・フォー・ビジネスが行った調査によると、「食料品を買う際に最も重視していることは何ですか？」という質問に対し、72％の消費者が品質と回答した。そのうちの68％が品質

の中でも特に栄養に気を配っていると答えた。

　もちろん、このような調査では「それらしいことを答えなければ」という思いが働くことも考えられるので、この数字を鵜呑みにしてしまうのは危険だ。しかし、次の調査結果と併せて考えれば、信憑性はかなり高いだろう。

　食品業界においては、経済的に厳しくなったからといってスーパーでの1回あたりの買い物量を減らした客は、なんと全体の約半数しかいないそうだ。1カ所でしか買い物しなくなったという客も同じく50％（2006～2007年の1年間で約35％上昇）に留まり、今までより安いメーカーの商品を買うようになったと答えた客は、わずか35％（2006～2007年の1年間で約7％上昇）だった。

　一方、約半数以上の客は、割引対象商品があるにもかかわらず、なじみのメーカーの食品を定価で購入している事実も明らかとなった。これでもうお分かりだろう。

　目の前にもっと安く手に入る商品があるのに、半数の顧客がそれには手を伸ばさないのだ。その理由として最も多かったのが「家族の健康を考えて」というものだった。「信頼の置けるメーカーの食品になら、今以上のお金を払ってもいい」という質問に「はい」と答えた人は81％にのぼった。コンサルタントのプロとしての私の眼から見て、この理由は対象がありふれたモノであることと、面と向かって値引きの要求ができるような販売員がいないことに起因すると思われる。

　以上、すべての調査結果を踏まえると、「どんな場合でも値段にしか目のない客」と、「不況であるという危機感から安いものを買いに走っている顧客」がいると言える。このような傾向は、売り手側から商品・サービスに関して納得のいく説明を受けていない場合にもたらされる。**大半の客は、不況下でも頑なに独自の判断基準と嗜好、そして家族のために代表されるある種の使命感をもって、商品を購入している**のだ。

　調査資料の出典：Grocery Shopping Survey by Synovate.com; Paying More for Brands & Packing in a Recession--- Report by Customer

Network@epmcom.com; IBM Institute for Business Value, ibm.com/ iibv.（IBM インスティテュート・フォー・ビジネス社による「食料品に関する不況下での顧客の意識調査」より）

回数を減らしても一回の外食費は逆に増えている

　たとえ不況であっても、消費者の大半は価格よりも売り手からの説得力のある話に反応を示す。説得力のある営業次第で、たとえ店に来る前から「１番安いものを買うんだ」と決めていたような顧客でも、コロッとその考えを変えてしまうこともあるのだ。
　なかには**不況であるにもかかわらず、品質向上を図ったり、商品・サービスに対してこれまで以上に高い値段をつけたりする会社もある**。賢い人は、富裕層の買う頻度は減らしても質は落とさないという購買スタイルに目をつけて、最大限に利用している。

　たとえば、2009年にレストラン評価会社のザガットが行った外食に関する調査によると、ニューヨーカーの夕食の外食頻度は１週間に３回で、前年の3.3回を下回ったが、１回の外食で使うお金については42ドルという結果で、前年から2.5％の伸びを見せたという。ニューヨークと言えば、レストランでの食事代に関して言えば、ロンドンに次いで世界で２番目に値段の高いことで知られている都市。同時にリーマンショック発端の地でもあり、ベアー・スターンズ、ゴールドマン・サックスなどの大企業が軒並み叩き潰された。つまり、**顧客は贅沢する頻度は若干減らしてはいるものの、贅沢するとなれば以前よりもお金をかける傾向にある**のだ。
　逆に、アメリカ全体を見た場合、中間層の顧客をメインターゲットにしているレストランチェーンは大きな打撃を受けている。通常の値引きに加え、不況を理由にさらなる値引き――「２回ご来店でお得なお食事券をプレゼント」「前菜とデザートがついてお得な15ドル」など――を実施しているせい

だ。

このようなレストランチェーンの多くからは、むしろ顧客と利益が不況前より落ち込んだという声しか聞こえてこない。節約のため、店を訪れる頻度が減るところまでは先ほどの例と同じだが、こちらでは逆に、その節約を後押しするようなさらなる値引きが行われているのだ。

不況時にはそれなりの商売のやり方がある！

　不況だからと価格を下げていては、火に油を注いでいるのと同じだ。すでに傷を負っているのに、さらにナイフを自分の体に突き刺す人はいないだろう。

　驚くべきことに、現状を維持するだけに留まらず、不況でもさらに売り上げや利益を伸ばしているような例もある。しかも、値引きをすることなくだ。

　ネブラスカ州・オマハにあるスキナー・ベイキングという家族経営のスイーツショップは、主にコーヒーケーキやシナモンロールといった菓子をスーパーに卸して利益を得ている。2008年、同社の売上は前年から18％の伸びを見せ、月単位で見ると、2008年の12月に最高の25％の伸び率となった。それまで１週間に５回だった仕込みの作業は６回に増え、オーブンは常にフル稼働状態。家族だけでは手が回らず、ついに人を雇い入れるまでになった。

　創業が1911年、多くの経済的に困難な時代を経験していることを考えると、売り上げが伸びたのは偶然ではない。

「つらいときにこそ人はおいしいものを食べるとホッとする」

　これを心得ていたことこそが、この会社の勝因なのだ。

　ヴァージニア州・フェアファックにあるバスルーム専門のリフォーム会社バスルーム・マジックは、2008年の売り上げが前年比で過去最高の75％増に

なった。成功の秘訣は、なんと不況だった。好景気で羽振りがよければ、顧客はバスルームにもお金をかけ、せっかくだから一から新しくしてやろうと考える。今のご時世そんなことをする人は珍しい。

「工事はたった1日。425ドルでバスルームが生まれ変わります」

　これがバスルーム・マジックの戦略だった。不況という経済環境が、逆に富裕層や、ひと握りのよりリッチな人々を取り込んだのだ。「経済が落ち込めば落ち込むほど、うちは儲かるんだ」と、オーナーは語る。
　インターステート・バッテリーという創業56年のバッテリー専門会社は、2008年に新店舗を43件オープンさせた。既存の125店舗に加え、追加人員を雇用するとともに、これまでメインだった自動車向けに加え、各種さまざまな製品向けのバッテリーを新たに取り揃えた。「2008年の10月と12月は、会社はじまって以来の好景気でした」とオーナーは語る。でも、なぜ……？
「景気が悪いと、車にせよコンピュータにせよ、買い換えるのを控えるでしょう。そこで、寿命を延ばすバッテリーが大活躍するんです」（出典：『USA TODAY』2009年2月2日付）

　あなたの言いたいことは分かっている。
「うちはそういうわけにはいかない。だって、不況で儲かる類のビジネスではないんだから」
　おいおい、冗談はよしてくれ！　それなら、不況で儲かるように改良すればいいではないか。
　どんなレストランでも、「ホッとする味」や「ホッとする空間」は提供できる。外食の頻度が減っているというのであれば、ケータリングのサービスを始めることもできる。ピザハットが最近、ピザのほかにも、特大サイズのラザニアのケータリングを始めたことをご存じだろうか？
　どんなリフォーム会社だって、建設業者だって、家具屋だって、安物買いの客ではなく、ワンランク上の富裕層を取り込むことは可能だ。どんなメー

カーだって、製造ラインを工夫したり増設したりすれば、不況だからこそ売れる商品を提供することができる。

ニューエコノミーの時代の足音が聞こえてきた！

　不況を言い訳に、できない理由を並べ立てていてはそこから先には進めない。不況を絶望的にとらえ、生き残ることしか考えられないようではダメだ。「**不況というピンチをチャンスに変えるには、どんなふうにビジネスをもっと創造的ですばらしいものに変えていけばいいのだろう？**」
　こう考えられなくては、ダメだ。
　不況や困難な時代を生き抜くための価格戦略を考えるのに欠かせないのは、創造力と忍耐だ。価格とにらめっこすることではない。

　私が本書を執筆している間にも、ブッシュ大統領の時代に起こった大不況は、オバマ政権下で悪化の一歩をたどっている。政策実行のための莫大な支出、増え続ける負債、手に負えなくなった民間企業への介入……。過去の例を見てみても、不況からの脱出には時間がかかる。もしかすると、あなたはまだ、ストライキや顧客の買い控え、失業率の増加などに苦戦している最中かもしれない。
　ニューエコノミー時代への変革には、こういうことはつきものだ。**もっと良識と分別を持ち合わせた顧客の時代がやって来る**。そして2009〜2010年にかけて明らかとなった莫大な累積債務ののちには、急激なインフレーションが必ず引き起こされるだろう（今はまだでも、そのうち必ずやって来る）。

　もっとタイムリーに私の考えを知りたい方は、私の月刊ニュースレターや週刊コラム、またはブログなどをご確認いただければ幸いだ。本となるとどうしても、執筆から出版までに半年〜8カ月、場合によってはそれ以上かかるので、本が売り出されたころには執筆中とまた状況が変わっていることも

あり、正確な予測を立てるのは非常に難しい。

　ただ、これを手に取ってもらったときの経済状況がどんなものであっても——たとえそれが1930年代の大恐慌を思わせるものであったとしても——、最も優れたビジネス戦略とは、常にスマートなマーケティング戦略を指す。「雇用もカット」「価格もカット」と、手当たり次第に何でも斬っているだけでは、決して成功しない。もっと頭を使わなければ……。

> 　グレイザー・ケネディ・インサイダーサークルの会員になれば、月刊の「No B.S. Marketing Letter」「No B.S. Marketing Affluent Letter」をはじめとする各種ニュースレター、オーディオプログラム、週刊コラムなどの会員限定のお得な情報を楽しめる。詳細は311ページ。

高額商品を買ってもらう仕組みをどうつくる？

　たとえば、販売プロセスや人材を見直して、社員のビジネスマンとしてのスキルアップを図ることも考えられるだろう。高価格戦略には、販売スキルが欠かせない。営業マンとしての能力が低ければ、モノは売れない。そして事実、このスキルを持ち合わせていないビジネスマンのなんと多いこと！

　2009年のクリスマスを目前にしたある日、私は高級デパートのノーズストームに買い物に出かけた。ちなみに、ノーズストームに入っている店でスーツを買うのは初めてだった。すぐにサイズの直しがきくようだったので、私は買い物を済ませてから再度その店を訪れた。つまり、1度目はスーツを買いに、2度目はスーツを引き取りに、計2回足を運んだのだ。

　ところが、その店の感じのよい頼りになりそうな店員は、一度だけ、それもかなり控えめに「こちらのコートもお求め安くなっております」と声をかけてきただけだった。

　「せっかくなのでもう1着お召しになってみられますか？　今ならお買い得ですよ」

「こちらのスポーツジャケットも似合いそうですね」
　そんな声がけは、一切なかったから私がその店で支払ったのは、最初から買うつもりにしていたスーツ１着分の950ドルだけだった。きっとその店員にしてみれば、それだけ買ってもらえれば御の字だったのだろう。

　１階に降りて、今度はある靴専門店の前の椅子に腰かけていた。ちなみに私の靴は、誰が見ても高級であることが一目で分かるものだった。靴屋の中では、２人の店員が何をするでもなく、ただボーッと突っ立っている。
「（名刺を差し出しながら）私、こういう者です。先ほどからすてきな靴をお召しになっているなと思って拝見しておりまして……。よろしければうちの店も見ていかれませんか？」
　そんなこと、いくら待っても来なかった。きっと「今日も売れないなあ……」とでも考えていたのだろう。もしくは「ボーナスももらえたし、あー早く仕事終わらないかなあ」とでも思っていたのだろう。

　次に向かったのは、婦人物のフロアだ。そこで、気に入った200ドルのバッグと100ドルの商品券を手にし、レジに向かうと、なんとも迷惑な女性客が、レジスペースに商品を全部並べ始めた。「別々にお包みいたしましょうか？」という店員に対して「ああ頼むよ。こっちは妻に、こっちは会社の人間になんだ。ほかの商品と一緒にならないように気をつけてくれよ」と皮肉を込めて言ってみたのだが、店員はその女性客に注意するでもなく、特に反応はなかった。
　その場にいた２人の店員は、バーコードを読み取るのに悪戦苦闘し、ついにはカタログを開きながら商品の値段を確かめていた。そのカタログを、私に見せてくれたらよかったのに。実際、チラッと見えたページには、今買ったバッグに合うだろうなと思うような商品が２つもあった。きっと店員はどこかの金持ちの奥様で、「暇だから働いてみようかな」くらいの軽い気持ちで仕事をしているのだろう。

お次はコスメコーナーだ。特に何を買うとも決めずにいくつかの店をブラブラした挙句、「じゃあ、そろそろ失礼するよ」と言ってカウンターを離れようとして初めて、店員が「ご予算はどれくらいですか？」とだけ聞いてきた。

私は「400ドルくらいかな」と答えた。仕事柄、化粧品には詳しかったことと、偶然にも店の前に並んだひとつ500ドル以上する化粧品ボトルを目にしたからだ。「少しご予算をオーバーしますが……」と言って500ドルのその化粧品をすすめてくるかと思いきや、何も言ってこなかった。

まるで機械のように、言われたとおりの400ドルの商品を持って来ただけだった。きっと、商品が売れたって売れなくたって、彼女の給料に変わりはないのだろう。

稼ぐ気のない従業員が
売り上げを逃がしている

次に訪れたポストカードの店では、店に入ってから出るまでの10分間、1人として私に声をかけてくる者はいなかった。店員たちは皆、ぺちゃくちゃとおしゃべりに花を咲かせていた。

次に訪れた文房具店で、私はその日初めての接客を受けた。初めて買おうと思っていた商品以外のモノを店員からすすめてきたのだ。しどろもどろでお世辞にも上手とは言えない接客だったが、まあ接客には変わりない。

お次は、ゴディバだ。私がいつものように1個175ドルのクリスマス限定の詰め合わせを2個買おうとしたころ、「あいにく在庫切れで、ひとつしかご用意できません」との答えが返ってきた。「せっかくですので、もうひとつはお好きなチョコレートを詰め合わせいたしましょうか？」という言葉を期待していたのだが、代わりにその店員が言ったことといえば「こちらのほうがお得ですよ。2つで100ドルです」だった。

なんの変哲もない茶色いリボンがかけられたその商品を見て、「でもこれ

はクリスマス限定じゃないだろ」と言うと、「じゃあ好きにすれば」とでもいうように、肩をすくめてみせた。結局、その店ではほかにトリュフの詰め合わせ7個も購入したのだが、それだけ買ってもまだ、私に「それならこちらも……」と言って、高い商品をすすめてくる店員はいなかった。「またのご来店をお待ちしています」とかなんとか言って、40ドルの割引券を手渡しただけだ。

またあるとき、人気の書店で400ドル分の本を買い、100ドル分をギフトカードで支払おうとしたときのことだ。機械にカードがうまく通らなかっただけなのに、なぜかお客である私がイライラされてしまった。
「この作家がお好きなんですか? それならあの作家の作品もきっとお好きなはずですよ……」
「この本はプレゼント用ですか? よければ向こうの棚に、似たような本もたくさん置いてありますよ」
あれだけたくさん本を抱えていたのに、その店員はそんなことは一言も言ってこなかった。
「本がお好きなんですね」
それだけだった。その後、私は併設されたブックカフェの前で、バカみたいに5分も突っ立っていることになる。
「係員がご案内いたしますので、しばらくお待ちください」
入り口に書かれたこの言葉を真に受けていたのだ。そこに店員はいるのに、ほかの店員とのおしゃべりに夢中になり、私には気づかない。
仕方がないので、私は自分で席につき、自分でコーヒーを淹れに行った。スコーンが欲しかったけれど、最後まで注文を聞かれることはなかった。

またスターバックスでは、ギフトカードを購入したのに、「コーヒー豆のギフトセットもあるのでご一緒にいかがですか」とすすめられることはなかった。偶然にもちょうどその日、『ニューヨーク・タイムズ』紙には「ニューヨークの全出版社、社員のリストラへ」という見出しが躍った。「編

集者だからといって容赦はない。発売が予定されていた本の出版にも大きな影響が出ることが懸念され買収もあり得るだろう」と記事は伝えていた。
「自分が知る限りでは、出版業界は今、最悪の経済環境にある」

バーンズ・アンド・ノーブルのCEOはそうコメントしていたが、私に言わせれば経済環境ではなく販売環境が最悪なのだ。この日の帰り道、なじみのレストランに立ち寄り、テイクアウトを頼んだ。
「いやぁ、出版業界は今、大変みたいだね。うちはこんな商売で、ほんとよかったよ」

椅子に座って待っている私に、レストランのオーナーが言った。**ここでは、いつ訪れても値引きなんかない。でも、客はちゃんとついている。業界の問題ではない。**

問題なのは、どんな人間でその業界が成り立っているかだ。「何を考えているんだ」と、私は彼らに言いたい。

でも……あなたのビジネスには、そんな人間はいないと言いきれるだろうか？ まさかとは思うが、あなた自身が、そんな人間になってはいないだろうか？

全ビジネスマンに共通する「5つの意識」の欠如

ビジネスマンとしての意識が、どんどん失われている。行く先々で、お世辞にもうまいとは言えない接客を受けるし、売り手側の「絶対にこの商品を売ってやろう」と熱意ややる気がまったく感じられない。

これは何も、営業や一般社員だけに限ったことではない。経営者側にもあてはまることだ。ビジネスマンとしての意識の欠如というおかしな事態が、なぜ今起こっているのか。私が考える原因は以下の5つだ。

> 1．がんばったところで誰も買ってくれないというあきらめ。
> 2．営業ノウハウの欠如。好景気では何もせずとも商品は売れていったので、それが今も染みついてしまっている。
> 3．ただの怠慢。
> 4．会社に対する不満。
> 5．社員教育と管理の問題。実践的ではないトレーニングを少し積ませただけで社員を現場に放り込む。しかし、現場では緩い管理体制しかとられていない。このことで、やる気のない社員ばかりがのさばり、逆にやる気のある社員はきちんと評価してもらえないという事態に陥る。

セールスマンとしての意識が欠けていれば、売り上げだけでなく価格まで落ち込ませることにつながる。「売り上げが不調だ」というときには必ず、値引きやセール、破格の価格戦略が行われているものだ。

2009年、バーガーキングはフランチャイズ店のオーナーたちから、原価割れを起こすような商品を「バリューセット」として売り出すのを止めるよう、訴訟を起こされた。実際その頃、バーガーキングでは、肝心のハンバーガー以外、つまりサイドメニューとドリンクだけしか儲けにならない状態だった。あなたは、どうかそんなバカげた戦略は取らないでもらいたい。

もし、そんな戦略に走ってしまいそうになったら、あなたや社員が、どうすればビジネスマンとしての意識が取り戻せるのか、今ご紹介した５つのポイントを思い返してもらいたい。それにあてはまるような社員がいて、さんざん働きかけても改善が見られない場合は、辞めてもらうしかない。

そして一刻も早く、やる気のある社員をバッターボックスに立たせてやってほしい。そうやっていろんな社員を使ってみて、本当にできる社員を見つければいいのだ。

Part 3

世界一ずる賢い価格戦略
サンプル編

Chapter 23

効果的な広告サンプル
——マーズ夫婦に学ぶ、
価格戦略の上手な
アピール方法とは？——

Sample Advertising and Marketing

▍差別化を生む広告のパターン

1.『知られざる自閉症の恐ろしさ——お子さんの自閉症とうまく付き合っていくために——』

　本広告は、自閉症の子どもたちの「心の理論」を扱ったものだ。大変優れている点として、子育て熱心な親をひきつけることができることが挙げられる。つまり、マーズたちのコンサルタント費用を気にしたり、無料を好んだりする顧客ではなく、高くてもいいから専門的なよりよい治療を子どもに受けさせたいという親をひきつけることができるのだ。この広告を見れば、一目でマーズ夫婦の行っているカウンセリングが、世間一般のものとは一線を

画していることが見て取れる。この戦略はさまざまな業界で活用できる。広告を作成するうえでのキーポイントは以下の２つだ。

①競合との差別化を図る。
②大金を払うのをいとわない客の心を捕える工夫をする。

同時に、本広告はわざと文字数を多くすることで、あまり関心のない人や価格にしか興味のない客に最初から興味を抱かせないという狙いもある。

知られざる自閉症の恐ろしさ
──お子さんの自閉症とうまく付き合っていくために──

アイーザ・マーズ

　自閉症の子どもたちは、「心の理論」の問題を抱えています。この「心の理論」は、自閉症の人にとって大変大きな問題のひとつです。ところが、自閉症の子どもたちと接する専門家でさえ、この事実を知っている人はほとんどいません。事実、私のところで働きたいと言ってきた専門家の多くがそうでした。自閉症の子どもたちと向き合うなら、「心の理論」が欠如しているとはどういうことかを知り、理解することが欠かせません。そして専門家と同じく、自閉症の子どもを持つ大半の親も、この「心の理論」が何かを知らないのです。

　なぜ「心の理論」を知る必要があるのか？
「心の理論」を知ることで、お子さんがうまく対処できない事態が起こった際、なぜそれがお子さんにとって困難なのかを理解することができます。また、先回りして「心の理論がうまく働かないから、これはこの子にとって難しいことなんだな」というふうに自分に言い聞かせることができます。重度の自閉症の子どもであれば、「心の理論」はまったく機能しなくて当たり前なのです。
　「心の理論」とは、人にはそれぞれ異なる信念・動機・認識・感情があるということが理解できることはもちろん、それが原因で個人の行動に差が出るということを理解する能力のことを言います。自閉症だとこの能力がうまく機能しないの

です。

　数十年にわたり、「心の理論」を立証する実験が繰り返し行われてきました。その一例「スマーティーズ・テスト」をご紹介しましょう。テストではまず、自閉症の子どもと自閉症ではない子どもの両方に、子どもたちに馴染みの深いラムネ菓子の「スマーティーズ」の箱を見せます。そして、「この中身は何だと思う？」という質問をします。その場合の答えは、自閉症の子どもも自閉症でない子どもも「スマーティーズ」です。次に、子どもたちの目の前で中身を鉛筆に変えて、両者に見せます。それから「さっきこれを見せたとき、中身は何だと思った？」と尋ねます。自閉症でない子どもはたいてい「スマーティーズ」と答えます。さらに「じゃあ、もし今お友達が部屋に入ってきて、この箱をみたら中身は何だと思うかな？」という質問をしてみます。すると、自閉症でない子どもは変わらず「スマーティーズ」と答えます。

　ところが、同じ質問を自閉症の子どもにしてみると、大半が「鉛筆」という答えしか導き出せないのです。

スマーティーズ・テストが意味すること
　この例から分かるのは、自閉症の子どもの大半が、「他人と自分の感じ方には違いがある」ということを理解することができないということです。この能力は普通なら3、4歳で身につくものです。また、最近私自身こんなケースを目にしました。自閉症の子ども1人を含む5人の子どもたちに対して、「パパ、ママ、おじいちゃん、おばあちゃん、それぞれに誕生日プレゼントをあげるとしたら何をあげる？」という質問をしたときです。自閉症の女の子は、「全員にバービー人形をあげる」と答えました。

　言うまでもなく、バービー人形が欲しいのは家族の誰でもなく、この女の子です。しかし、女の子は、他人の気持ちを想像することができないため、誰に何をあげれば喜んでくれるのかを判断することができないのです。以上の例から、「心の理論」がうまく機能しない自閉症の子どもたちにとって、社会で生活していくのがいかに難しいことかお分かりいただけたと思います。

　「心の理論」は、単に知性というひと言で片づけられるものではありません。社

会生活を営むうえでなくてはならない、非常に重要なものなのです。

自閉症は治せるか？

「自閉症は治るんですか？」──よく、親御さんからこう聞かれます。これに対する私の答えはイエスとノーの両方です。自閉症の子どもの中には、しっかり向き合ってやることで「心の理論」を基礎水準まで改善し、置かれている状況にうまく対処できるようになる子もいるでしょう。つまり「この状況ではこうしないといけないんだよ」ということを理解するスキルを開発してやることはできるのです。幸いにも、この「心の理論」は早い段階で対処すれば、後々社会生活を送るうえで直面する困難を軽減することができます。

親としてできること

　自閉症のお子さんをお持ちのあなた。ぜひ、今すぐにでもご相談いただければと思います。一緒にお子さんの自閉症に向き合い「心の理論」を改善させることで、お子さんがお友達と上手に付き合っていけるようサポートしていきましょう。

　ご興味を持たれた方には無料資料をお届けしています。ご希望の方はTEL：914-488-5282（直通）までご連絡ください。フリーダイヤル1-866380-8340（24時間）またはウェブサイト www.SocialSkillsWestchester.com でも受けづけております。

アイーザ・マーズ

　言語聴覚士。その功績は世界的にも有名。20年以上に渡り、自閉症の子どもたちと向き合っている。

2．安心保証

　本広告は、顧客側のリスクを失くす、または軽減することを目的としたもので、特に高価な商品・サービスや、すぐには効果が実感できないようなものを販売する際に有効だ。値段が高いほどリスクも高まるので、顧客に十分な時間を与えて効果や満足度を確認してもらう必要性が生じる。そうすることで、リスクを軽減したり回避したりすることができるのだ。つまり、50ドルと500ドルの商品があったとして、50ドルの商品を選んだとすれば、リスクは10分の1で済む。逆に、500ドルの商品を選ぶとなると、10倍のリスクを背負うことになる。この10倍のリスクを取っ払うために必要なのが、この広告で採用されている「安心保証」という戦略なのだ。（ジェイソン・マーズのHPよりの抜粋）

ベストチョイス保証制度
安心して、ご相談ください

　私どもの会社では、試験的に1カ月間プログラムを体験もらえる「ベストチョイス保証制度」を実施しております。まずは1カ月プログラムに参加していただくことで、そのプログラムが本当にお子様に適したものなのかをご判断いただけます。万が一ご満足いただけない場合、費用は全額お返しいたします。これは、自信があるからこそ提供できる制度です。まずはお気軽にTEL：914-488-5282までお電話ください。

3．ベスト・ベター・グッド3つの異なるサービスプランを提示する

　このサンプルからは、マーズが価格ごとに、3つの異なるサービスプランを提示していることが分かる。本書を通して、価格が変わればお客も変わるという話をしてきた。マーズのように、ベスト・ベター・グッド、3段階のサービスプランを提示することで、お客はその中から好きなプランを選択することができる。つまり顧客に買う、買わないの判断だけではなく「どれがうちの子に適したプランか」または「どのプランなら金銭的に受けさせる余裕があるか」を判断させることが可能なのだ。それだけでも効果のある戦略だが、さらにここでは顧客が自由に組み合わせられるプランも紹介されており、さらに利益を上げられるような工夫もしてある。これにより競合との差別化が図れ、自分の会社だけの基準で価格を比較させることができる。さらに、通常価格と特別価格が記載することで、顧客にお得感を抱かせることもできる。これが手渡されるのが医師から診断を受けた直後と言うタイミングであることも、非常に重要なポイントだ。

登録フォーマット
1カ月間のベストチョイス保証制度つき。お子様にぴったりなプランをお選びください。

■プレミアム会員様向けプラン

最高のサービスで、お子様とご家族をサポートいたします。どなたにもご満足もらえること間違いなしの、一押しサービスプランです。

・自己表現スキルアッププログラム：4カ月（集団での遊びを通じて、社会性を身につけるプログラムです）

・お知らせメール：4カ月（クラスでのお子様の様子をメールにてご報告するサービスです）

・診察：8時間（万全の態勢でお子様の心のケアにあたります）

・個別カウンセリング：16時間（きめ細やかなカウンセリングで、お子様のさら

なるスキルアップを図ります）

お値段：計5747ドル

（通常価格：6500ドル　今なら753ドルお得です）

■ゴールデン会員様向けプラン
トップレベルのサービスでお子様とご家族をしっかりサポートいたします。
・自己表現スキルアッププログラム：4カ月
・お知らせメール：4カ月
・診察：4時間
・個別カウンセリング：8時間

お値段：計3775ドル

（通常価格：4100ドル　今なら325ドルお得です）

■シルバー会員様向けプラン
ご満足もらえるプランだけをピックアップした充実パックです。
・自己表現スキルアッププログラム：4カ月
・お知らせメール：4カ月
・診察：2時間

お値段：計1997ドル

（通常価格：2100ドル　今なら103ドルお得です）

■組み合わせプラン
4カ月の自己表現スキルアッププログラムに、以下のプランをご自由に組み合わせていただけます。

・個別カウンセリング（1時間）：200ドル　×　＿＿回　=　計＿＿ドル

・診察（1時間）　　　　　　　：200ドル　×　___ 回　＝　計 ___ ドル
・クラス参加（1時間・院内のみ）：200ドル　×　___ 回　＝　計 ___ ドル
・クラス参加（1時間・院外含む）：300ドル　×　___ 回　＝　計 ___ ドル
　　　　　　　　　　　　　　　　　　　　　　　お支払い：　計 ___ ドル

・ご希望プラン　　　：___ ドル
・85ドルオフ適応　　：___ ドル
・手数料　　　　　　：___ ドル
・差引額　　　　　　：___ ドル
・最終ご請求額　　　：計　___ ドル

4．キッズ・ヘルス・スペクテイター

　これは、マーズ夫妻が制作する、子どもの健康に関する月刊フリーマガジンだ。クライアントをはじめ興味のある人なら誰でも、ネットか郵送で入手することができる。無料だからといって、本業のカウンセリングや関連商品の売り上げに悪影響が出ることはない。毎月、第1面には季節やそのとき話題になっている出来事が掲載され、効果のあったクライアントや親たちからの感謝の言葉、アイーザ・マーズの最近の活動などが続き、最後により詳しい内容を知りたい人向けにウェブサイトのアドレスが記載されている。ひと目で分かるとおり、このフリーマガジンは大変に情報量が多い。つまり、先ほど1でご紹介したサンプル（自閉症患者に関する記事）と同じく、あまり関心のない人や価格にしか興味のない客を初めから遠ざけておくという狙いがあるのだ。

　興味を持たれた方は、www.WhereICanBeMe.com または SpeechLanguageFeeding.com にアクセスもらいたい。

キッズ・ヘルス・スペクテイター

記者：アイーザ・マーズ

2010年4月号（第4巻7号）

今月のトピック

・自閉症のサイン

・アスペルガー症候群についての新たな見解

・情報シェアの重要性

・今月の金メダル

・今月のお誕生日

・レゴの意外な効果

＊＊＊＊＊＊＊＊＊＊＊＊＊＊＊＊＊＊＊＊＊＊＊＊＊＊＊＊＊

自閉症、見過ごされがちなそのサイン

　今年も春がやってきましたね。今回は、見過ごされがちな自閉症のサインを取り上げたいと思います。私たちと長くお付き合いくださっている方なら、自閉症が見過ごされるなんてあり得ないと思われるでしょう。しかし実際は、自閉症という症状自体は知っていても、どんな兆候がそのサインにあたるのかは分からない、という親御さんが大半です。なかには兆候自体は知っていても、なんらかの理由でそれを見過ごしてしまっているケースもあります。

　この事実を、私は大きくなってから自閉症だと分かりやってくる子どもとその保護者を見る度、思い知らされます。大きくなってから自閉症だと分かるケースは、多くの場合が生活に支障をきたすことの少ない、高機能自閉症と呼ばれるものです。だからといって、完全な機能が備わっているかと言えばそうではありません。これはとりわけ、5歳以下の子どもに多く見られるケースです。発見が遅れた子どもたちの親は皆一様に、どうして早く気づいてあげられなかったのかという罪悪感に苛まれ、後悔を口にします。

「もっと早く自閉症だと分かっていれば、早い段階で効果的な治療を受けさせてやれたのに」——親御さんたちは皆、今から治療しても手遅れなのではないかという恐怖心を抱いています。わが子を思うそのお気持ちは計り知れません。

「ご自身をそんなに責めないでください。幼いころに治療を受けなかったからといって、改善の道が閉ざされたわけではありません」——私がかけられる言葉と言えばそれくらいです。そう言って、私はいつも親御さんたちを励ましています。大切なのは、「今、子どもたちにしてやれることは何か」を考えることです。過去は変えられません。どんなに嘆いたところで、時間は巻き戻せません。過去にとらわれていては、未来に向けての1歩を踏み出すことはできません。そうです、新たな1歩を踏み出すことこそ、今、私たちがしなければならないことなのです。

　ジェイソンは、この件に関して別の記事で詳しく述べています。また、過去の経験から、どうかあなたには希望を失わないでもらいたいと、心の底から願って

います。

　私は自分のできることとして、今回「アスペルガー症候群」について、その症状と場合によって診断が異なる現状をお話ししたいと思います。

　話は変わりますが、今後、あなたの体験談を紙面上でご紹介させてもらいたいと思っています。多くの方が心に響く体験談をお持ちですし、この場でそのエピソードを紹介させていただくことで、救われる親御さんがたくさんいるはずです。お子さんがハンディキャップを持っているということで、非常につらい経験をなさっているお父さん、お母さんもいるでしょう。友達や家族も分かってくれない。アドバイスどおりに動いているのにうまくいかない。そんな状況が積み重なることで、孤独と行き場のない想いが募っていきます。

　だからこそ、ここでそんな状況を乗り越えたあなたの生の声をお届けすることに、非常に意味があるのです。「つらいのは自分だけではない」と思えることで安心感が生まれ、ずいぶんと気持ちは楽になります。ですからぜひ、そんな経験をお持ちの方は、私までご連絡ください。

　せっかくそんな経験をお持ちなのに、自分の経験は他人に読んでもらう程価値のある物ではないと思われている方がいるかもしれません。情報シェアの仕方については、私自身どうするのが最適かをじっくり考えてきましたが、やはり紙面への掲載という形を取らせてもらいたいのです。実際に、読者の皆様から寄せられるお便りを見ていると「これをほかの親御さんたちに紹介できれば……」という体験談が数多くあるからです。何も、私が専門家だからそんなふうに感じるわけではありません。あなたは誰が聞いても非常に価値のある経験をお持ちです。経験談をお寄せもらえれば、いかに多くの人が自分と似たような困難を乗り越え、自分の経験に価値を見出してくれるかということに驚かれることでしょう。

　ところで、新たな試みとして「メイク・フレンズ・プログラム」がスタートしたことをご存じでしょうか？　ご存じない方は、既存の「自己表現スキルアッププログラム」に参加しているお知り合いがいらっしゃればぜひ聞いてみてください。この新プログラムは自己表現スキルアッププログラムをさらに強化することを目的としてスタートしたものです。プログラム自体の質がさらに向上したことはもちろん、これまで以上にお子様と親御さんとの絆を強める内容に仕上がって

います。

　当院では、親御さん同士がすぐ打ち解けて仲よくお話しされている光景をよく目にします。私たちは、そんな関係が築かれていることを非常に喜ばしく思っています。実際、話が盛り上がって大きな声を出しておられる親御さんを注意しなければならないこともしばしば……。「パパの会」なる親同士のサークルも存在します。ご想像のとおり、当院に通う子どもたちのお父さん方によるサークルで、毎週火曜の晩、子どもたちが病院でプログラムを受けている間に開催される集まりです。

　このような親同士、そして子ども同士のつながりは、病院の中だけにとどまりません。患者同士のプライベートでの接触を嫌う病院もありますが、当院は逆に、そんな関係が築けるのはすばらしいことだと思っています。ですので、それを後押しする体制を整えています。なんと言っても、子どもたちにとって友達をつくることは一筋縄では行きません。ハンディキャップを抱えた子どもたちにとってはなおさらです。そんなわけで、当院では病院内外でレクレーションの日を設けているのです。

　最後にお知らせがあります。来る4月18日の日曜日、毎年恒例の自閉症患者に関するインフォメーションセミナーに参加します。場所はホワイト・プレーンズ市民センターです。初めてお話しする内容もあるかと思います。ぜひ会場に足をお運びいただき、見かけた際には気軽にお声がけください。

＊＊＊＊＊＊＊＊＊＊＊＊＊＊＊＊＊＊＊＊＊＊＊＊＊＊＊＊＊

by アイーザ・マーズ

　長年にわたり、私はアスペルガー症候群と診断を受けた子どもたちと接してきました。子どもたちは私によくなつき、プログラムにも積極的に参加してくれていて、私自身とてもうれしく思っています。

　アスペルガー症候群について、名前だけは聞いたことがあるという方もいるでしょう。アスペルガー症候群のお子さんをお持ちの親御さんもいるかもしれません。そしてそんな親御さんは「もっとアスペルガー症候群について周りの理解を

得たい」とお考えかもしれません。

　アスペルガー症候群は、1944年にオーストリアの小児科医ハンス・アスペルガーによって初めて報告されました。社会性に関する機能障害など、自閉症とよく似た特徴を持つことから混同して考えられがちですが、この2つは別物です。

　まず、自閉症とは異なり、アスペルガー症候群は言語面での障害はほとんどなく、成長するにつれ非常に高い言語能力を発揮することがあります。実際、講演家の中にもアスペルガー障害の方がいらっしゃいます。

　身近にアスペルガー症候群のお子さんがいる方はよくお分かりだと思いますが、特定の分野に強い関心を示し、非常に優れた言語能力を発揮することがあるのです。これは、アスペルガー症候群の方に多く見られる特徴です。

　アスペルガー症候群の最大の特徴は、心の理論の欠如にあります。そのため、世間で言う普通の子どもたちと同じ行動を取ることが、この症状を抱えた子どもたちにとっては大きな困難となります。同時に、社会生活を営んでいくうえでも、心の理論の欠如は大きな妨げとなります。

　先ほどの自閉症の記事でもご紹介しましたが、心の理論とは他人の感情を読み取る能力のことを言います。この能力の欠如により、さまざまな問題が引き起こされるのです。

　たとえば、相手の気持ちを理解することができない、相手がこれから起こそうとする行動を予測することができない、言外の意味をくみ取ることができない、嘘か本当かの区別がつけられない、などが挙げられます。このような困難を抱えていれば、人間関係を構築することがいかに大変かがお分かりになるでしょう。

　このような困難を抱える一方で、アスペルガー症候群の人は通常よりも非常に優れた才能を持っているという新たな見解が2010年に発表されました。これは、アスペルガー症候群を社会的に劣ったものとしてとらえるのではなく、その特異性から特定の分野において生まれつき非常に高い能力を持っているとする考え方です。

　発表によると、アスペルガー症候群の人は、この症状を自閉症の一種とみなすこれまでの診断基準に憤りを覚え、自閉症とは切り離した症状として認識することを求めていると言います。その主な理由は、自閉症とみなされることで、言語

的に大きなハンディキャップを背負っていると周囲から誤解されてしまうからです。

　アスペルガー症候群を自閉症と切り離して考えようとする動きは、1994年からありました。一般的な自閉症とアスペルガー症候群には、若干異なる特徴があることが知られていたからです。それを見極めることは難しく、結果、誤診となることもめずらしくありませんでした。

　また不運にも、アスペルガー症候群の子どもたちは、ADHD（注意欠陥・多動性障害）やOCD（強迫性障害）と診断されてしまうケースも少なくありません。これがアスペルガー症候群を抱える人を取り巻く現状なのです。

　今回の発表により、アスペルガー症候群の子どもたちが、通常の学校教育を受けられるという希望も見えてきました。これは、自閉症と診断されてしまえば叶えられることのなかったことです。

　どのような診断名がつくにせよ、アスペルガー症候群の子どもたちにサポートが必要なことに変わりありません。私が思うに、診断名を気にするよりも、まずは時間的にも金銭的にも、許す限りを子どもたちのために使い、子どもの抱える問題にどう向き合っていくのがよいかを考えるのが大切ではないでしょうか。

ご紹介ありがとうございました！
アレキサンドラ・L様
リサ・R様
クリスタ・R様
クライアントの皆様自身に当院をご紹介もらえることほど、うれしいことはありません。
今後も、ご厚意にお応えできるよう努力して参りたいと思います。

＊＊＊＊＊＊＊＊＊＊＊＊＊＊＊＊＊＊＊＊＊＊＊＊＊＊＊＊＊＊
今月おたんじょうびのお友達。
ポール、ノア、ギャビー、アレック、ハンナ、ネイサン、モーガン・N、ザッカリー、マックス、キーラン、モーガン・Z、イザベラ、トーマス、アンドリュー、

ヤーニス、ジゼル、アレキサンドラ、イーアン、リオ、ノロン、ミア
みんな、おたんじょうびおめでとう！

今月の金メダル
ピーター・S
読み書きのお勉強を本当によくがんばりました。字を書くのもお話しするのも、ぐんと上手になりましたね。先生たちはみんな、あなたのことを応援していますよ。
大変よくできました。
これからもこの調子でがんばろうね！

＊＊＊＊＊＊＊＊＊＊＊＊＊＊＊＊＊＊＊＊＊＊＊＊＊＊＊＊

<u>後悔しないために　──経験をシェアしよう──　by ジェイソン・マーズ</u>
　自閉症やハンディキャップについて語ることは、ある種の人たちにとっては非常に酷なことです。しかし、だからといって目を背けたままではいられません。向き合わなければ、時間はどんどん過ぎていきます。時間はお金とは違い、どんな手を使っても取り戻すことはできません。関係は修復できるし、失くしたものはお金を払えば取り戻せます。でも、時間はそれができないのです。
　このような思いから生まれたのが「自閉症啓発月間」です。この期間を利用して、親であるあなたには、お子さんをしっかり観察してもらいたいと思っています。少しでも早く自閉症が発見できれば、少しでも早く治療を受けることができます。
　言い換えると、自閉症というのは発見が早ければ早いほど、効果的な治療が施せるものです。お子さんのサインに気づいてやることで、貴重な時間は失われずに済みます。
　自閉症だと診断されるまで、そのサインにまったく気づかなかった、という親御さんはごく稀です。大半の方が、もしかするとそうではないかという疑いを抱きつつ、病院を訪れます。

しかし、気づくと勘づくでは大違いです。勘づいているだけで行動を起こさないのは、その状況を無視してしまっているのと同じです。「差し迫った問題であれば、医者のほうからそう言ってくれるだろう」——こんなふうに、責任を転嫁してしまうこともしばしばです。

　しかし、お医者さんの普段の様子を思い出してください。息つく暇なく診察を行い、あなたのお子さんの診察時間だって、ほんのわずかではないですか？　子どもは医者の前に行くと萎縮してしまい、普段の自分を見せられずにいませんか？　それに、医者だって人間です。患者が動揺するであろう診断結果を伝えるのは、気が引けるのです。

　そこは、大切なお子さんのことを思い、「先生、率直なご意見をお聞かせください」と医者に言ってみるのが、責任と言うものではないでしょうか。子どもにとって、頼れるのは親であるあなたしかいません。愛する子どもに何をしてやれるのかということを考えれば、それは医者の気持ちを察することではなく、子どもを守るために立ち上がることでしょう。

　私には人生で悔やんでも悔やみきれない出来事がひとつあります。それは、私自身が立ち上がるべきときに立ち上がらず、見て見ぬふりをしたことが原因で起きてしまったことです。この出来事は子どもとはなんの関係もありませんが、それでも、置かれている状況はあなたと一緒だったと言えます。

　私は、大好きないとこがドラッグに溺れていくのを知りながら、見て見ぬふりをしてしまいました。彼女の家族もそうでした。でもあのとき彼女を救えたのは、ドラッグの知識のある私しかいなかったのです。それなのに私は、彼女の母親に睨まれるのを恐れ、なんの行動も起こしませんでした。たとえ母親がなんと言おうと、自分の持てる限りの力で彼女をサポートしてあげるべきだったのに。それなのに私は、見て見ぬふりをしてしまったのです。

　救いの手が必要なのは、何もこのような中毒症だけではありません。SOSのサインを出している子どもだって同じです。私たちには、そんな子どもを目にしたときに、親にきちんとそのことを告げる責任があるのです。

　もちろん、それは大変勇気のいることです。黙って見過ごしてしまったほうが、どれだけ楽でしょう。その少しのためらいが悲劇を生むこともあるのです。

自らの知識と経験で語りかけるのも一手です。これも私たちの責任であると同時に、「1人じゃないんだ」という気持ちを親に抱いてもらえます。現状を嘆くだけではなく、そこから一歩踏み出す足がかりになるのです。
　このような責任を放棄してしまうことでもたらされる影響は計り知れません。
　もしかすると、隣の人も、あなたと同じ状況に苦しんでいるかもしれません。でも、声を上げなければそんなこと分かりません。せっかく共有できる知識や経験があったとしても、それが生かされることはありません。これは、非常にもったいないことです。問題を共有できれば、知恵を出し合い、一緒に解決策を探ることができます。でも1人で立ち向かい、1人で乗り越えようとすれば時間もかかるし、精神的にも比べものにならないほどの負担になります。
　経験をシェアすることが何より大切です。そうすることで、おのずと問題解決にはどんな方法が有効なのかが見えてきます。そして、より早く問題を解決することが可能となるのです。
　このことをしっかりと心に留めて、自閉症啓発月間と、5月の相互理解強化月間を迎えてもらえればと思います。
　あなたのその一声で救われる人がたくさんいます。そのことを、どうか忘れないでください。
　「声を上げるのは、大変勇気のいることです。黙って見過ごしてしまったほうが、どれだけ楽でしょう。しかしその少しのためらいが、悲劇を生むこともあるのです」

＊＊＊＊＊＊＊＊＊＊＊＊＊＊＊＊＊＊＊＊＊＊＊＊＊＊＊＊＊＊＊＊
　アイーザ・マーズは20年以上に渡り子どもたちと向き合い続けてきました。アイーザがこの活動をはじめたのはなんと15歳のとき。そのころから、子どもと向き合いサポートする仕事がしたいと心に決めていたのです。
　以来、発語失行症をはじめ、自閉症、口蓋裂障害、神経症、遺伝子疾患などの子どもたちと向き合い続けてきました。
　世界的にも有名な言語聴覚士でもあり、子どもの社会性に関するスキル、摂食障害などを専門に扱っています。

同分野に関しては多数著書を出版しており、関連機関やセラピストをはじめ、言語障害や摂食障害の子どもと向き合う多くの専門家たちに支持されています。

　また、子ども向け専門テレビチャンネル「ニコロデオン（Nickelodeon's ParentsConnect.com）」をはじめ、Disney's Babies Today.com や LoveToKnow.com、Univison など数多くの有名メディアでゲストスピーカーを務めています。

専門家・保護者向けサイト：www.SpeechLanguageFeeding.com
　　　　　　　　　　　　www.WhereICanBeMe.com

＊＊＊＊＊＊＊＊＊＊＊＊＊＊＊＊＊＊＊＊＊＊＊＊＊＊＊＊＊＊
お断り：
A）本ニュースレターとそれに付随する内容は、信頼の置ける情報をもとに作成しておりますが、万が一誤りがあった場合、責任の一切を負いかねるものとします。医療関係をはじめ、専門家の助言が必要となった場合には、その分野に精通した専門家を採用することとします。読者が本ニュースレターをきっかけに起こしたいかなる行動に関しても、一切の責任を負わないものとします。また、一般読者、企業、団体などからの本内容に関するいかなるクレームも受けづけかねます。これら規則は、出版業界のガイドラインとアメリカ法律家協会をもとに作成しております。
B）すべての権限は出版社に起因するものとします。本ニュースレターに記載されたいかなる内容も、出版社の許可なく無断で転用することは法律で禁じられています。
内容に関するお問い合わせは直接本ニュースレター著者であるアイーザ・マーズ氏までお願いいたします。
アイーザ・マーズ
住所：127 Woodside Ave, 201, Briarcliff Manor, NY 10510

＊＊＊＊＊＊＊＊＊＊＊＊＊＊＊＊＊＊＊＊＊＊＊＊＊＊＊＊＊＊

レゴで広がる友達の輪

　子どもたちが社会性を身につけるうえで、ブロックの「レゴ」が効果的だということをご存じでしたでしょうか？　もちろん、1人で遊んでいても意味はありません。子どもたちのことをよく理解したカウンセラーの下で、ほかの子どもたちとグループになって遊んだときにその効果は発揮されます。レゴのこの効果は、ケンブリッジ大学のサイモン・バロン・コーエン教授によって証明されました。当院でも、レゴを取り入れたプログラムを行ってきましたが、その大きな効果に驚かされています。そこで今回、高機能自閉症の子どもたちを対象に、レゴを使った新たなスキルアッププログラムをスタートすることとなりました。レゴ好きなお子さんをお持ちのご友人などがおられましたら、ぜひこのプログラムをご紹介ください。レゴで遊びながら、楽しく友達づくりをしていきましょう。

TEL：914-488-5282

＊＊＊＊＊＊＊＊＊＊＊＊＊＊＊＊＊＊＊＊＊＊＊＊＊＊＊＊＊＊

あとがき　　ジェイソン・マーズ

　価格戦略について正しくご理解いただけただろうか？　変わり映えのしない収入やビジネスライフを変えようと思えば、もっと利益を上げるしかない。そのためには、高価格戦略しか手はないのだ。決して揺らぐことのない、綿密に計算された価格戦略に乗り出す準備ができたなら、ぜひ下記HPにアクセスして、私の「シンプル価格戦略」をご覧もらいたい。
　そこで紹介している価格戦略は、起業家による起業家のための価格戦略だ（卓上の数字にかじりついている人からは決して生まれない発想だ）。本書で軽く触れるにとどまった価格戦略の1つひとつを、より具体的に紹介し、段階を踏んであなたに実践してもらえるようになっている。言ってしまえば、あなたと私とでつくり上げていく、オーダーメイドの価格戦略だ。1年間、この価格戦略を実行もらえれば、その効果を必ず実感もらえるだろう。あなたのアクセスを心よりお待ちしている。

http://www.simplestrategicpricingsystem.com

　アクセスしてくれた方だけに、豪華特典もご用意している。せっかくの楽しみがなくなってしまうので、今ここでお話しするのは控えさせていただこう。ぜひご自身の目で確かめてもらいたい。きっと、アクセスしてよかった！　と思ってもらえるだろう。
　今後も引き続き、本書での学びを深め、さらに追及していっていただければ幸いだ（当情報は予告なしに変更させていただくことがございます）。

あとがき　ダン・ケネディ

　これで終わらせてしまうか、ここから何かを始めるかはあなた次第だ。本書に興味を持ち、私の考えをもっと深く知りたいと思った方は、ぜひ下記グレイザー・ケネディ・インサイダーサークルの公式HPにアクセスもらいたい。億万長者になるための戦略の数々を、無料でご紹介している。

　これも、あなたと長くお付き合いさせてもらいたいという思いからだ。HP上では、代表的な月刊ニュースレター「No B.S. Marketing Letter」とオーディオプログラムのサンプルが、トライアル会員の皆様にもご覧いただけるようになっている。オフィスや自宅、どこからでも参加できるオンラインセミナーも開催している。正会員様向けには、さらにお得な情報を無料で配信させていただいている。まずはとにかく、アクセスしてみてもらいたい。本にすれば500ドル以上の価値がある情報が、今なら無料で手に入るのだ。

　本書でご紹介した内容は、パズルで言えばほんの1ピースにすぎない。この1ピースを手がかりに、宣伝、マーケティング、販促、営業などのあらゆる戦略を身につけ、顧客の心をつかみ、最大限の利益を生み出すことで、ぜひ、ビジネスという名のパズルを完成させてもらいたい。

　皆様のアクセスを、心よりお待ちしている。

www.DanKennedy.com/PriceBook

著者紹介

ジェイソン・マーズ

　マーケティングスペシャリスト。起業家や各界のプロフェッショナルに対し、斬新な切り口で価格をはじめ数々のビジネス戦略の指導を行っている。クライアントの価格に対する恐怖心と誤った考え方を取り除くことで、本来の利益を生み、さらなる飛躍のチャンスを与えるサポートを行っている。さらに起業家としても知られており、ヘルスケア、教育、出版関連、コンサルティングなどの分野で大きな成功を収めている。これだけビジネスで成功を収めておきながら「一番大切なものは何ですか？」との質問に「家族」と即答する彼。家庭と仕事の両立は可能──そんな言葉を、まさに信じさせてくれる男だ。

　マーズは現在、新規クライアントの受け入れは行っていない。まれに募集がかかることがある。その際は、必要事項（業種・相談したい内容・興味のあること等）をご記入の上、Jason@StrategicPricingCenter.com までメールをどうぞ。

詳細：http://www.simplestrategicpricingsystem.com

著者紹介

ダン・S・ケネディ

　世界屈指の億万長者メーカー。戦略アドバイザー、マーケティングコンサルタントとしてさまざまなビジネスに精通し、長きにわたり活躍。野心に満ちた起業家から年間15億ドルを稼ぎ出すCEOまで、多くの人々が彼のマーケティング戦略に救いを求めている。ダイレクト・マーケティング分野のコピーライターとしての収入は世界トップレベル。セミナーなどの講演も好評。著書多数。挑発的でときに皮肉や問題とも取れる発言をすることでも知られているが、やはりその優れた戦略面で右に出る者はいない。彼のコンサルティングはビジネス界に30年以上にわたり、年間100万ドル以上の影響を与え続けている。オハイオ州とヴァージニア州在住で、アリゾナにオフィスを構える。趣味は繋駕レース。プロの資格も持っており、年間約200試合に出場。これまでに３度結婚しているが、２度目の妻とは復縁し、現在３度目の結婚生活を愛犬の通称ミリオン犬と共に送っている。彼の講演には、決まって各界の著名人がゲストスピーカーとして登場する。キッスのジーン・シモンズをはじめ、ロックシンガーのジョニー・リバース、大富豪ドナルド・トランプ、デビー・フィールズ（訳注：アメリカで人気のスイーツショップミセス・フィールズ・クッキー代表）、ジム・マッキャン（訳注：アメリカで人気のフラワーショップ1-800-Flowers代表）、テレビやラジオのパーソナリティーを務めるラリー・キング、人気コメンテーターの故ポール・ハーベイ、大御所ジグ・ジグラー、ブライアン・トレーシー、トム・ホプキンスなど、錚々たるメンバーが名を連ねる。ジグ・ジグラーを招いては、これまでに200回以上の講演を行い、１万人～２万5000人の出席者が詰めかけた。

著書：www.NoBSBooks.com

グレイザー・ケネディ・インサイダーサークル：www.DanKennedy.com/PriceBook

週刊コラム：www.BusinessAndMedia.org

　講演会参加をご希望の方は、予約制のセミナーが毎年開催されている。コンサルティングとコピーライティングに関しては、発展途上の業界などでケネディが面白そうだと判断した場合に限り、稀に募集されるときがある。

お問い合わせ：（602）269-3113

ダン・S・ケネディの
世界一ずる賢い価格戦略

発行日　2012年 6 月22日　第 1 版第 1 刷発行
　　　　2024年10月18日　第 1 版第12刷発行

著　　者　　ダン・S・ケネディ　ジェイソン・マーズ
装　　丁　　AD：渡邊民人（TYPEFACE）D：新沼寛子（TYPEFACE）
本文デザイン　小林麻実（TYPEFACE）
カバーイラスト　坂木浩子（ぽるか）
編集協力　　岩崎英彦
翻訳協力　　株式会社トランネット
発 行 人　　小川忠洋
発 行 所　　ダイレクト出版株式会社

〒541-0052　大阪市中央区安土町2-3-13
大阪国際ビルディング13F
FAX06-6268-0851

印 刷 所　　株式会社光邦

©Direct Publishing,2012
Printed in Japan ISBN978-4-904884-34-8
※本書の複写・複製を禁じます。
※落丁・乱丁本はお取り替えいたします。